▶ 事业单位公开招聘考试用书

职业能力倾向测验（判断推理）
专项突破

事业单位公开招聘考试用书编委会　编著

 中国人事出版社

图书在版编目(CIP)数据

职业能力倾向测验（判断推理）专项突破/事业单位公开招聘考试用书编委会编著. -- 北京：中国人事出版社，2023

事业单位公开招聘考试用书

ISBN 978-7-5129-1566-4

Ⅰ.①职… Ⅱ.①事… Ⅲ.①行政事业单位-招聘-考试-中国-自学参考资料②行政管理-能力倾向测验-中国-自学参考资料 Ⅳ.①D630.3

中国国家版本馆 CIP 数据核字（2023）第 039138 号

中国人事出版社出版发行

（北京市惠新东街1号 邮政编码：100029）

*

保定市中画美凯印刷有限公司印刷装订　新华书店经销

787 毫米×1092 毫米　16 开本　13.75 印张　246 千字
2023 年 12 月第 1 版　2023 年 12 月第 1 次印刷
定价：52.00 元

营销中心电话：400-606-6496

出版社网址：http://www.class.com.cn

版权专有　　侵权必究

如有印装差错，请与本社联系调换：（010）81211666
我社将与版权执法机关配合，大力打击盗印、销售和使用盗版图书活动，敬请广大读者协助举报，经查实将给予举报者奖励。

举报电话：（010）64954652

前　言

　　熟悉职业能力测试的考生一定知道，获得高分的大多是在规定时间内做对更多试题的人，而不是把试题全都做完的人。这给我们如下几点启示。

　　1. 掌握基础试题，即要保证低难度试题全对。这就需要考生熟悉高频考点，并熟知考点背后的命题逻辑，如此才能举一反三。

　　2. 拿下中等试题，即要保证中等难度试题尽可能多地答对。这就需要考生进行大量练习，初期可以按考点进行，以便于尽快掌握解题思路和技巧。

　　3. 突破难度试题，即要保证高难度试题的准确率。每套试卷中都会有一些难度较高、易错的试题，这是区分普通考生和高分考生的关键。考生要想得高分，就需要进行综合测试，并模拟真实考试。

　　总而言之，考生要想在职业能力测试中考取高分，就必须反复进行练习和总结，特别是需要多做、精练历年经典试题，进而探索命题规律，找到真正属于自己的做题方法和技巧。

　　鉴于此，作者团队从考生角度出发，精心编写了职业能力测试专项突破系列图书，包含常识判断、数量分析、言语理解与表达和判断推理等内容，囊括了职业能力测试的各个模块和知识点，希望能够帮助考生圆梦！

　　崔熙琳、刘增昌两位老师在本书的编写过程中付出了大量辛勤劳动，在此表示感谢。

目 录

第一章　图形推理 ··· 1
第一节　平面图形 ··· 1
第二节　立体图形 ·· 25

第二章　定义判断 ·· 30
第一节　单定义判断 ······································ 30
第二节　多定义判断 ······································ 53

第三章　类比推理 ·· 58
第一节　两词型 ·· 59
第二节　三词型 ·· 63
第三节　填空型 ·· 66

第四章　逻辑判断 ·· 70
第一节　削弱质疑型 ······································ 70
第二节　加强支持型 ······································ 77
第三节　前提假设型 ······································ 83
第四节　翻译推理 ·· 86
第五节　真假推理 ·· 91
第六节　分析推理 ·· 94
第七节　直接推论型 ······································ 97

第五章　综合测试 ··· 101
综合测试一 ··· 101
综合测试二 ··· 110

参考答案与解析 ··· 122

第一章　图形推理 ·· 122
第一节　平面图形 ······································· 122
第二节　立体图形 ······································· 131

第二章　定义判断 ... 137
第一节　单定义判断 ... 137
第二节　多定义判断 ... 156

第三章　类比推理 ... 159
第一节　两词型 ... 159
第二节　三词型 ... 166
第三节　填空型 ... 171

第四章　逻辑判断 ... 176
第一节　削弱质疑型 ... 176
第二节　加强支持型 ... 181
第三节　前提假设型 ... 187
第四节　翻译推理 ... 189
第五节　真假推理 ... 192
第六节　分析推理 ... 194
第七节　直接推论型 ... 197

第五章　综合测试 ... 200
综合测试一 ... 200
综合测试二 ... 207

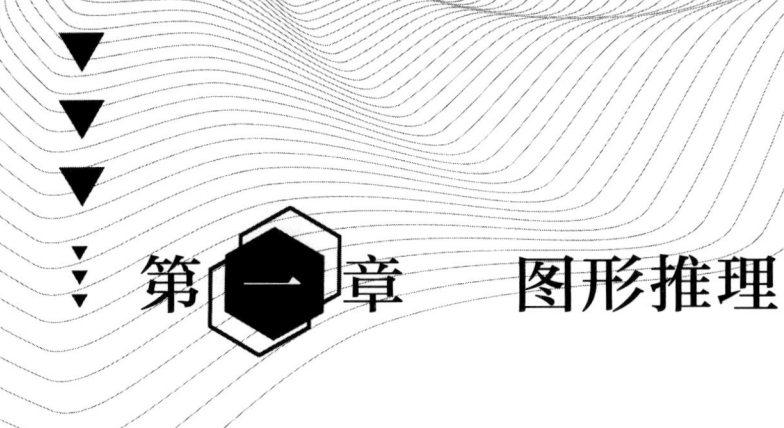

第一章　图形推理

导读：图形推理是判断推理中非常重要的组成部分，它包括两大类：一类是平面图形，一类是立体图形。平面图形的常见考点包括位置规律、样式规律、属性规律、数量规律等。立体图形的常见考点包括图形折叠等。

第一节　平面图形

考点一　位置规律

位置类图形推理非常重要，它是考试中的必考题型，它考查图形（元素）的位置变化规律，主要包括动态位置（平移、移动、旋转、翻转等）和静态位置。

1. 从所给的四个选项中，选择最合适的一个填入问号处，使之呈现一定的规律性。（　　）

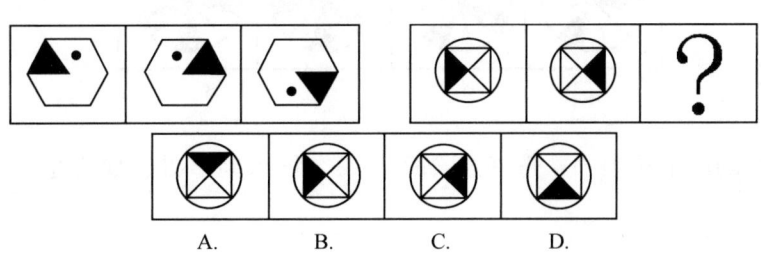

2. 从所给的四个选项中，选择最合适的一个填入问号处，使之呈现一定的规律性。（   ）

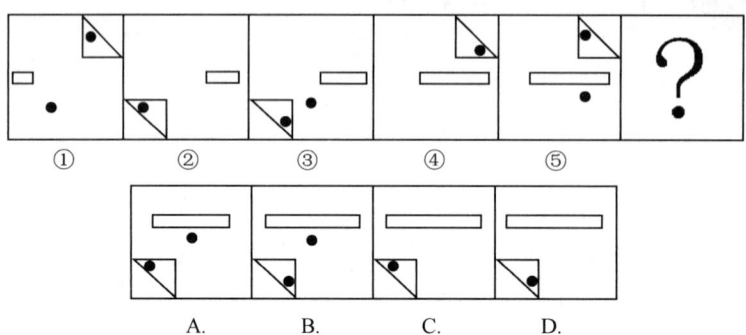

3. 从所给的四个选项中，选择最合适的一个填入问号处，使之呈现一定的规律性。（   ）

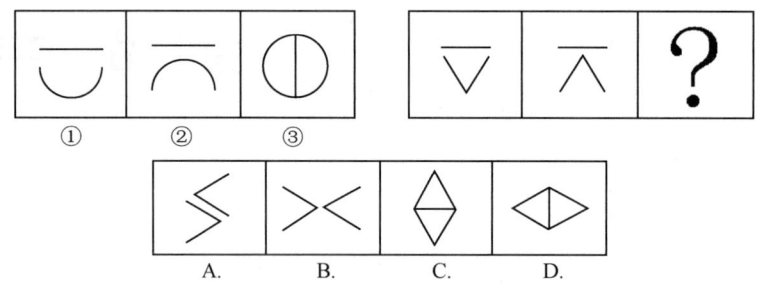

4. 从所给的四个选项中，选择最合适的一个填入问号处，使之呈现一定的规律性。（   ）

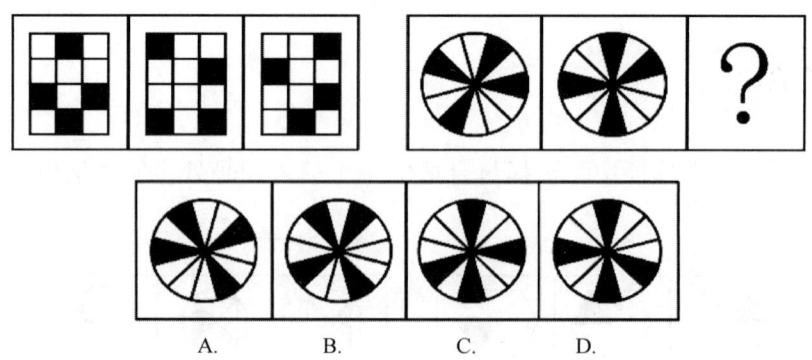

5. 从所给的四个选项中，选择最合适的一个填入问号处，使之呈现一定的规律性。（   ）

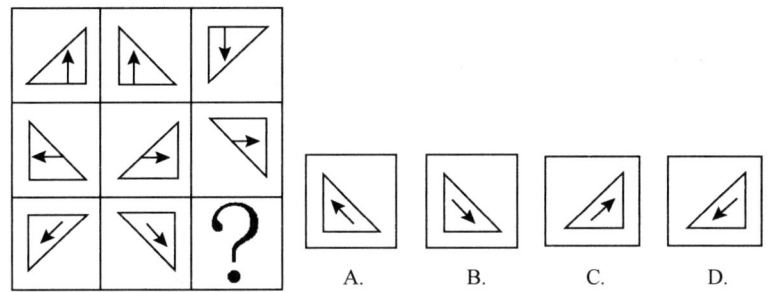

6. 从所给的四个选项中,选择最合适的一个填入问号处,使之呈现一定的规律性。(　　)

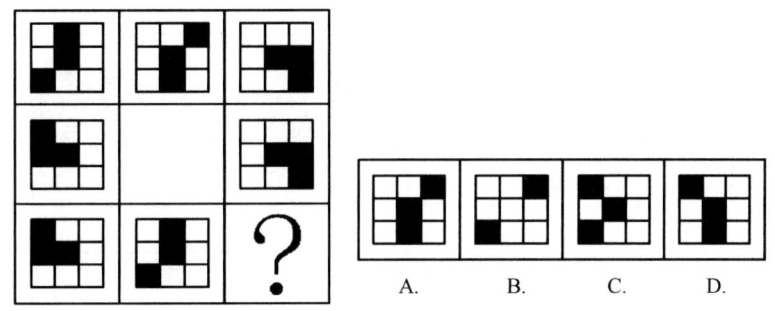

7. 从所给的四个选项中,选择最合适的一个填入问号处,使之呈现一定的规律性。(　　)

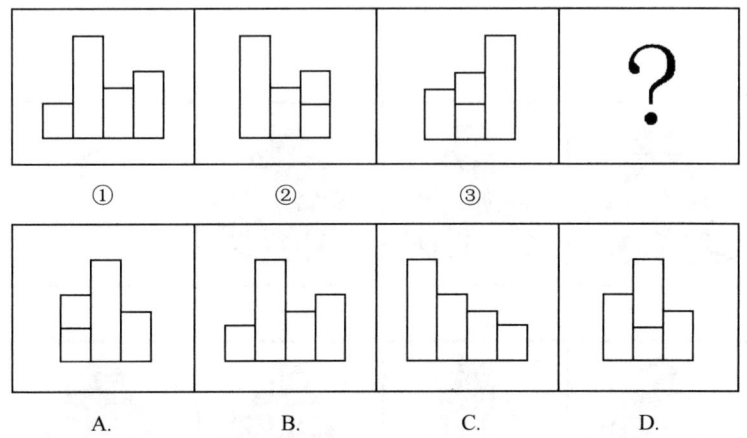

8. 从所给的四个选项中,选择最合适的一个填入问号处,使之呈现一定的规律性。(　　)

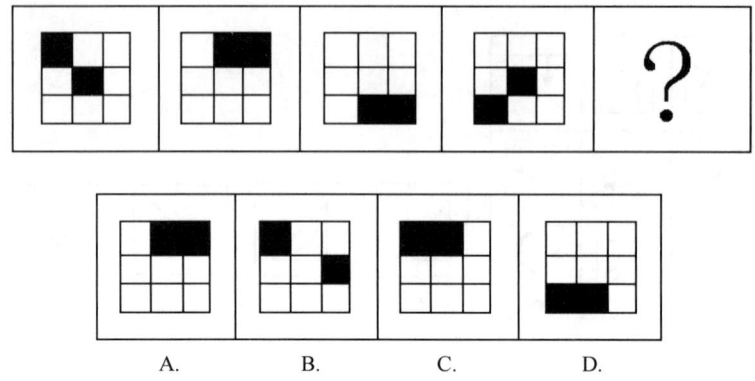

9. 从所给的四个选项中，选择最合适的一个填入问号处，使之呈现一定的规律性。（ ）

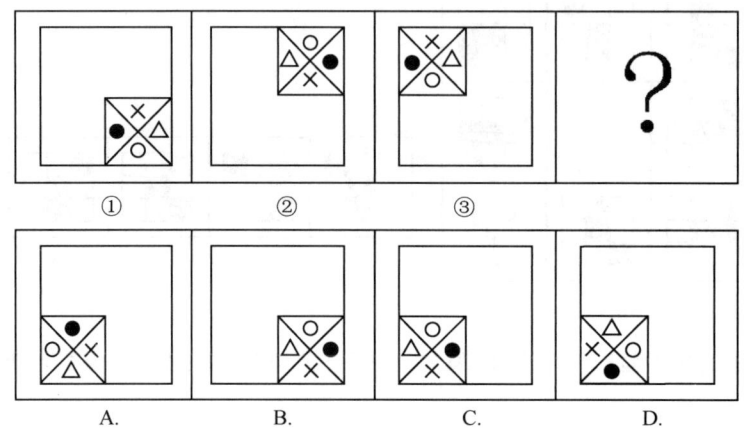

10. 从所给的四个选项中，选择最合适的一个填入问号处，使之呈现一定的规律性。（ ）

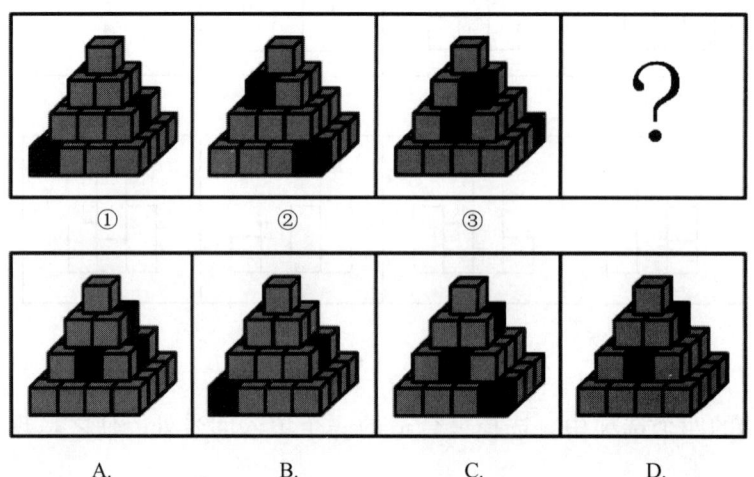

11. 从所给的四个选项中,选择最合适的一个填入问号处,使之呈现一定的规律性。( )

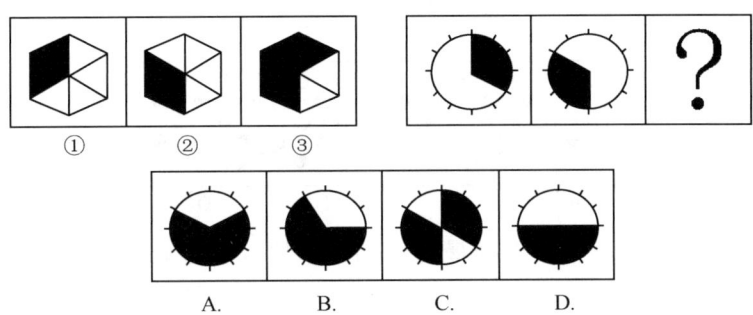

12. 从所给的四个选项中,选择最合适的一个填入问号处,使之呈现一定的规律性。( )

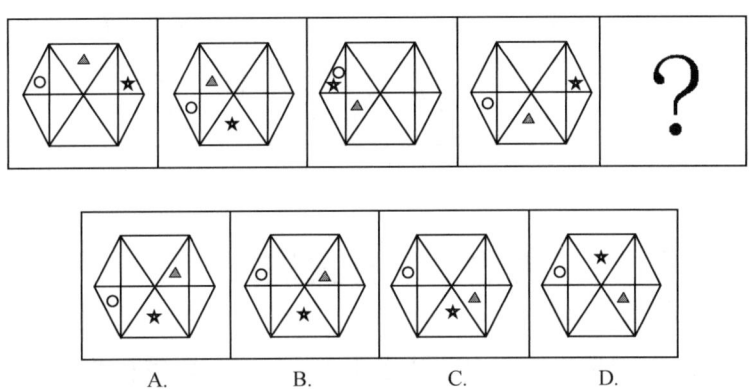

13. 把下面的六个图形分为两类,使每一类图形都有各自的共同特征或规律,分类正确的一项是(   )。

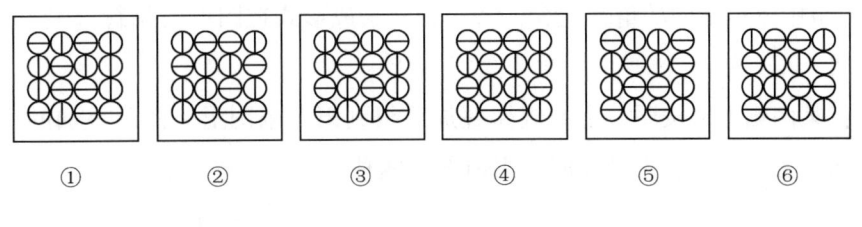

A.①②④;③⑤⑥ B.①③⑤;②④⑥
C.①②⑥;③④⑤ D.①④⑥;②③⑤

14. 从所给的四个选项中,选择最合适的一个填入问号处,使之呈现一定的规律性。( )

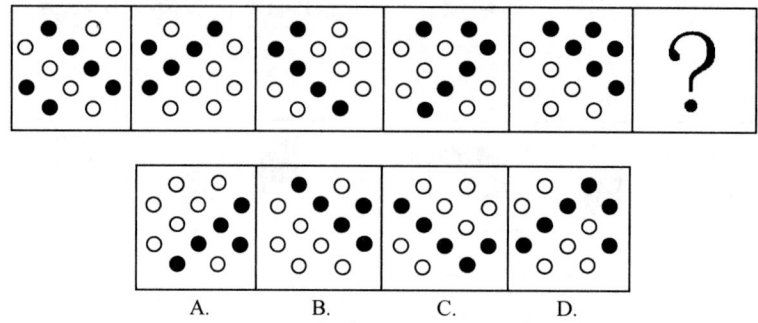

15. 从所给的四个选项中,选择最合适的一个填入问号处,使之呈现一定的规律性。(   )

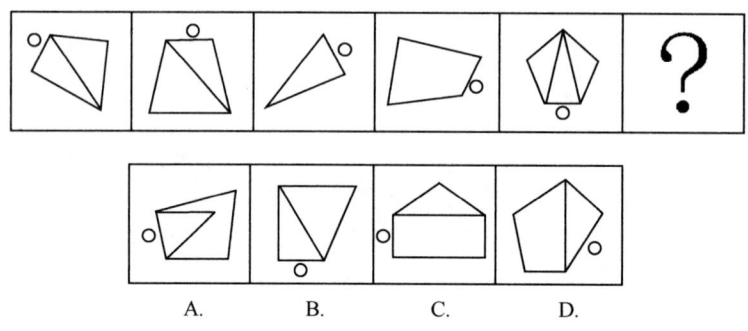

考点二 样式规律

样式类规律考查的是图形在形式上的变化,主要包括遍历和叠加。近年考试由过去单纯考查叠加类向与旋转、翻转等规律相结合的综合考查转变,考题难度有所提升。

遍历:图形元素的个数不发生变化,只是进行不同组合。此种规律的考查形式多以九宫格图形、两组图形为主,即每行(列)、组含有完全相同的元素或样式,在每行(列)、组中进行不同的重新组合,每一种元素或形式在图形的每行(列)、组中均会出现一次。

叠加:某两幅图形按照一定的规律叠加后得到第三幅图形。图形叠加的主要形式有直接叠加、去同存异、去异存同、黑白叠加四种。

1. 从所给的四个选项中,选择最合适的一个填入问号处,使之呈现一定的规律性。(   )

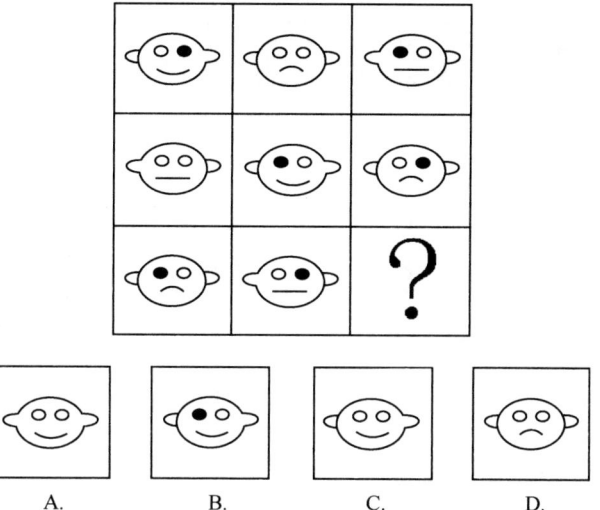

2. 从所给的四个选项中，选择最合适的一个填入问号处，使之呈现一定的规律性。（　　）

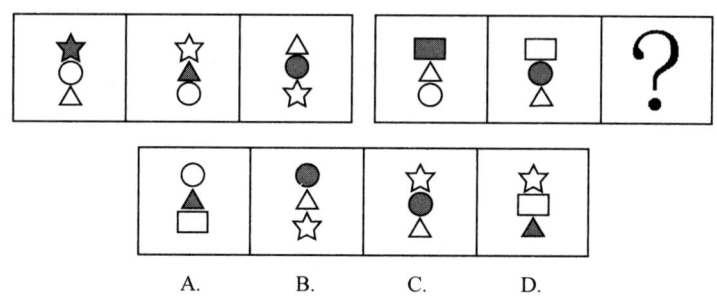

3. 从所给的四个选项中，选择最合适的一个填入问号处，使之呈现一定的规律性。（　　）

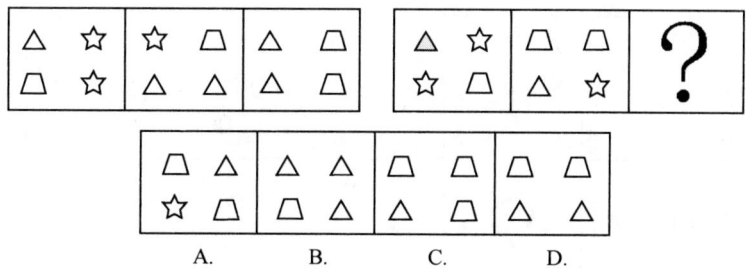

4. 从所给的四个选项中，选择最合适的一个填入问号处，使之呈现一定的规律性。（　　）

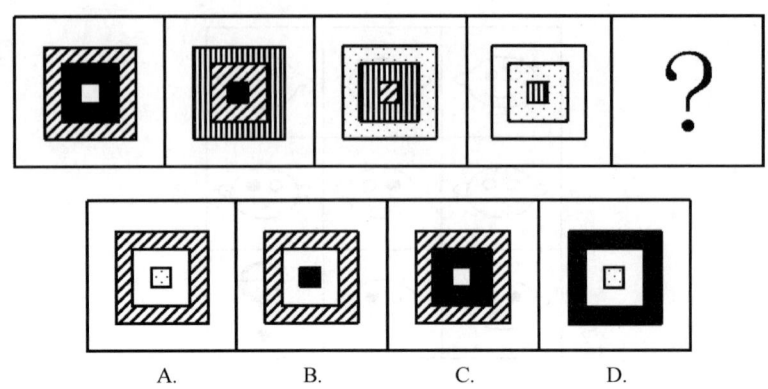

5. 从所给的四个选项中，选择最合适的一个填入问号处，使之呈现一定的规律性。（　　）

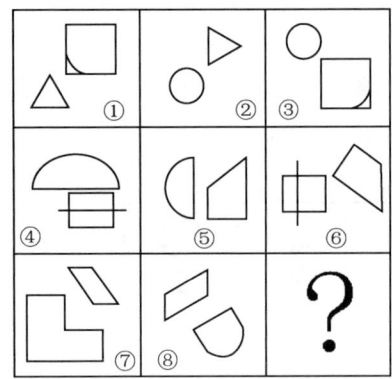 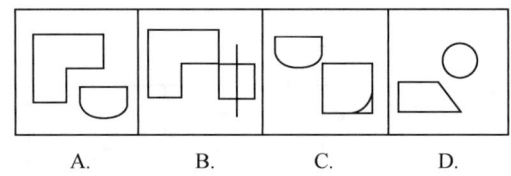

6. 从所给的四个选项中，选择最合适的一个填入问号处，使之呈现一定的规律性。（　　）

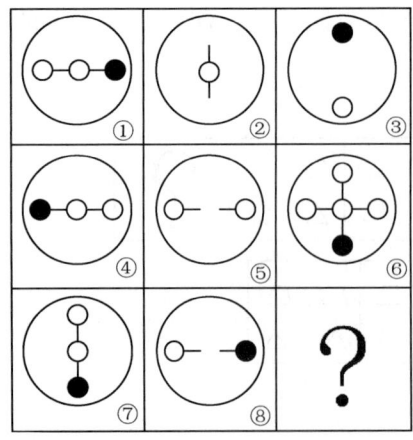 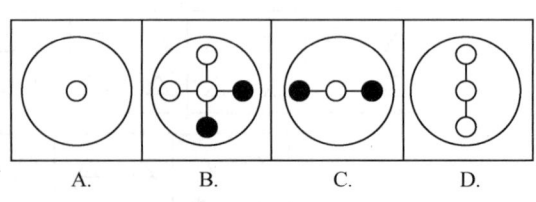

7. 从所给的四个选项中，选择最合适的一个填入问号处，使之呈现一定的规律性。（　　）

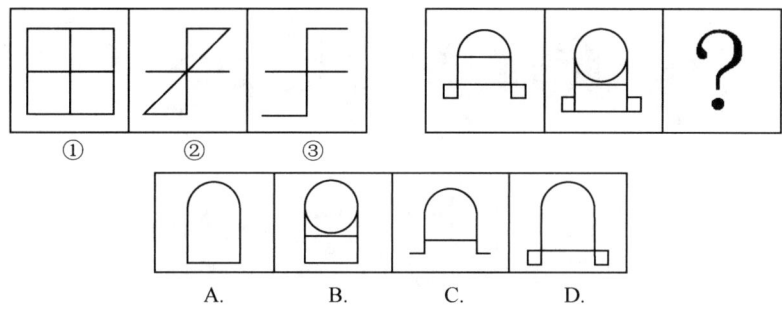

8. 从所给的四个选项中，选择最合适的一个填入问号处，使之呈现一定的规律性。（　　）

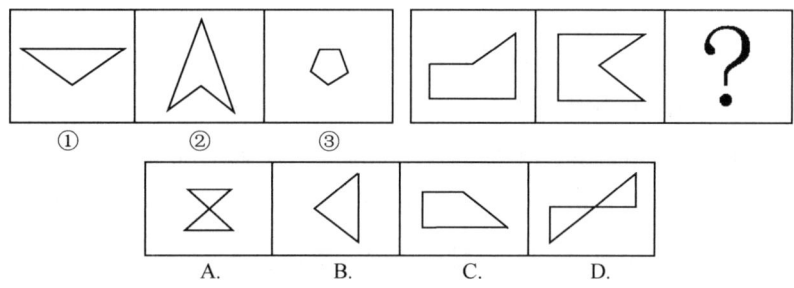

9. 从所给的四个选项中，选择最合适的一个填入问号处，使之呈现一定的规律性。（　　）

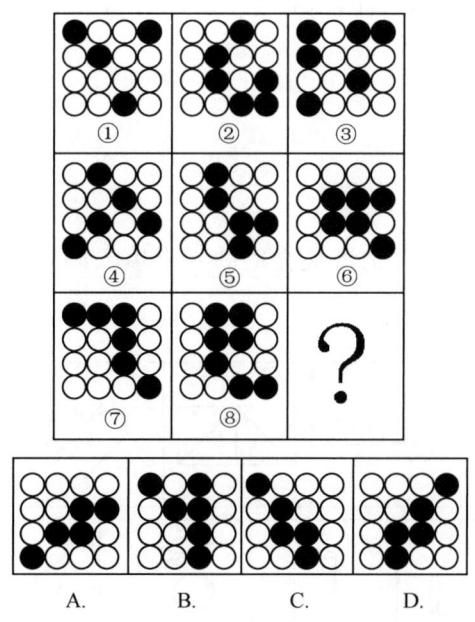

10. 从所给的四个选项中，选择最合适的一个填入问号处，使之呈现一定的规律性。（　　）

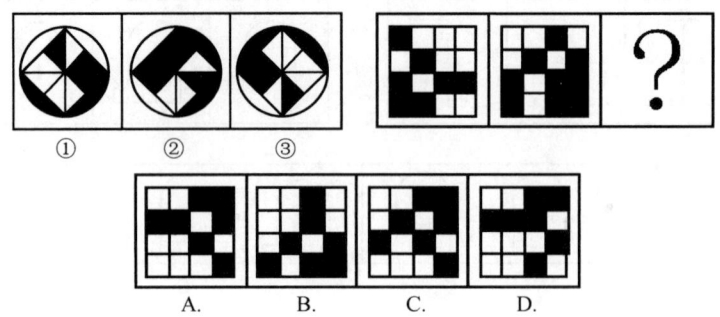

考点三　属性规律

图形的属性是指图形具有共同的性质或含有相同、相似的部分。属性类规律包括直曲性、对称性、封闭开放性。

直曲性：组成图形的线条的直曲属性，可细分为三种：全直、全曲、直+曲。

对称性：图形具有对称的性质，包括轴对称与中心对称。轴对称图形沿某直线折叠后直线两边的部分完全重合；中心对称图形是图形绕某一点（对称中心）旋转180°后与原来的图形重合。对称性考查的出发点主要包括轴对称与中心对称、对称轴的方向、对称轴的数量。

封闭开放性：图形线条的封闭与开放，可细分为三种：全封闭、半封闭半开放、全开放。

1. 从所给的四个选项中，选择最合适的一个填入问号处，使之呈现一定的规律性。（　　）

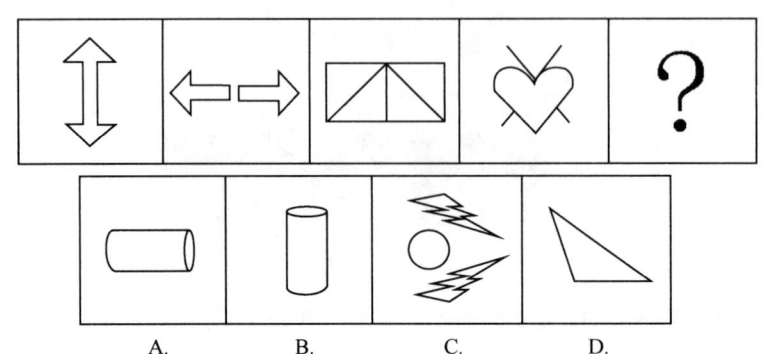

2. 请从所给的四个选项中，选出最恰当的一个填入问号处，使之呈现一定的规律性。（ ）

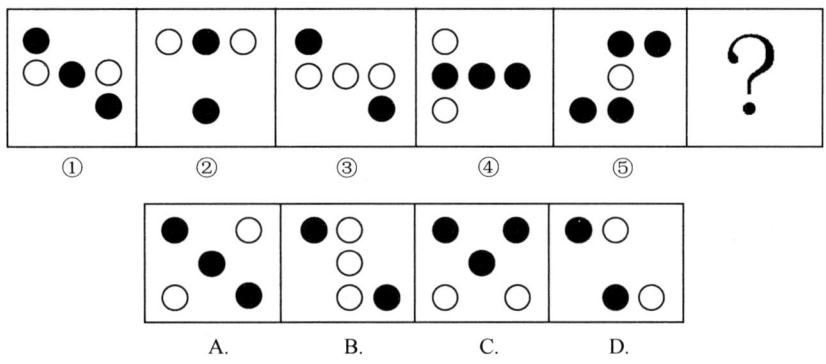

3. 从所给的四个选项中，选择最合适的一个填入问号处，使之呈现一定的规律性。（ ）

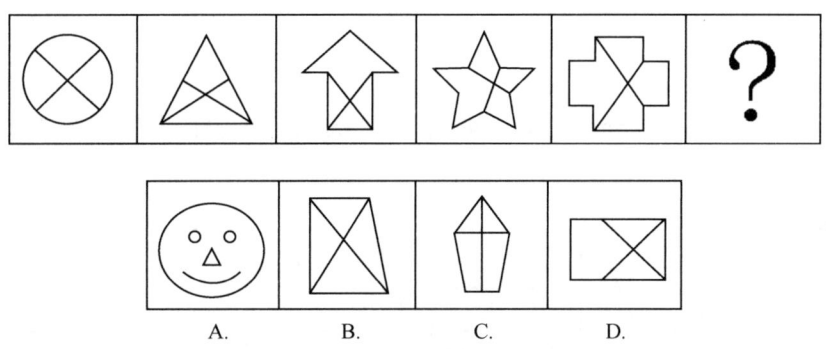

4. 将下列六个图形分为两类，使每一类都有各自的共同特征或规律，分类正确的一项是（ ）。

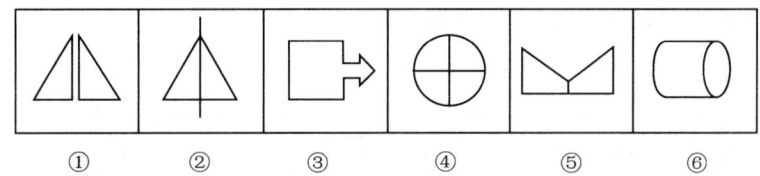

A. ①③⑥；②④⑤   B. ①②③；④⑤⑥
C. ①②④；③⑤⑥   D. ①④⑤；②③⑥

5. 从所给的四个选项中，选择最合适的一个填入问号处，使之呈现一定的规律性。（ ）

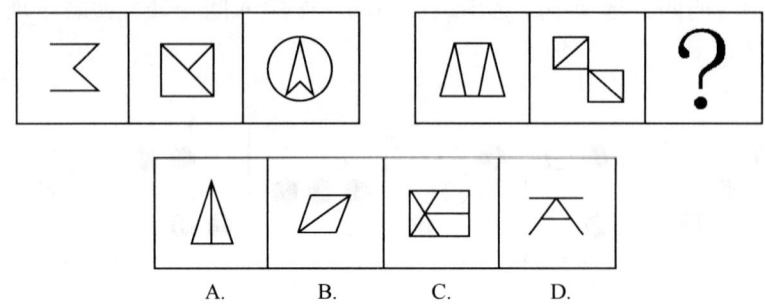

6. 从所给的四个选项中,选择最合适的一个填入问号处,使之呈现一定的规律性。( )

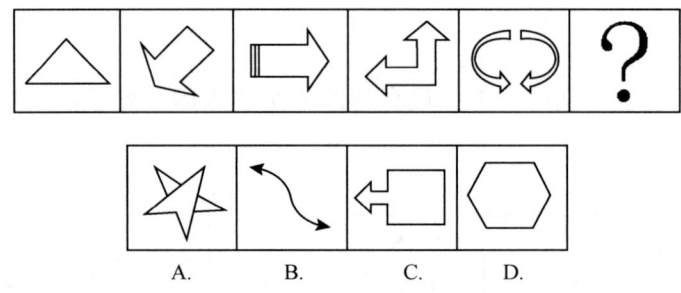

7. 把下面的六个图形分为两类,使每一组图形都有各自的共同特征或规律,分类正确的一项是(   )。

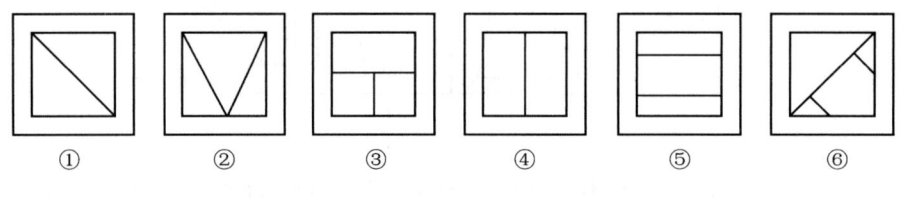

A. ①②③;④⑤⑥   B. ①②⑤;③④⑥
C. ①②④;③⑤⑥   D. ①④⑤;②③⑥

8. 从所给的四个选项中,选择最恰当的一个填入问号处,使之呈现一定的规律性。( )

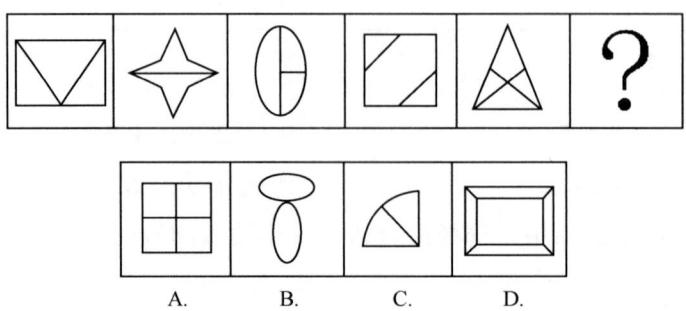

9. 把下面的六个图形分为两类，使每一类图形都有各自的共同特征或规律，分类正确的一项是（ ）。

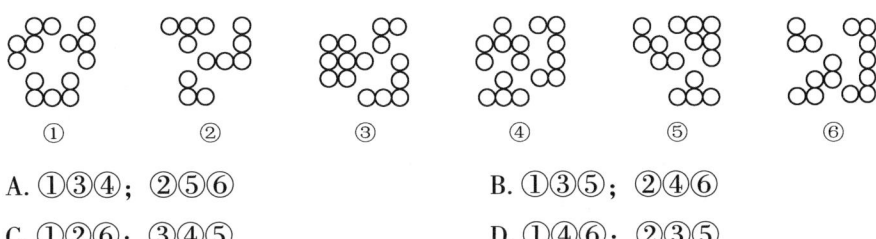

A. ①③④；②⑤⑥ B. ①③⑤；②④⑥
C. ①②⑥；③④⑤ D. ①④⑥；②③⑤

10. 把下面的六个图形分为两类，使每一类图形都有各自的共同特征或规律，分类正确的一项是（ ）。

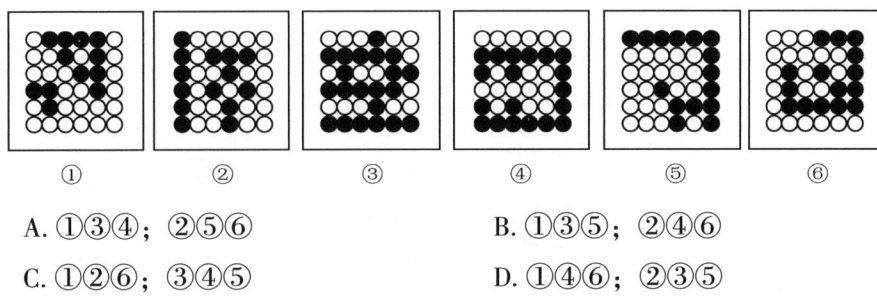

A. ①③④；②⑤⑥ B. ①③⑤；②④⑥
C. ①②⑥；③④⑤ D. ①④⑥；②③⑤

11. 把下面的六个图形分为两类，使每一类图形都有各自的共同特征或规律，分类正确的一项是（ ）。

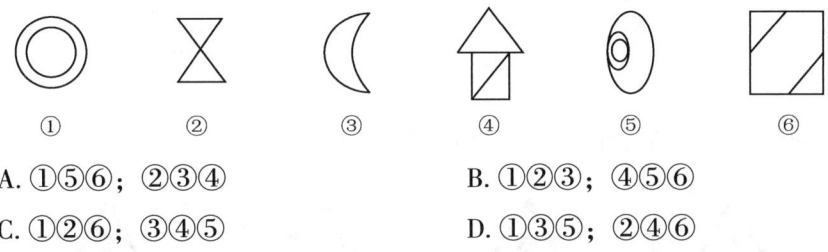

A. ①⑤⑥；②③④ B. ①②③；④⑤⑥
C. ①②⑥；③④⑤ D. ①③⑤；②④⑥

12. 把下面的六个图形分为两类，使每一类都有各自的共同特征或规律，分类正确的一项是（ ）。

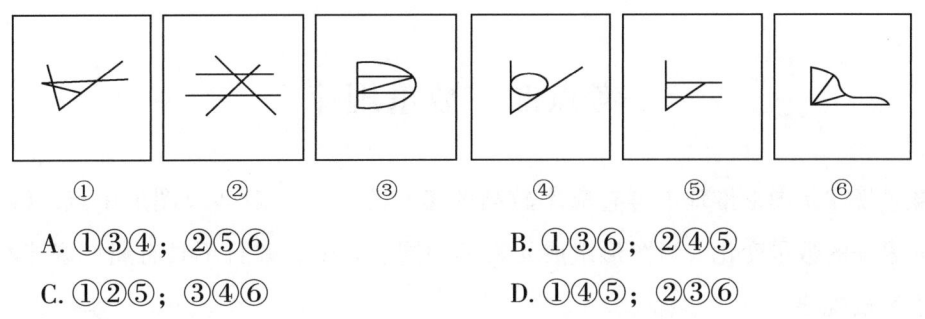

A. ①③④；②⑤⑥ B. ①③⑥；②④⑤
C. ①②⑤；③④⑥ D. ①④⑤；②③⑥

13. 从所给的四个选项中，选择最合适的一个填入问号处，使之呈现一定的规律性。（ ）

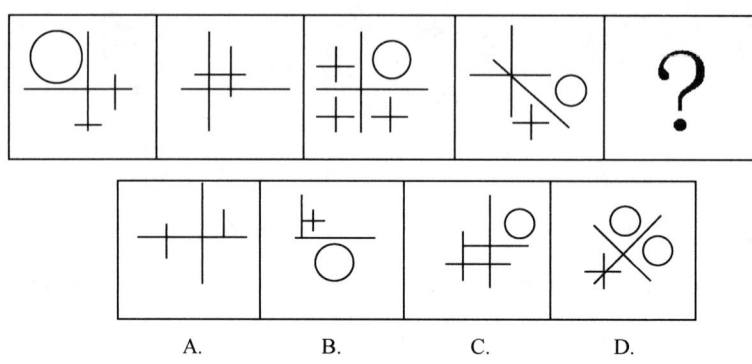

14. 从所给的四个选项中，选择最合适的一个填入问号处，使之呈现一定的规律性。（ ）

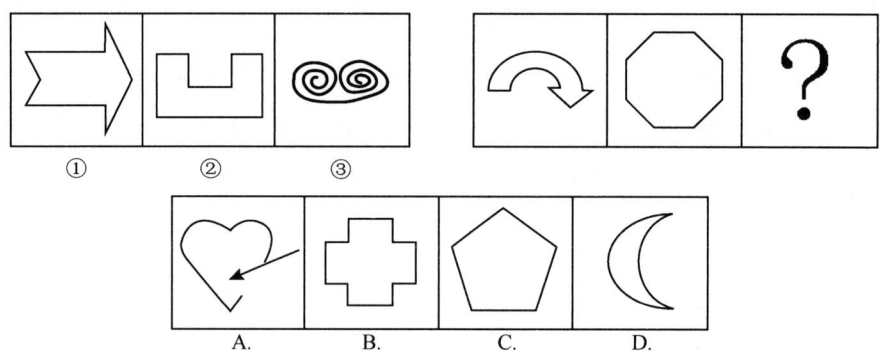

15. 下列哪个图形的特征有别于其他三个图形？（ ）

考点四　数量规律

数量规律是图形推理中考查频率较高的考点之一，一般涉及图形中点、线、角、面、元素等的数量变化。当图形组成元素不相同或相似，并且不具有属性规律时，优先考虑数量规律。

> **精选真题**

1. 从所给的四个选项中，选择最合适的一个填入问号处，使之呈现一定的规律性。（ ）

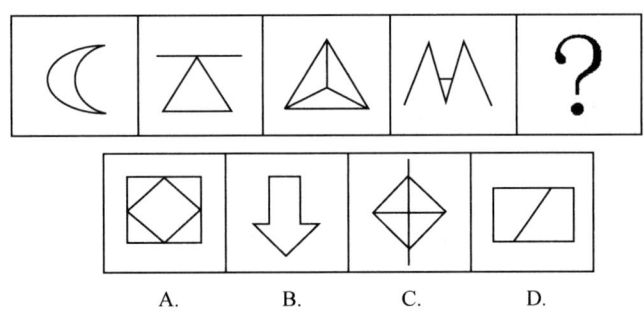

2. 从所给的四个选项中，选择最合适的一个填入问号处，使之呈现一定的规律性。（ ）

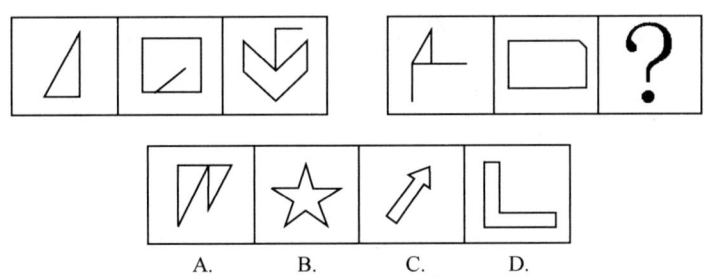

3. 从所给的四个选项中，选择最合适的一个填入问号处，使之呈现一定的规律性。（ ）

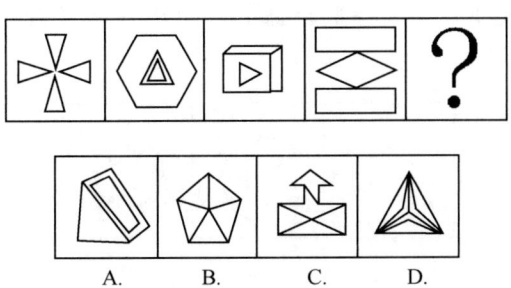

4. 从所给的四个选项中，选择最合适的一个填入问号处，使之呈现一定的规律性。（ ）

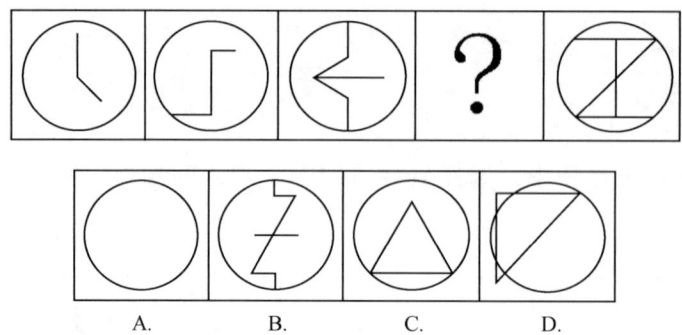

5. 把下面的六个图形分为两类，使每一类图形都有各自的共同特征或规律，分类正确的一项是（　　）。

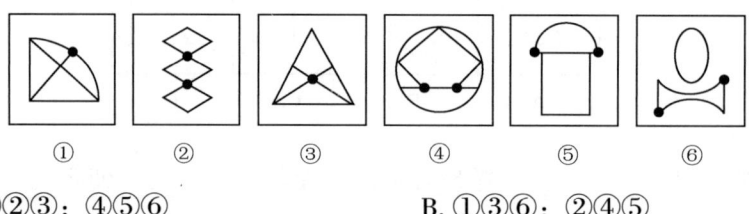

A. ①②③；④⑤⑥   B. ①③⑥；②④⑤

C. ①⑤⑥；②③④   D. ①④⑥；②③⑤

6. 从所给的四个选项中，选择最合适的一个填入问号处，使之呈现一定的规律性。（　　）

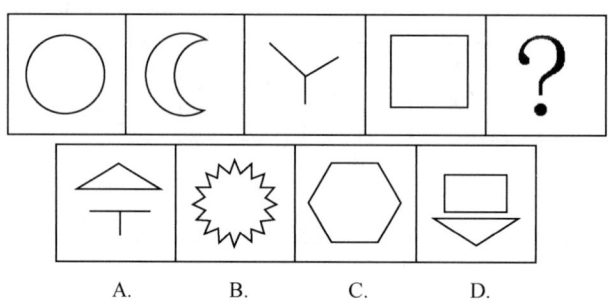

7. 从所给的四个选项中，选择最合适的一个填入问号处，使之呈现一定的规律性。（　　）

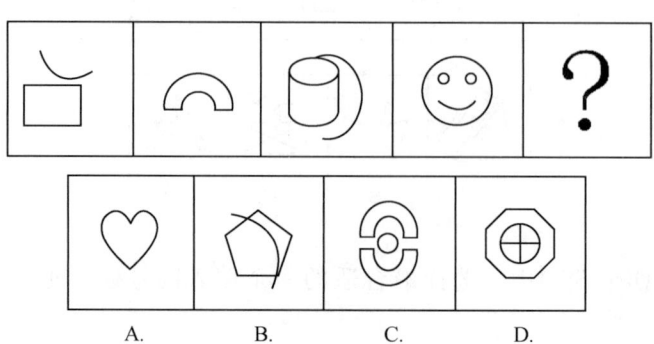

8. 从所给的四个选项中，选择最合适的一个填入问号处，使之呈现一定的规律性。（ ）

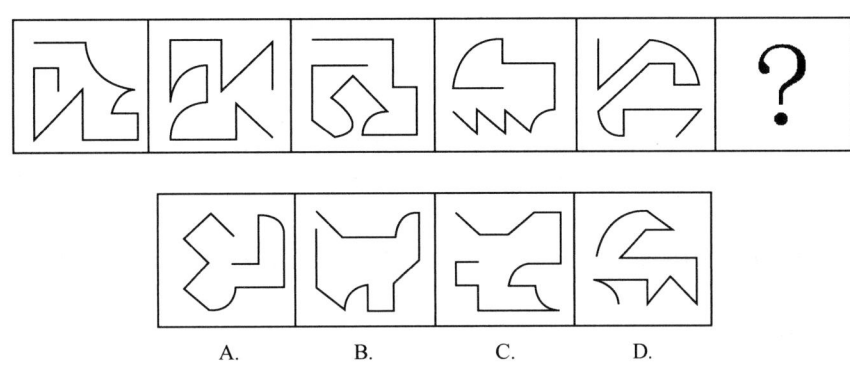

9. 从所给的四个选项中，选择最合适的一个填入问号处，使之呈现一定的规律性。（ ）

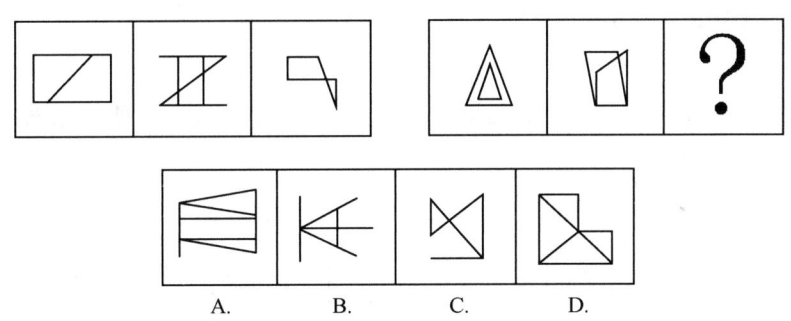

10. 把下面的六个图形分为两类，使每一类图形都有各自的共同特征或规律，分类正确的一项是（   ）。

A. ①②③；④⑤⑥ B. ①③④；②⑤⑥
C. ①②④；③⑤⑥ D. ①④⑥；②③⑤

11. 从所给的四个选项中，选择最合适的一个填入问号处，使之呈现一定的规律性。（ ）

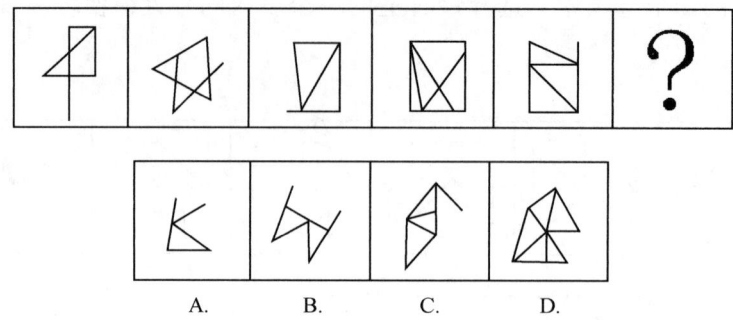

12. 把下面的六个图形分为两类，使每一类图形都有各自的共同特征或规律，分类正确的一项是（ ）。

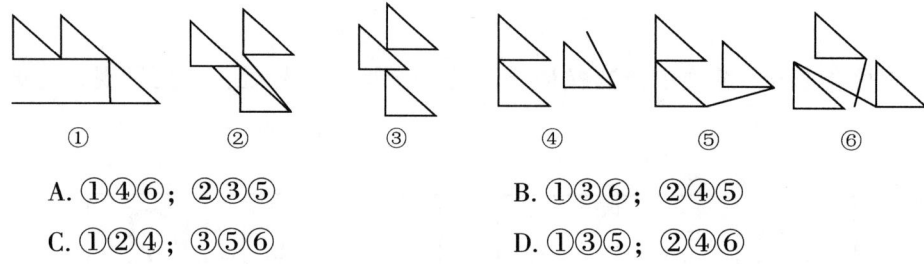

A. ①④⑥；②③⑤   B. ①③⑥；②④⑤
C. ①②④；③⑤⑥   D. ①③⑤；②④⑥

13. 从所给的四个选项中，选择最合适的一个填入问号处，使之呈现一定的规律性。（ ）

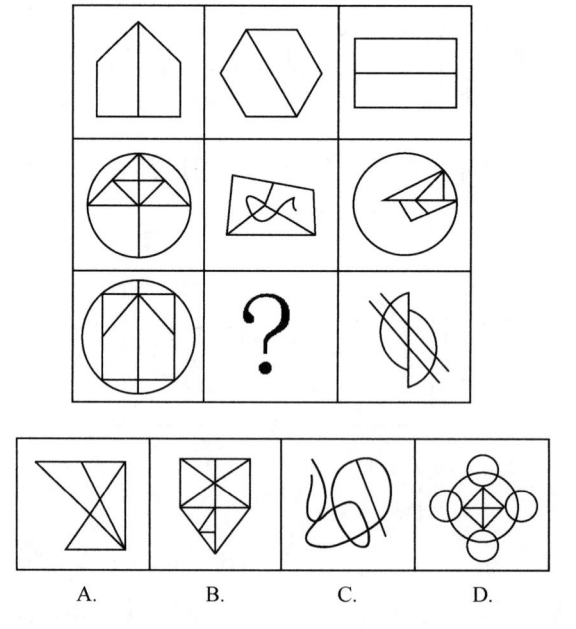

14. 从所给的四个选项中，选择最合适的一个填入问号处，使之呈现一定的规律性。（ ）

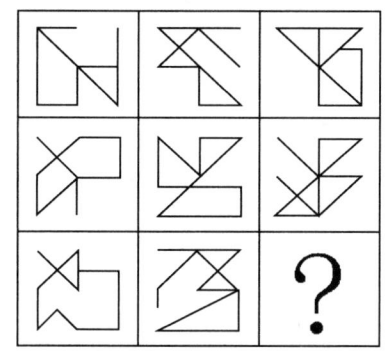
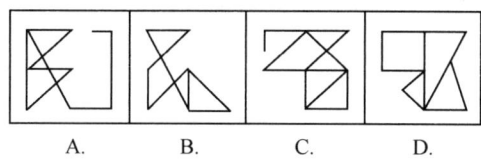

15. 把下面的六个图形分为两类,使每一类图形都有各自的共同特征或规律,分类正确的一项是(　　)。

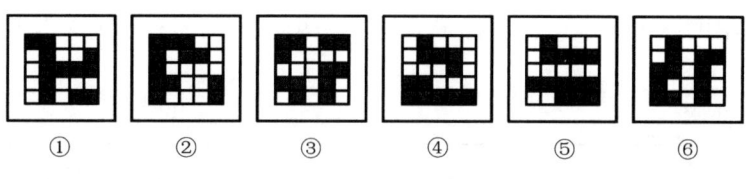

A. ①③⑥;②④⑤ B. ①③⑤;②④⑥
C. ①⑤⑥;②③④ D. ①④⑥;②③⑤

16. 把下面的六个图形分为两类,使每一类图形都有各自的共同特征或规律,分类正确的一项是(　　)。

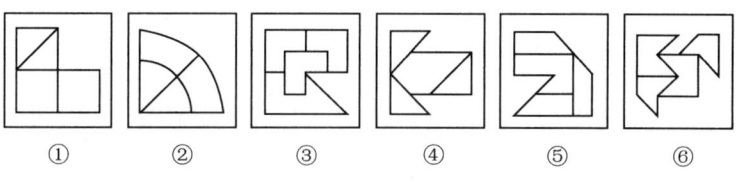

A. ①③④;②⑤⑥ B. ①③⑤;②④⑥
C. ①②⑥;③④⑤ D. ①④⑥;②③⑤

17. 从所给的四个选项中,选择最合适的一个填入问号处,使之呈现一定的规律性。(　　)

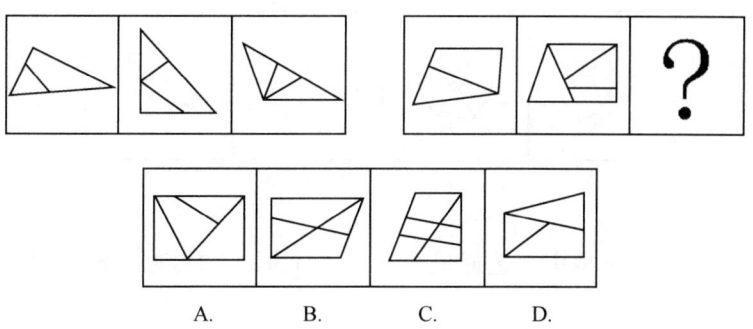

18. 从所给的四个选项中，选择最合适的一个填入问号处，使之呈现一定的规律性。（ ）

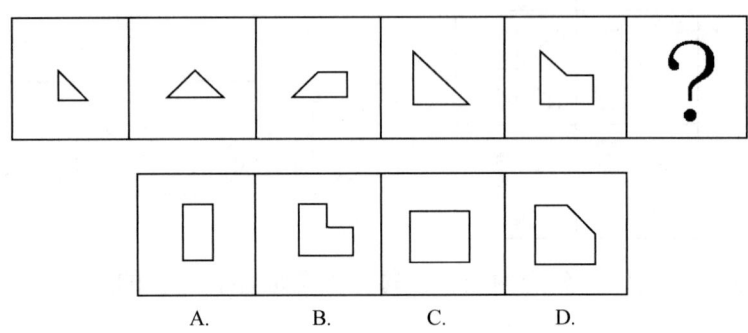

19. 从所给的四个选项中，选择最合适的一个填入问号处，使之呈现一定的规律性。（ ）

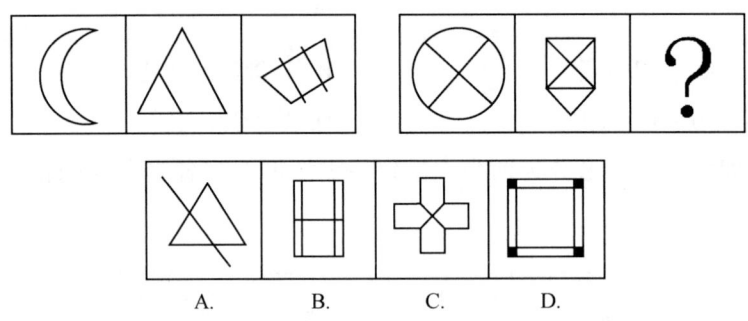

20. 从所给的四个选项中，选择最合适的一个填入问号处，使之呈现一定的规律性。（ ）

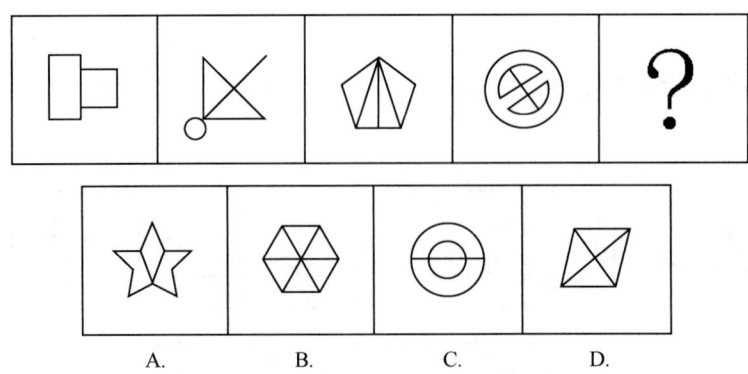

21. 从所给的四个选项中，选择最合适的一个填入问号处，使之呈现一定的规律性。（ ）

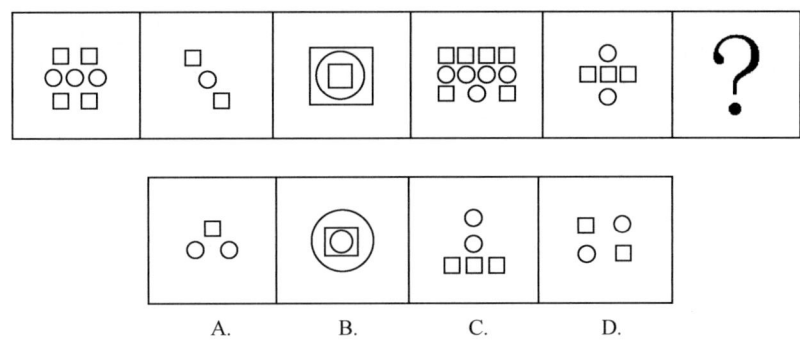

22. 从所给的四个选项中，选择最合适的一个填入问号处，使之呈现一定的规律性。（　　）

23. 从所给的四个选项中，选择最合适的一个填入问号处，使之呈现一定的规律性。（　　）

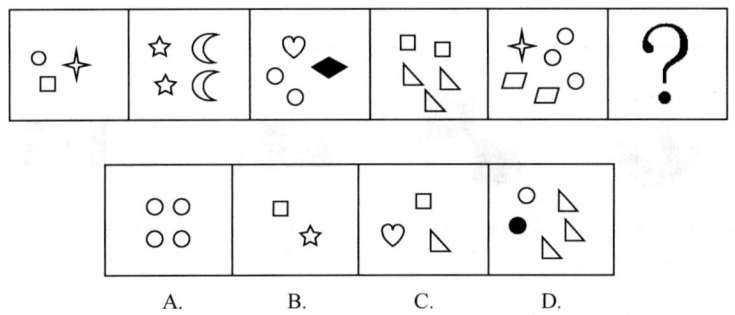

24. 从所给的四个选项中，选择最合适的一个填入问号处，使之呈现一定的规律性。（　　）

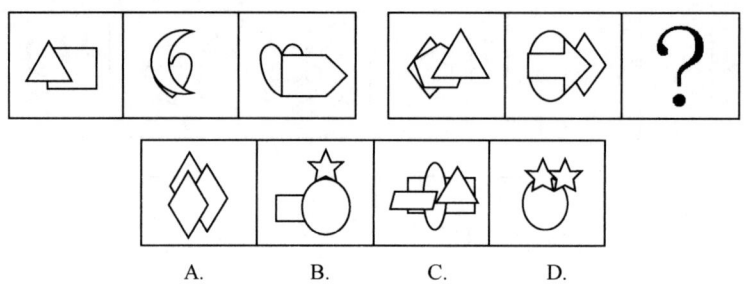

25. 从所给的四个选项中,选择最合适的一个填入问号处,使之呈现一定的规律性。(   )

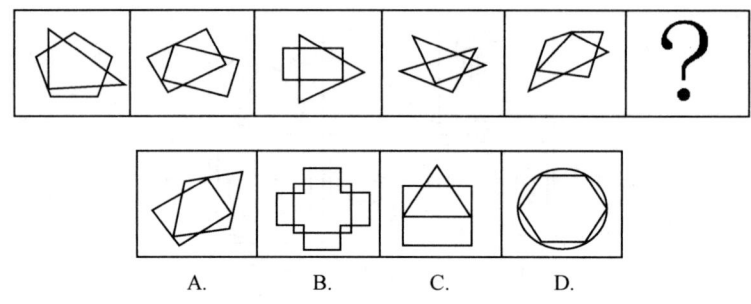

考点五 其他规律

精选真题

1. 下列选项中,与其他三个图形规律不同的一项是(   )。

2. 下面四个选项中,只有一个是由上面的四个图形拼合(只能通过上、下、左、右平移)而成的,请把它找出来。(   )

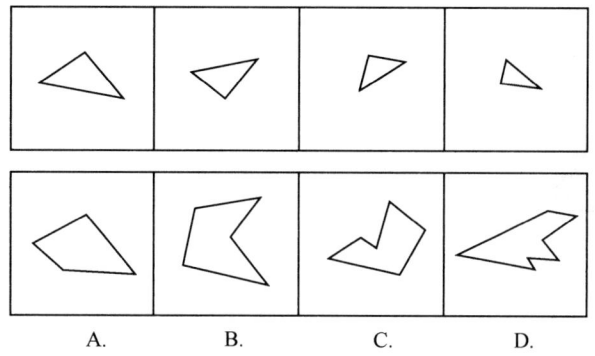

3. 下面四个选项中，只有一个是由上面的四个图形拼合（只能通过上、下、左、右平移）而成的，请把它找出来。（　　）

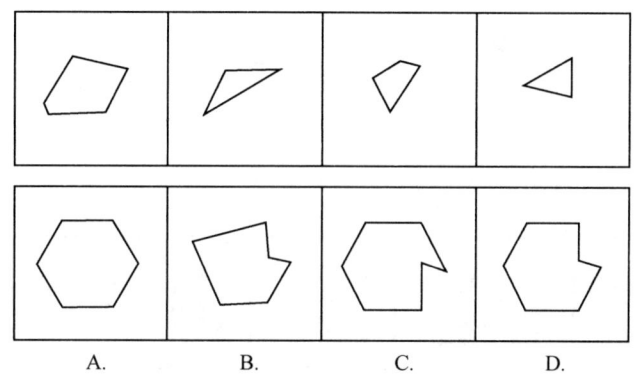

4. 下面四个选项中，只有一个是由上边的四个图形拼合（只能通过上、下、左、右平移）而成的，请把它找出来。（　　）

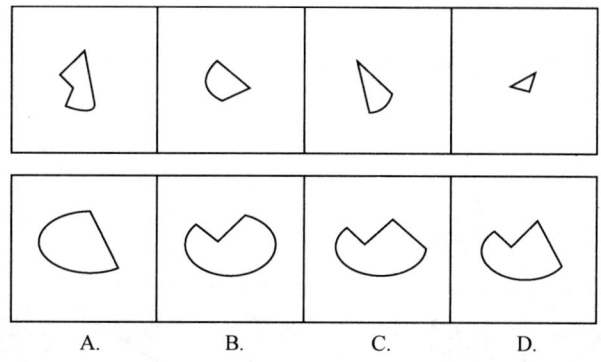

5. 将一张正方形纸对折成三角形，接着将三角形对折成小三角形，再将这个小三角形对折成更小的三角形。然后如下图所示，剪去三个等腰直角三角形后，将剩下的纸展开所显示的图形是（　　）。

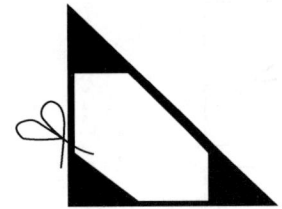 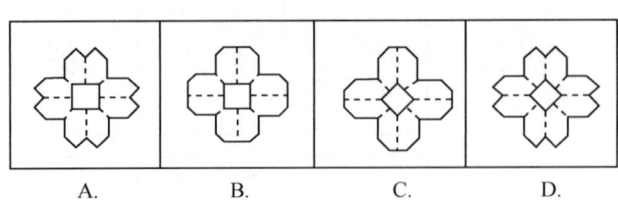

6. 从所给的四个选项中,选择最合适的一个填入问号处,使之呈现一定的规律性。( )

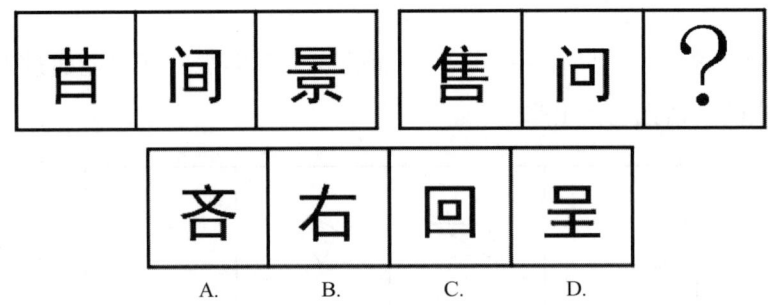

7. 从四个选项中,选出最恰当的一个填入问号处,使之呈现一定的规律性。( )

8. 从所给的四个选项中,选择最合适的一个填入问号处,使之呈现一定的规律性。( )

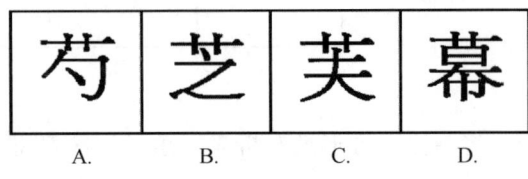

9. 从所给的四个选项中，选择最合适的一个填入问号处，使之呈现一定的规律性。（ ）

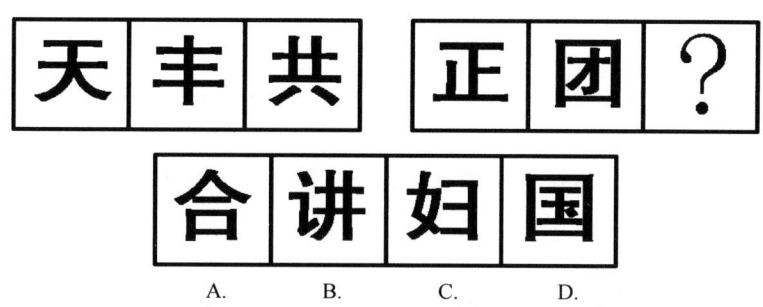

10. 从所给的四个选项中，选择最合适的一个填入问号处，使之呈现一定的规律性。（ ）

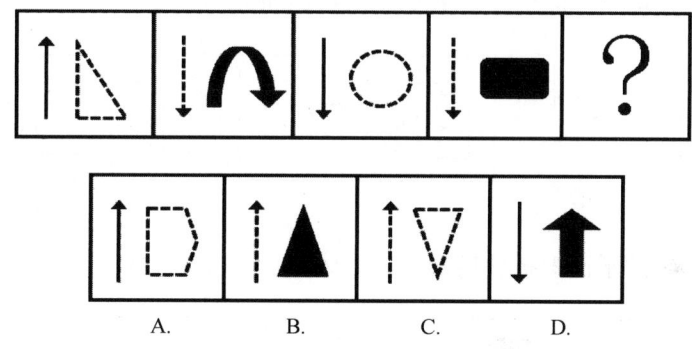

第二节　立体图形

立体图形是近年图形推理中的常考考点。不同于平面图形，立体图形在形式上具有明显的特征，很好辨别。立体图形主要包括立体折叠、立体拼接、立体图形截面、立体图形的视图等。

1. 下列四个选项中能由左边的平面图折叠而成的是（ ）。

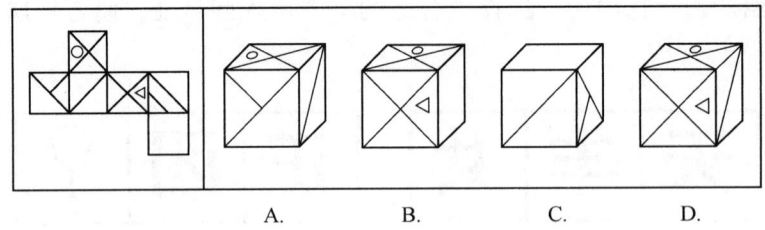

A. B. C. D.

2. 左边给定的是纸盒的外表面展开图，下列哪一项能由它折叠而成？（　　）

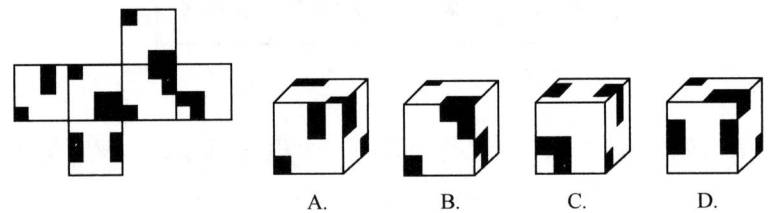

A. B. C. D.

3. 下列四个选项中，能由左边的平面图折叠而成的是（　　）。

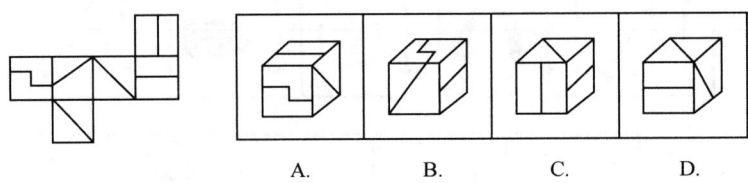

A. B. C. D.

4. 由左边给定的平面图折叠后形成的立体图形是（　　）。

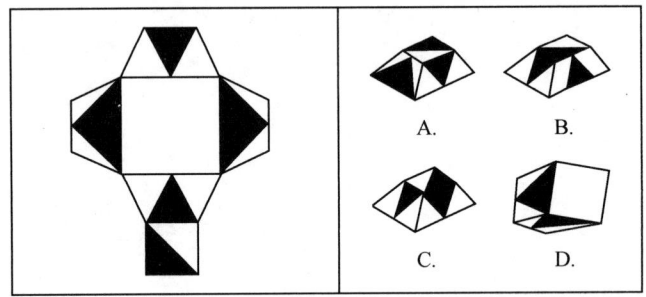

A. B. C. D.

5. 左图是右图的平面展开图，数字与字母一一对应，与123456对应的字母组合是（　　）。

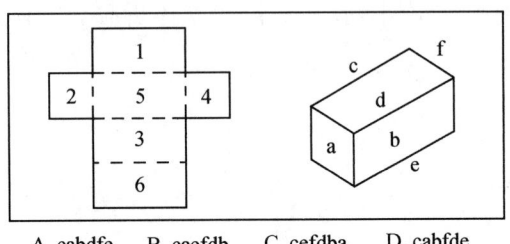

A. cabdfe　　B. caefdb　　C. cefdba　　D. cabfde

6. 左图给定的是纸盒外表面的展开图，右边哪一项能由它折叠而成？（　　）

A.　　B.　　C.　　D.

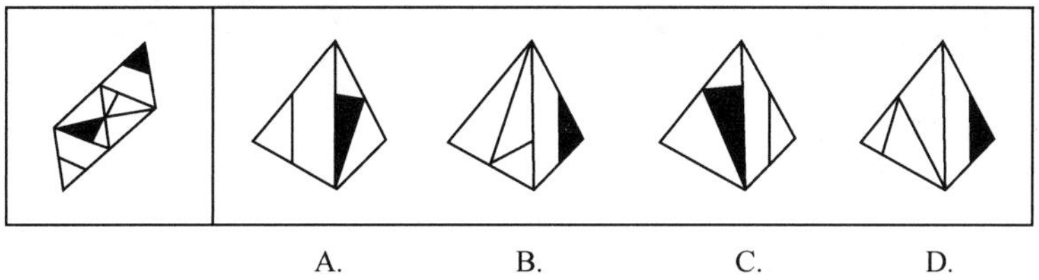

7. 左图给定的是纸盒外表面的展开图，右边哪一项能由它折叠而成？（　　）

A.　　B.　　C.　　D.

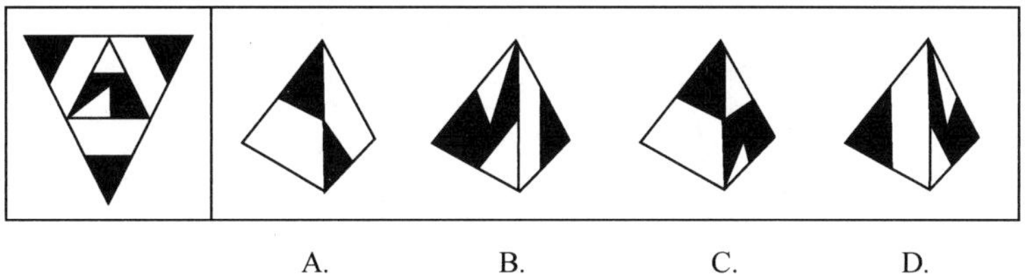

8. 左图给定的是纸盒外表面的展开图，右边哪一项能由它折叠而成？（　　）

A.　　B.　　C.　　D.

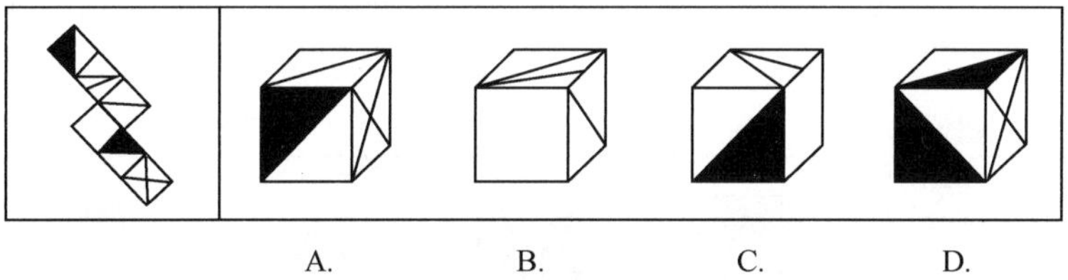

9. 左图给定的是纸盒外表面的展开图，右边哪一项能由它折叠而成？（　　）

A.　　B.　　C.　　D.

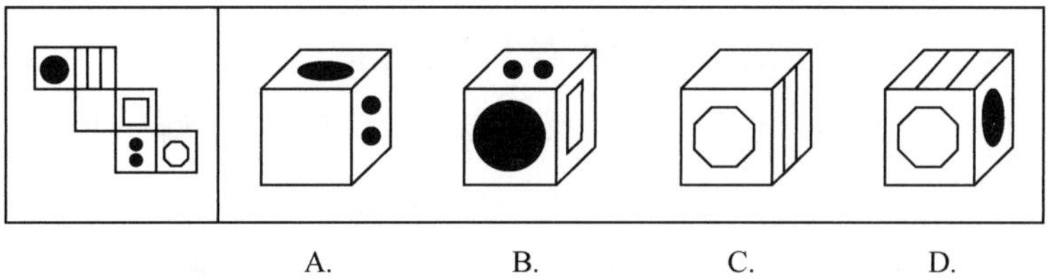

10. 左图给定的是由 4 个相同的正方体组合的立体图形，将其从任一面剖开，右边哪一项不可能是该立体图形的截面？（　　）

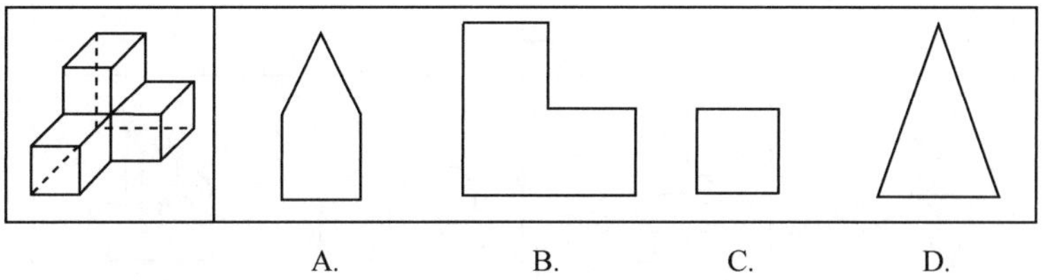

A.　　B.　　C.　　D.

11. 左图为 17 个同样大小的白色实心正方体和 10 个同样大小的黑色实心正方体堆叠而成的大正方体，将其从任一面剖开，右边哪一项不可能是该正方体的截面？（　　）

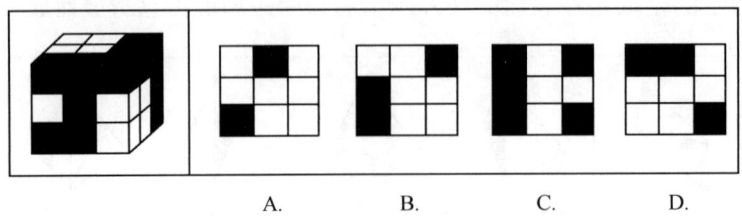

12. 下面给定的立体图形，将其从任一面剖开，截面的边数不可能是（　　）。

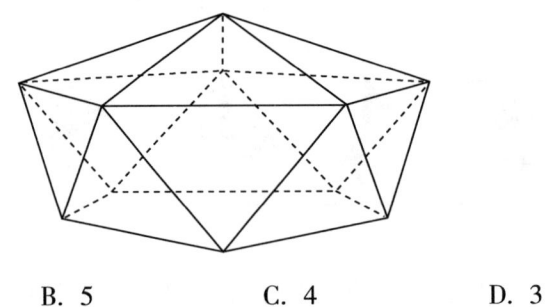

A. 10　　　　B. 5　　　　C. 4　　　　D. 3

13. 左图为给定的立体图形，将其从任意角度剖开，右边哪一项不可能是它的截面图？（　　）

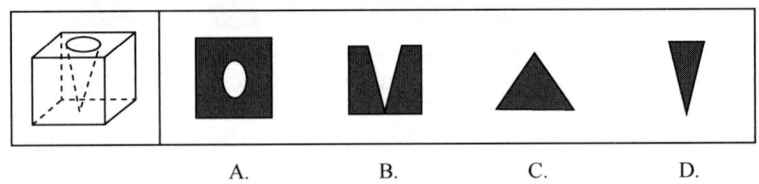

14. 下图给定的是由相同正方体堆叠而成的多面体，其正视图和后视图完全相同。该多面体可以由①、②和"?"三个多面体组合而成。以下哪一项能填入问号处？（　　）

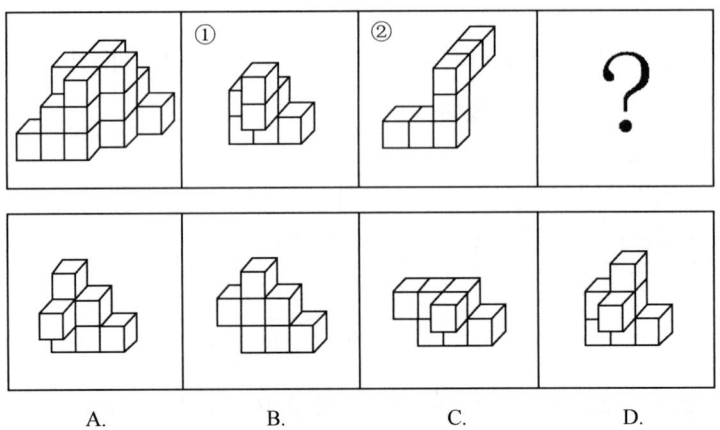

15. 下列选项中，折叠后可以与左侧所给图形结合在一起，成为一个整体的是（   ）。

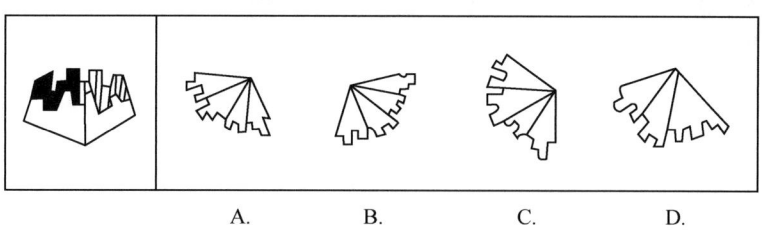

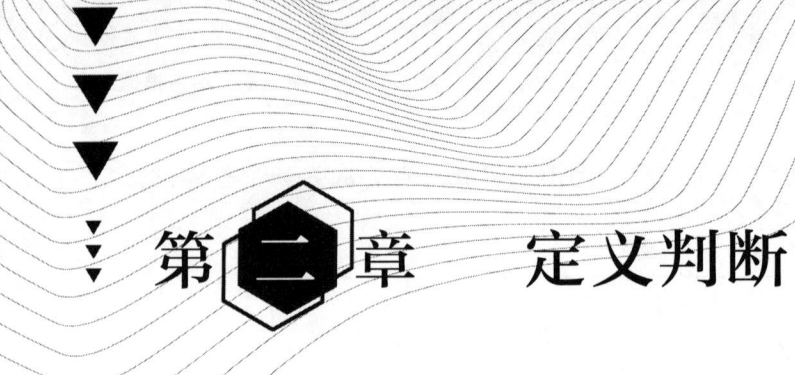

第二章 定义判断

导读： 定义判断一般包括两大类型题目，一类为单定义判断，另一类为多定义判断。单定义判断根据问法的不同，又分为单定义判断肯定与单定义判断否定；多定义判断根据问法的不同，又分为多定义判断肯定与多定义判断否定。不管是单定义判断还是多定义判断，其做题方法趋同，只是问法上有所不同而已。考生答题时首先根据问法判断题型，然后根据一般技法做题即可。

定义判断中，无论是单定义判断还是多定义判断，往往都包含多个关键词，只有抓住这些关键词才能有效解题。常见的关键词有主体、客体、目的、结果、原因、条件、方式、手段、时间等。

第一节 单定义判断

题干只给出一个定义概念的称为单定义判断。

1. 塔西佗陷阱指的是一种社会现象。它是指当政府部门或某一组织失去公信力时，无论其说真话还是说假话、做好事还是做坏事，都会被社会公众认为是说假话、做坏事。

根据上述定义，下列哪一项属于塔西佗陷阱？（ ）

    A. 商鞅打算推出新法令，进行变法，怕民众不信任，他采用"立木赏金"的办法赢得了民众的信任

B. 西斯家族曾经受到国王不公正的对待，因此，凡是国王提出的议案，无论好坏，该家族一律反对

C. 由于甲国多次违背盟约，当他们再次提出与乙国结盟的时候，乙国断然拒绝了

D. 某公益组织为了回应老百姓的普遍质疑，聘请第三方对其接受捐赠的所有物品及其去向进行了公示，但老百姓认为这是在作秀

2. 狭义的同行评议，指作者投稿以后，由刊物主编或纳稿编辑邀请具有丰富专业知识或较高造诣的学者，评议论文的学术水平和文字质量，对稿件提出意见并作出判定，最后主编按评议的结果决定稿件是否适合在该刊物发表。

根据上述定义，以下属于狭义的同行评议的是（　　）。

A. 张教授在某学术杂志上发表了一篇研究论文，不久后很多同领域的学者发表意见，对该论文的质量提出质疑

B. 研究生小李提交毕业论文后，学术委员会邀请国内相关专业的教授对该论文的学术水平进行评估

C. 李医生提出一个新的手术思路，某期刊编辑将他的投稿论文发给多位外科专家，专家们认为很有创新性

D. 张先生将自我保健心得撰文投稿到某心理健康杂志，编辑认为该文不属于心理健康领域，不宜在该刊物发表

3. 微商，一般是指以个人为单位的、利用 Web 3.0 时代所衍生的载体渠道，将传统销售方式与互联网结合，不存在区域限制，且可移动地实现销售渠道新突破的小型个体行为。

根据上述定义，以下属于微商的是（　　）。

A. 某大型化妆品公司在微信账号上销售商品，吸引了一大批消费者

B. 某眼镜店通过大力宣传吸引了许多年轻消费者进店购买

C. 李某开的饭店为周边居民提供上门送外卖的服务

D. 张某在市中心的服装店生意不错，他在微信上卖出的服装更多

4. 商品差价，是指同一商品由于流通环节、购销地区、购销季节以及质量不同而形成的价格差额。

根据以上定义，下列不属于商品差价的是（　　）。

A. 同一品牌同一款手机，刚推出时和两年后的价格不同

B. 菜市场的青菜早上卖 3 元一斤，下午则卖 1 元一斤

C. 广东的荔枝比北京的便宜，因为广东盛产荔枝

D. 苹果笔记本电脑和华硕笔记本电脑的价格不同

5. 越权，是指领导者插手管理超越职权范围的事情。

根据上述定义，下列属于越权的是（   ）。

  A. 领导成员分工不明确导致工作出现盲区

  B. 上级领导处理应该由下级领导处理的事情

  C. 与会人员在行政会议上发生争执

  D. A 领导出国，由 B 代管 A 的分管工作

6. 劳动争议，是指在劳动者和劳动力使用者之间因劳动权利与义务发生分歧而引起的争议。

根据上述定义，下列属于劳动争议的是（   ）。

  A. 职工小周与当地劳动部门因工作调动的问题发生争执

  B. 某企业职工小张和小李因工作上意见不合产生矛盾

  C. 两个单位之间因职工小刘的借调问题产生矛盾

  D. 职工老王与工厂因工伤未能获得保险赔偿而争执

7. 怜悯，是指对他人的不幸表示关切、同情。

根据上述定义，下列体现怜悯的是（   ）。

  A. 不识庐山真面目，只缘身在此山中

  B. 遥知兄弟登高处，遍插茱萸少一人

  C. 安得广厦千万间，大庇天下寒士俱欢颜

  D. 先天下之忧而忧，后天下之乐而乐

8. 产品召回，是指生产商发现产品存在质量问题，将已经流通到销售商、消费者环节的产品收回。

根据以上定义，下列属于产品召回的是（   ）。

  A. 一家服装网店为三名消费者办理了七天无理由退换业务

  B. 某超市售卖过期奶粉，后该超市贴出公告，告知购买了过期奶粉的顾客可以来店免费退换货

  C. 某批家具甲醛超标，厂商向因此引起身体不适的消费者赔偿了相当于家具价格五倍的钱

  D. 某汽车生产商发现汽车一处齿轮存在安全隐患，要求 4S 店通知车主将车送回店里维修

9. 赤潮，又称"红潮"。赤潮是海洋中一种或多种微小浮游植物、原生动物或细菌，在一定的环境条件下突发性迅速增殖或聚集，引起一定海域范围在一段时间内变

色的自然生态现象。赤潮是一种海洋生物灾害。通常水体颜色因赤潮生物的数量、种类而呈红色、黄色、绿色或褐色等。

根据上述定义，以下最有可能属于赤潮现象的是（   ）。

  A. 我国长江中游多次发生水体变蓝现象

  B. 位于尼泊尔博克拉市区的贝格纳斯湖的湖水曾变红

  C. 日本濑户内海、有明海等水域频繁发生水体变红

  D. 美国密西西比河部分水域发生洪灾，水中含大量泥沙

10. 网络小说，是指由作者创作并首次在网络上发表，并以连载模式形成的小说。和传统小说相比，网络小说偏重于娱乐性和阅读体验。

根据上述定义，以下属于网络小说的是（   ）。

  A. 小张将自己考研的坎坷经历写成文章发表在网上，很多考研的学生看过之后很受感动，转发次数上百万

  B. 小黄根据姥姥讲的民间故事，写了长篇灵异小说发表在某网站，每日更新，小说完结后出版社主动与小黄联系，打算出版

  C. 小金根据《西游记》绘制长篇连环画，每天在网上连载发表，受到很多网友的追捧

  D. 小姜将生活中的不文明现象写成一篇微小说发表在网上，电视台编导与他联系，想把他的小说拍摄成文明宣传片

11. 愧疚救赎心理，指的是由于自己的过错造成对他人的伤害后，自己有意无意地认为被伤害的人也有责任，从而减轻自己的负罪感。

根据上述定义，下列哪项涉及愧疚救赎心理？（   ）

  A. 早年家庭经济条件不好，女儿吃了不少苦，现在生活条件好了，妈妈常常强迫女儿吃这个吃那个

  B. 看到不少老人、儿童孤苦伶仃，晓华决心从事国际慈善事业，救助世界上的困苦者

  C. 小陈开车遇堵，徐徐慢行的同时看手机，和旁边插队的车辆撞在一起，小陈认为对方需要承担主要责任

  D. 小黄随手扔在路边的香蕉皮滑倒了路过的张大娘，小黄本想扶起她，但转念一想，张大娘摔倒都怪她自己不看路，自己没必要多管闲事

12. 酝酿效应，是指反复探索一个问题却毫无结果时，可以把问题暂时搁置几小时、几天或几个星期，由于某种机遇突然浮现出新想法，问题往往迎刃而解。

根据上述定义，下列属于酝酿效应的是（   ）。

A. 小王在上大学期间对某一现象捉摸不透，大量翻阅文献资料未果，直到研究生期间通过阅读更多资料，终于了解到了该现象产生的根本原因

B. 小李为准备一次家庭聚会，将最喜爱的一本书收起来了，聚会结束后却未能找到这本书。有一次打扫卫生时，碰巧在旅行箱里发现了这本书

C. 小张被一个问题困扰了很久，有一次在看科普片时联想到之前困惑的问题，他茅塞顿开

D. 小刘对老师课上讲的相对论不甚理解，课后也没有继续深入思考，有一次听到同学从不同角度解释该问题，他豁然开朗

13. 隐性饥饿，是指机体由于营养不平衡或者缺乏某种维生素及人体必需矿物质，同时又存在其他营养成分过度摄入，从而产生隐藏性营养需求的饥饿症状。

根据上述定义，下列属于隐性饥饿的是（　　）。

A. 小黑很胖，到医院检查时却被医生告知营养不良

B. 小白喜欢吃辣椒，每餐必须有辣椒，最近他上火，口腔溃疡特别严重

C. 小李喜欢高糖、高热量的垃圾食品，年纪轻轻就出现了"三高"症状

D. 小丽为了减肥，只吃适量青菜和水果，险些饿晕在路上

14. 毛毛虫习惯于固守原有的本能、习惯、经验等，无法破除尾随习惯并转变觅食方向。科学家把这种喜欢跟着前面的路线走的习惯称为"跟随者"习惯，把因跟随而导致失败的现象称为毛毛虫效应。

根据上述定义，下列体现毛毛虫效应的是（　　）。

A. 部分股民信奉买涨不买跌，结果却是常常被套牢

B. 某蛋糕店开张，小林也跟着好多人在门前排队领免费试吃的蛋糕

C. 小花买了一件今年流行款式的上衣，可小元却说她穿上并不好看

D. 某企业领导者德高望重，拥有一大批坚定的"跟随者"，他们相信领导永远正确

15. 沉锚效应，指的是人们在对某人某事做出判断时，易受第一印象或第一信息支配，就像沉入海底的锚一样把人们的思想固定在某处。

根据上述定义，以下不符合沉锚效应的是（　　）。

A. 小高在面试时西装革履、侃侃而谈、不卑不亢，主管对他很满意。但在实习期，主管发现小高做事虎头蛇尾，对他很失望，最终没有让他转正

B. 小刘开了一家饰品店，他有意将饰品价格标注得略高于顾客可接受的价格，然后主动打折，顾客认为这家店的饰品很实惠

C. 张老师第一次上课时内容充实、语言幽默，学生对他评价很好。第二次上

课时张老师讲课单调乏味，学生觉得他今天状态不好，影响了发挥

D. 一家皮具制造商只在机场和高端百货商店开专卖店，且有意与世界名牌店比邻，虽然其商品比其他同类国产商品价格略高，但销量一直保持增长趋势

16. 自己人效应，是指在人际交往中，如果双方关系良好，一方就更容易接受另一方的思想观念立场，甚至会对对方提出的难为情的要求也不好意思拒绝，这一现象被称为自己人效应。

根据上述定义，下列没有体现自己人效应的是（　　）。

A. 宋老师发现中学生张青草早恋，她与张青草进行了谈话，谈及自己在年轻时类似的经历，张青草觉得她亲切可信，从而对她的建议愿意听取采纳

B. 小张是一名优秀的拳击选手，在一次比赛中，他发挥失常，赛后他很沮丧，教练对其进行劝慰，他表示自己并不在意，其实他的情绪一直很低落

C. 林肯在竞选美国上议院议员演讲时介绍了自己与群众相似的经历，使群众形成了认同感，他的演讲很受欢迎，他的观点也很快被群众接受

D. 冯玉祥将军在他的"丘八诗"中号召士兵"重层压迫均推倒，要使平等现五洲"。他曾亲自为伤兵尝汤药，甚至和士兵一样吃粗茶淡饭。士兵们都觉得冯将军没有架子，所以尊重他，听他的话，有什么想不通的事都愿意找他说

17. 信息影响法则，指的是人们往往会对极为熟悉的、形象生动的、特点鲜明的信息产生积极的心理反应，人们不仅对其表现得非常敏感，而且容易印象深刻。

根据上述定义，下列没有反映信息影响法则的是（　　）。

A. 小郑在电视中看到某洗发水广告，他觉得葫芦形产品包装很可爱，于是去超市买了这款洗发水

B. 小林最近加班多，觉得颈部不适。同事推荐给他一款颈椎按摩仪，他试用了一下，觉得效果不错

C. 许多小朋友爱看某部动画片，当商场里出现该动画片里相关人物的玩偶时，小朋友们都会特别兴奋

D. 小李在阅读一本推理小说时，发现作者的写作手法和自己之前看过的小说完全不同，因此他对推理小说产生了更大的兴趣

18. 诉诸无知，是指以对某个命题的无知为根据，从而断言该命题是真或者是假的一种谬误。其公式是：因为尚未证明 A 假，所以 A 是真的；或者因为尚未证明 A 真，所以 A 是假的。

根据上述定义，下列论证中犯了诉诸无知错误的是（　　）。

A. 既然圣经上说上帝是存在的，那么你就不能说上帝是不存在的

B. 既然现在没有充分的证据证明甲是有罪的，那么甲就可能是无罪的

C. 既然当时的绝大多数人都相信托勒密的地心说，那么托勒密的地心说就是正确的

D. 既然古代典籍未提到元明时期该地附近有寺院，那么就说明当时该地附近没有寺院

19. 瑕疵担保责任，是指依法律规定，在交易活动中当事人一方转移财产（或权利）给另一方时，应担保该财产（或权利）无瑕疵，若转移的财产（或权利）有瑕疵，则应向对方当事人承担相当的责任。

根据上述定义，下列选项中乙公司不需要承担瑕疵担保责任的是（　　）。

A. 甲公司从乙公司购买了四台不锈钢水箱，使用一段时间后一台水箱发生爆裂，经鉴定水箱钢板厚度偏薄，焊接质量较差，与国家标准要求不符

B. 甲公司与乙公司签订协议，甲支付50万元获得乙公司旗下6个专利产品，后甲公司在使用过程中发现其中一个产品的版权属于丙公司所有

C. 甲公司与乙公司签订股权转让协议，约定甲公司将名下的股权全部转让给乙公司，协议签订不久，乙公司资金发生问题，申请破产

D. 甲公司租赁乙公司的厂房开办化工厂，后房屋漏雨，甲公司安排工人杨某到屋顶更换石棉瓦，结果房屋大梁突然断裂，杨某从高处坠落受伤

20. 自毁型，指的是如果假定一个观点、思想或者理论是正确的，则可以推导出它自身是错误的；而如果假定其是错误的，却未必能得出它自身是正确的。

根据上述定义，下列不属于自毁型的是（　　）。

A. 任何人都不能要求别人怎么样

B. 不存在用十四字表达的汉语语句

C. 如果你不让我安生，那么大家就都别想安生

D. 所有的语句都是错误的

21. 物种入侵，是指某种生物从外地自然传入或人为引入后，对本地生态系统造成一定危害的现象。

根据上述定义，下列属于物种入侵的是（　　）。

A. 红螺被人从日本海带入到黑海后，十年间几乎将本地的牡蛎完全消灭

B. 白额雁每年冬季从北方飞往南方觅食

C. 藏羚羊每年都要从可可西里迁徙至卓乃湖产羔羊

D. 现在很多玉米地中引入了赤眼蜂来消灭玉米螟

22. 临终关怀，是指为临终患者提供医疗、护理、心理、社会等多方位的关怀照顾，使每个临终患者的生命得到尊重，疾病症状得到缓解，生命质量得到提高。

根据上述定义，下列不属于临终关怀的是（　　）。

A. 老赵肝癌晚期，医生尽最大的努力治疗，不惜一切代价延长其生命

B. 老王肾衰竭晚期希望回到故乡，他在接受疼痛处理后被同意出院

C. 老李白血病晚期，医生对他进行保守治疗，并配合适当的绘画和音乐治疗

D. 老刘胃癌晚期，某大学组织志愿者每天陪他聊天

23. 空白效应，是关于艺术作品审美欣赏的概念，指的是作品留给读者想象和再创造的空间，读者可以凭借自身的文化素养展开思考，从而获得对作品更深层次的理解。

根据上述定义，下列可以反映空白效应的是（　　）。

A. 心有灵犀一点通　　　　　B. 一片冰心在玉壶

C. 道是无晴却有晴　　　　　D. 此时无声胜有声

24. 兼语句，是由兼语短语充当谓语或独立成句的句子。兼语句具有如下特点：第一，兼语句的谓语由动宾短语套接主谓短语构成，动宾短语的宾语兼做主谓短语的主语；第二，兼语句多有使令的意思，所以句中前一个谓语多由使令动词充当；第三，兼语句中兼语的谓语是前面动作所要达到的目的或产生的结果，即兼语前后两个动词在语意上有一定联系。"我请他作报告"就是一个兼语句。

根据上述定义，以下句子不属于兼语句的是（　　）。

A. 老师叫我告诉你这件事　　　B. 我去图书馆借本书看

C. 学校号召毕业生去支教　　　D. 同学们选小明当班长

25. 商业混同行为，是指经营者采用欺骗手段从事市场交易，使自己经营的商品或服务与特定竞争对手的商品或服务相混淆，造成或足以使购买者误认误购的不正当竞争行为。

根据上述定义，以下属于商业混同行为的是（　　）。

A. 某啤酒厂家出售的一款"白威"啤酒，跟知名品牌百威啤酒的外包装非常相似，售价却只有百威啤酒的一半

B. 泰山旅游宣传海报的图片上山峦起伏、白云缭绕，当地一家卷烟厂生产的"泰山"牌香烟，将海报的图片复制在烟盒上

C. 某娱乐演艺公司经营一家名为"晚亭"的会所，并在门前张挂其公司旗下艺人张婉婷的电影剧照，不少人以为是张婉婷本人开的会所

D. 某饼干生产厂家的外包装使用知名动画片《小猪佩奇》的剧照，里面还随

饼干附赠小猪佩奇的玩偶，吸引了很多小顾客

26. "互联网+政务"服务旨在实现部门间数据共享，让居民和企业少跑腿、好办事，简除烦苛，禁察非法，使人民群众有更平等的机会和更大的创造空间。

下列不属于"互联网+政务"服务的是（　　）。

　　A. 小明去政府办理农村合作医疗保险只需携带居民身份证

　　B. 小明去政府单位跑一个窗口就将其所要办理的事情全部办好

　　C. 小明身在外地不需要回到户口所在地就可以补办身份证

　　D. 小明去政府机构办理业务感觉服务比以前好很多

27. 缺点逆用法，是指针对人或事物的缺点，考虑如何将这些缺点进行转换，使之成为可被利用的优点，从而解决问题的方法。

根据上述定义，下面属于缺点逆用法的是（　　）。

　　A. 电流通过导体时会产生热量，如不进行散热则会损害电路元件。人们利用电流的这种特性，将产生的热量传导到毛毯上，生产出了电热毯

　　B. 某公司新生产的模具被曝含有致癌物质，公司高层召开紧急会议讨论如何进行产品召回

　　C. 最近部分市民投诉出租车拒载现象较多，针对此现象，出租车公司决定对司机重新进行业务培训并加重对拒载司机的处罚

　　D. 小明患有先天性的口吃，为了矫正口吃，他每天口含石子练习

28. 假如一个人右手举着300 g的砝码，在其左手上放305 g的砝码，他并不会感觉到有差别，直到左手砝码的重量加到308 g才感觉到左手砝码比较重。如果右手举着600 g的砝码，左手砝码的重量要达到612 g才能感觉到左手砝码重了。必须加更大的重量才能感觉到差别，这种现象被称为贝勒定律。

根据上述定义，下列没有体现贝勒定律的是（　　）。

　　A. 原本800元的移动硬盘涨价5~10元，人们往往不会太介意；原本5角钱一份的报纸突然涨价1元，人们会觉得不可思议

　　B. 陌生人给你一点关怀，你可能会感动不已；父母对你的宠爱，你可能不那么容易察觉到

　　C. 有些人总爱抱怨亲密的朋友对自己不如刚认识时那么好了

　　D. 小明考上大学之后觉得自己的大学同学都很优秀，相比之下自己就显得没那么优秀了

29. 幸存者偏差谬误，是统计学中的一种谬误，它是指我们忽略了那些已经不可能向我们显示的数据，而仅仅根据能够向我们展现出的数据，从而得出某种错误结论

的谬误。

根据上述定义，下列不属于幸存者偏差谬误的是（　　）。

  A. 记者在高铁上调查乘客买票的情况后，认为买到车票非常容易

  B. 小张看到大多数人给予某部电影好评，因此决定去看这部电影

  C. 许多商业传奇的缔造者都是辍学后创业的，小李读了他们的传记，决定退学创业

  D. 老王在朋友圈询问哪种钙片补钙效果好，老刘推荐了 A 钙片，于是老王决定服用 A 钙片

30. 偶例谬误，是一种"通则凌驾例外"的谬误，是基于某个通则的存在，而否定例外的存在或正当性。

根据上述定义，下列推理中存在偶例谬误的是（　　）。

  A. 吃肉会长胖，所以吃素一定会瘦

  B. 超速是违法的，所以救护车不应该超速

  C. 所有马都可以训练成战马，所以海马也可以作战马

  D. 在香港住了七天，有三天下雨，所以香港一年中大约有一半的时间在下雨

31. 绿色消费，也称可持续消费，是指一种以适度节制消费避免或减少对环境的破坏、崇尚自然和保护生态等为特征的新型消费行为和过程。

根据上述定义，以下不属于绿色消费的是（　　）。

  A. 尽量购买简装物品，减少包装浪费

  B. 抵制一次性筷子，保护木材资源

  C. 吃原生态珍稀野味，减少加工成本

  D. 购买低耗能的电器，减少用电开支

32. 参照群体，是指个体在进行某项决策时，用以比较、参考的个人或群体。

根据上述定义，下面不存在参照群体的是（　　）。

  A. 丽丽喜欢模仿模特的穿着方式穿衣服

  B. 学生王可觉得高年级的学长吸烟很酷，也开始学着吸烟

  C. 某明星出席颁奖典礼的同款晚礼服获得热销

  D. 小沈喜欢郊区的空气质量，于是在郊区购买了一套房

33. 组织学习，是指组织为了实现发展目标、提高核心竞争力而围绕信息或知识技能所采取的各种行动，是组织不断努力改变或重新设计自身以适应持续变化的环境的过程。

根据上述定义，以下属于组织学习的是（　　）。

A. 某大型国企派人学习科技课程

B. 李明为了晋升去参加周末管理培训

C. 某外企工作团队节假日去三亚度假

D. 某集团组织新进员工开展户外拓展

34. 界限侵犯，属于心理咨询伦理问题，指在咨询过程中，咨询师为了自己的性、情绪或经济方面的获益做出不符合专业标准的行为，也包括不当利用咨询师和来访者之间的权力差异。界限侵犯通常不是咨询师对抑制不住的欲望的自然反应，而是一种为了满足自己的需要所做出的故意的、有计划的行为。

根据上述定义，下列符合界限侵犯的是（   ）。

A. 咨询师向来访者介绍自己改善亲子关系的方法，来访者认为咨询师的方法不适合自己

B. 咨询师在咨询中详细询问职业为投资顾问的来访者对当前经济状况的看法，并针对自己持有的股票询问建议

C. 咨询师听来访者小杰讲述如何在学校里努力改善和同学的关系，颇为感动，咨询结束时轻轻拥抱小杰，对他说："你真棒，加油！"

D. 咨询结束时，男性咨询师应女性来访者提要求，拥抱了来访者。随后，咨询师意识到自己这样做是因为他被来访者的女性特质所吸引

35. 黄金标准法则，指的是在品牌定位和广告表现上，为品牌设立一个可使之与同类品牌相比更加出色的说辞，从而体现该品牌胜人一筹。黄金标准的内涵包括：强调领导性和专业性；突出产品的优越品质；建立科学的使用规则；突出品牌在技术、工艺等方面的先进性；传播唯我独尊的品牌价值与形象等。

根据上述定义，以下没有应用黄金标准法则的是（   ）。

A. 某保健品的宣传语是："鹤舞长山，我心飞翔！"

B. 某肉类食品品牌的宣传语是："世界领先的肉类供应商！"

C. 某电视品牌的广告语是："不闪的，才是最好的！"

D. 某房地产的广告语是："我是你今生唯一的选择！"

36. 所谓形象工程，指某些领导干部为了个人或小团体的目的和利益，不顾群众需要和当地实际，不惜利用手中权力而搞出的劳民伤财、浮华无效却有可能为自己和小团体标榜政绩的工程。

根据上述定义，下列属于形象工程的是（   ）。

A. 某市领导干部为农村儿童建立希望基金会

B. 某经理私自为集团快速建造了豪华大厦

C. 某领导以发展旅游为名在贫困乡建大型度假村

D. 某市领导决定对当地古建筑工程进行修复

37. 情感营销，指在商品销售过程中，商家运用各种手段拉近与客户的情感距离，从而达到销售目的的营销策略。

根据上述定义，下列属于情感营销的是（　　）。

  A. 商场导购员一见到有人走近，就会满脸笑容地迎上去，用亲属之间的各种称谓拉着顾客去体验、购买商品

  B. 小刘经常和小丁一起带孩子游玩，不仅帮小丁解决了儿子入学的难题，还为小丁的儿子购买了自己负责销售的儿童成长类保险产品

  C. 某社区组织爱心团队深入辖区低保家庭，悉心照顾孤寡老人，了解他们的消费需求，并从赞助商那里为他们挑选合适的商品

  D. 袁先生以前是张先生的供货商，曾经帮过张先生很大的忙。现在张先生成立了自己的公司，袁先生却已不再经商，但是两人仍亲如兄弟

38. 环境教育，是以人类与环境的关系为核心，以解决环境问题和实现可持续发展为目的，以提高人们的环境意识和有效参与能力、普及环境保护知识与技能、培养环境保护人才为任务，以教育为手段而展开的一种社会实践活动。

根据上述定义，下列教学内容最符合环境教育的是（　　）。

  A. 倡导遵守保护环境的行为规范

  B. 讲授与环境有关的自然科学知识

  C. 讲授改造自然环境的理论与方法

  D. 提倡从环境中获取满足人类需求的资源

39. 隐性广告，是指将产品或品牌及其代表性的视觉性符号甚至服务性内容策略性地融入电影、电视剧或其他电视节目及其他传播内容中（隐藏于载体并与载体融为一体），使观众在接受传播内容的同时，不自觉地接受商品或品牌信息，继而达到广告主所期望的传播目的。

根据上述定义，下列属于隐性广告的是（　　）。

  A. 电视台在转播奥运会时播放的某知名品牌计算机的广告

  B. 某知名运动服装企业赞助奥运会国家体育代表团运动员的领奖服

  C. 某电子产品生产商赞助拍摄电影，电影放映前播放该产品广告

  D. 某电视台知名女主播开着某车企提供的赛车参加亲戚的婚礼

40. 甜柠檬效应，是个体在追求预期目标失败时，为了冲淡自己内心的不安，百般提高现已实现目标的价值，从而达到心理平衡的现象。

根据上述定义，下列属于甜柠檬效应的是（　　）。

A. 甲在出成绩之前，一直惴惴不安，只能安慰自己一定会通过考试

B. 乙在知道自己科目二考试没通过后，非常伤心，觉得自己没发挥好才造成失误

C. 丙在出成绩以后，得知自己考了第一名，觉得这是自己努力付出后应得的回报

D. 丁在本月业绩排倒数第一，但他安慰自己业绩比上个月好

41. 联边，是一种为了表达的需要，在特定的语言环境中，连用三个以上的联边字（偏旁部首相同的字）的修辞方式。运用联边的修辞手法并通过形旁表义，往往具有一定的形象性。看到形旁，人们会对其所表意义产生形象上的联想。

根据上述定义，下列不属于联边的是（　　）。

A. 腾欢今日新天地，澎湃潮流沸海江

B. 但见云暗江心，波涛滚滚，杳无踪影

C. 他一个人叽里咕噜地说些不满意的话

D. 烟锁池塘柳，桃燃锦江堤，炮镇海城楼

42. 直销，是指销售人员以面对面说明的方式，把产品或服务直接销售或推广给最终消费者，并提取报酬的一种营销方式。

根据上述定义，下列属于直销的是（　　）。

A. "双十二"期间，为吸引顾客，某商场商品全部买一送一

B. 某商品业务员深入社区为居民讲解商品用途及效果，让居民免费体验，自由购买，事后公司给他结算提成

C. 小赵暑期打工时老板要求他必须缴纳押金，并告诉小刘可以去发展员工，从中抽取利润

D. 某美容店开业时，所有购买指定产品的客户均可免费享受全年美容护理

43. 税收筹划，是指在法律法规许可的范围内，通过对经营、投资、理财活动的事先筹划和安排，尽可能节税的经济行为。

根据上述定义，下列属于税收筹划的是（　　）。

A. 某日化企业因为市场占有率降低，致使当年利润和应缴税费同比减少

B. 某汽车制造商合理利用会计政策，使本年度的应缴税费同比减少

C. 某企业招聘大量专业人才，成本急剧上升而产生亏损，致使应缴税费下降

D. 某地突发地震，一企业及时做出反应，捐款捐物，减少了本年度应缴税款

44. 电信诈骗，是指犯罪分子通过电话、网络和短信等方式，发布虚假信息，设

置骗局，对受害人实施远程、非接触式诈骗，诱使受害人给犯罪分子打款或转账，从而进行非法侵占他人财物的犯罪行为。

根据上述定义，以下不属于电信诈骗的是（　　）。

    A. 王某在网上发起新房团购，承诺一千元定金可抵五万元房款，顾客缴纳定金之后才发现该楼盘已售罄，王某也卷款消失了

    B. 李某盗用正在出差的张先生的微信头像，冒充张先生给张太太发微信说遇到事故，骗走两万元

    C. 张某谎称自己患上不治之症，伪造诊断书、编造故事放在网上，通过众筹募集到三万元医药费

    D. 李老太太打电话找保洁，家政公司派来的保洁员王某忽悠李老太太从王某丈夫的店里购买了数千元的保健品

45. 正向思维，是指大脑在处理问题时沿着习惯性、常规性的方向展开思维，并在一定范围内按照有一定顺序的、可预测的、程式化的方向进行思考。

根据上述定义，下列没有运用正向思维的是（　　）。

    A. 王侯将相，宁有种乎　　　　　B. 种瓜得瓜，种豆得豆

    C. 朝霞不出门，晚霞行千里　　　D. 冬天来了，春天还会远吗

46. 非爱行为，是指以爱的名义，对自己亲近的人进行非爱性掠夺，即违背他人主观意愿，在精神与行为方面强制控制他人，迫使对方按照施控者的意愿去做事，这一行为往往发生在夫妻、恋人、父母与子女等最亲近的人之间。

根据上述定义，下列属于非爱行为的是（　　）。

    A. 张某按照医嘱，要求女儿每三小时做一次牵引，以消除疼痛

    B. 林某强迫儿子每天练琴三小时，争取在钢琴大赛中取得好成绩

    C. 陈某为防止患有精神疾病的女儿离家出走，将其关在地下室禁止其出门

    D. 李某按照轮流陪护协议，要求儿子前往医院陪护患重病的母亲

47. 学习迁移，是指一种学习对另一种学习的影响，即已获得的知识经验、知识结构、动作技能、学习态度、策略和方法等对新知识、新技能产生的影响。

根据上述定义，下列没有体现学习迁移的是（　　）。

    A. 利用弧长和圆心角的关系测算出地球半径

    B. 小芳学会了拉二胡，然后自己尝试拉小提琴，结果也很快学会了

    C. 小张在图书馆看电影，看到旁人都在学习，自己也开始看书

    D. 小王改跳芭蕾舞，由于习惯于之前民族舞的跳法而难以适应芭蕾舞的节奏

48. 暗示效应，是指在无对抗的条件下用抽象诱导的间接方法对人们的心理和行

为产生影响，从而诱导人们按照一定的方式去行动或接受意见，使其思想、行为与暗示者期望的目标相符合。一般说来，儿童比成人更容易接受暗示。

根据上述定义，下列没有体现暗示效应的一项是（　　）。

A. 班主任王老师经常在集体场合对一些学生好的行为进行表扬

B. 某酒厂在超市将自己生产的酒摆放在两种国际名酒之间，结果销量大增

C. 越是名校，得到的投资越多；不出名的学校几乎得不到什么投资

D. 与直接回答"喜欢什么水果"相比，孩子们更倾向于从"喜欢橘子还是香蕉"中做选择

49. 次级群体，是指人们为了某种特定的目标集合在一起，通过明确的规章制度结成正规关系的社会群体。

根据上述定义，下列属于次级群体的是（　　）。

A. 大学里的老乡群　　　　B. 兼职学生小组

C. 九三学社　　　　　　　D. 学生会

50. 符号，是人们根据规定或自行约定俗成的，用来表示一种对象的标志物。

根据以上定义，下列不属于符号的是（　　）。

A. 洗衣机的使用手册　　　B. 国家的国旗

C. 公司的品牌 logo　　　　D. 限速 60 km 的路牌

51. 质押，是债务人或第三人将其动产或者权利移交债权人占有，作为债权的担保。当债务人不履行债务时，债权人有权依法以其占有的财产优先受偿。

根据上述定义，下列情形不存在质押的是（　　）。

A. 甲委托乙加工服装，过了约定时间甲未付款，乙就将这批服装所置换的款项抵偿甲所欠的加工费

B. 甲、乙签订建筑施工合同，要求乙在半年内完成施工项目，为保证合同履行，甲用公司的一部分股份作为担保

C. 甲向乙借 3 000 元钱，乙怕甲还不上，于是甲将自己的笔记本电脑交给乙。到期后甲未能偿还，双方约定以该笔记本电脑折价抵偿

D. 甲因扩大店面急需资金向乙借款 10 万元，以自己 50 万元的轿车向乙担保，并将车交给了乙。这期间丙向乙租用该车，乙未经甲同意，即与丙签订了租赁合同

52. 损失敏感效应，是指人们对财富的损失和获得的敏感程度是不同的，人们对财富的损失比对财富的获得更为敏感，即财富减少产生的痛苦与等量财富增加给人带来的快乐不相等。

根据上述定义，下列属于损失敏感效应的是（　　）。

　　A. 观众对运动员输掉比赛的关注高于对其夺得胜利的关注

　　B. 相对于卖掉上涨的股票，投资者更愿意卖掉下跌的股票

　　C. 赚到200元钱所带来的快乐，难以抵消丢失100元钱所带来的痛苦

　　D. 输了100元钱所带来的"不愉快感受"要比赢了100元钱所带来的"愉快感受"强烈

53. 社区居家养老，是指以家庭为核心、社区为依托，向居住在家中的老年人提供专业化、社会化服务，以解决老年人日常生活中各种实际困难的养老方式。

　　根据上述定义，下列属于社区居家养老的是（　　）。

　　A. 自从去年住进街道办的托老所后，文大爷整整胖了5斤。在这里不光生活很舒心，还有周边社区的20多位老人作伴，以至于过年他都有点舍不得回家

　　B. 某社区联合一家养老企业推出适老化改造项目：针对老人的生理特点及生活习惯合理调整家里卧室、阳台、卫生间、厨房等处的生活设施。仅去年一年就完成了600多户的改造工作

　　C. 退休多年的周婆婆每天上午都去社区养老服务中心跟着专业老师学习民族舞，下午又到那里当义工，傍晚才回家。中心也会定期派专职人员上门为她进行体检及其他服务

　　D. 南方某养老社区通过"互联网+社区+服务"模式，为准备在该社区过冬的"候鸟老人"提供网上预订租住房源以及接送服务，全程安排旅居、娱乐、社交活动

54. 环境移民，是指人类生存的自然环境和人居环境受到突发或渐进式的不利影响而产生的各种人口迁移行为，包括自愿的、非自愿的、事后被迫的、预先计划的、暂时的、永久性的，个体和家庭自发的、政府主导的移民类型。

　　根据上述定义，以下不属于环境移民的是（　　）。

　　A. 切尔诺贝利核污染区域居民集体撤离家园

　　B. 为了保护三江源地区而限制放牧后的生态移民

　　C. 安史之乱时期中原人民大量南迁

　　D. 元朝定都大都之后大量牧民南迁

55. 副驾驶法则，是指坐在驾驶员旁边的人往往喜欢按照自己的经验，对司机的驾驶进行指点、评论。泛指旁观者根据个人经验指点他人完成操作过程的言行或心态。

　　根据上述定义，下列属于副驾驶法则的是（　　）。

　　A. 老李一上车，教练就打开了驾驶训练语音提示系统："请系好安全带！"

"请松开手刹！"……老李边操作边观察教练表情

B. 小张乘出租车时总喜欢坐在前排，与驾驶员聊天南地北的段子，还时不时对路上其他司机的驾驶水平加以评论

C. 夏天的市民广场，最热闹的就是下象棋了。每张棋桌旁都围站着一圈圈的棋迷，对弈双方的每步棋都被大家指指点点

D. 冯经理将人事调整初步方案呈报董事长审阅，董事长翻看后圈出了几个人，并向他交代了几句，让他拿回去重新修改

56. 网络犯罪，是针对和利用网络进行的犯罪，其本质特征是危害网络及其信息的安全与秩序。

根据上述定义，下列不属于网络犯罪的是（　　）。

A. 李某通过短信向多名市民发送木马病毒，以盗取钱财

B. 宋某通过某 App 直播软件进行收费色情直播

C. 李某是一名滴滴网约车司机，唐某上车后，李某垂涎其美色，将其强暴并杀害

D. 张某在网络建立境外"线上老虎机"

57. 蝴蝶效应，其表面意思是一只南美洲热带雨林中的蝴蝶，扇动几下翅膀，就可以在两周以后引起美国得克萨斯州的一场龙卷风，比喻微小的变化能带来巨大的连锁反应。

根据上述定义，下列不属于蝴蝶效应的是（　　）。

A. 1969 年，萨尔瓦多在世界杯外围赛中战胜了洪都拉斯，引起两国的球迷和媒体的对骂，后来国家首脑也加入进来，最后导致了一场持续 4 天的战争，死亡 3 000 人

B. 2003 年，美国发现一宗疑似疯牛病案例，这头"疯牛"使美国牛肉价格大幅下滑，造成牛肉产业工人的大规模失业

C. 瀑布下的巨石经过多年冲刷，表面已非常光滑

D. 钉子缺，蹄铁卸；蹄铁卸，战马蹶；战马蹶，骑士绝；骑士绝，战事折；战事折，国家灭

58. 自恋型人格障碍，是一种复杂人格障碍，基本特征是对自我价值感的夸大，缺乏对他人的公感性。有这种人格障碍的人常有特权感，期望自己能够得到特殊的待遇，其友谊多是从利益出发的。

根据上述定义，下列不属于自恋型人格障碍表现的是（　　）。

A. 小张总觉得自己是最优秀的人，理应获得所有荣誉

B. 小赵对朋友精心挑选的礼物总随手一扔,懒得拆开

C. 小刘在寝室的时候喜欢指使他人,就连毛巾都要别人帮忙拿

D. 小林对自己认准的目标从来都坚持不懈,从不在意别人的评价

59. 类似行为,是指在他人和团体的影响下而表现出的、与他人和团体的要求期望相一致的行为。一般来说,类似行为的出现基于三种原因:一是人们为了适应社会生活环境而遵守共同的社交规范;二是相似文化背景和社会化过程对人的行为塑造;三是人际交往中双方心理的相互影响。

根据上述定义,下列最符合类似行为的是( )。

A. 某娱乐公司近年来推出了几个女子演唱团体,她们的表演风格各不相同,但都大受欢迎

B. 小李平时喜欢休闲服饰,不喜欢打领带,但是在参加面试时他决定着正装、打领带

C. 小王见同宿舍的舍友都申请了暑期兼职工作,他也决定假期不回家,留校复习准备考研

D. 小何经常听朋友说吃豆制品的益处,她自己也查了一些资料,觉得很有道理

60. 无偿合同,是指当事人一方只享有合同权利而不偿付任何代价的合同,换言之,该合同的一方当事人给予对方某种利益,而对方取得该利益时无须偿付任何代价。

根据上述定义,下列不属于无偿合同的是( )。

A. 老王膝下无儿无女,他将自己名下的一套房产赠予一直照顾自己的侄子,并与对方签订了赠予合同

B. 何某邀请李某来自己的公司任职,并与李某签订合同,承诺如果李某在公司工作满5年,将获得公司10%的股份

C. 黎某要出国学习半年,他不愿将装修一新的住宅对外出租,遂与好友王某协商一致,将自己的住宅交与王某代为看管

D. 黄某将自己的车借给同事郑某使用,并与郑某签订协议,约定借给其使用一年,不需要缴纳使用费,但要如期归还

61. 生物学家发现,大部分蚂蚁在勤劳工作的时候,一小部分蚂蚁总在四处张望和偷懒。当蚁窝被破坏或食物来源断绝时,勤劳的蚂蚁丧失了工作的方向,懒蚂蚁则能通过平时侦察获知的消息,带领蚁群找到新的蚁窝和食物来源。这种现象称为懒蚂蚁效应。

根据以上定义,下列属于懒蚂蚁效应的是( )。

A. 程序员小张除了完成本职工作外，还兼职了两份工作

B. 林薰薰在两年内因为不满意工作已经连续换了三家公司

C. 某保险公司辞退了一批销售业绩不佳的员工，后来这批员工合资创立了一家新的保险公司且发展红火

D. 学生小明经常逃课，但期末考试成绩总是很优秀

62. 借势而为，指的是合理利用所处环境、地位而积极践行理想信念的进取心态。

根据上述定义，以下属于借势而为的一项是（　　）。

A. 士不可以不弘毅，任重而道远

B. 穷则独善其身，达则兼善天下

C. 居庙堂之高则忧其民，处江湖之远则忧其君

D. 天行健，君子以自强不息；地势坤，君子以厚德载物

63. 市场补缺者战略，是指行业中相对弱小的企业，在竞争中为避免与实力强大的企业发生正面冲突，选择未被满足的细分市场，向细分市场提供专门的产品或服务，以谋求生存与发展的战略。

根据上述定义，下列属于市场补缺者战略的是（　　）。

A. 某小型饮料厂通过降低批发价、免费送货等方法吸引批发商、零售商

B. 某网商将市场上深受消费者喜爱的卡通形象印制在水杯、U盘上出售，销量很好

C. 某新成立的化妆品公司专门开发生产市场上较为稀缺的、适合老年人使用的护肤品

D. 某小型服装生产企业将今年的流行元素融入设计中，生产出物美价廉的女装

64. 股权众筹，是指创新创业者或小微企业通过股权众筹融资中介机构互联网平台（互联网网站或其他类似的电子媒介）公开募集股本的活动。

根据上述定义，下列属于股权众筹活动的是（　　）。

A. 做生意的杨某以1.5亿元入股邻居的创业项目，创立了一个网购平台

B. 某公司在地方股权交易市场挂牌后，宣布公司定向发行原始股，融资2亿元

C. 孔某通过自己制作的网站宣传推广某项目，成功吸引40余人投资，融资200余万元

D. 赵某通过熟人介绍在某网络创投平台出资20万元，获得创业企业5%的股权，成为该企业的股东

65. 非职务发明，是指发明人利用个人的时间、资金、设备等物质条件或技术条

件完成的发明创造。非职务发明的专利申请权归发明人或设计人。

根据上述定义，以下属于非职务发明的是（　　）。

　　A. 时装设计师海燕在读到"道由白云尽，春与青溪长"时受到启发，设计了清溪系列的春装，该春装成为公司的明星产品

　　B. 老张是一名植物学家，从农科院退休之后，归隐田园，摸索出大棚种植灵芝的先进技术

　　C. 建筑师小王是一名考古发烧友，假日里相约好友考古时，竟无意间发现明代古城墙遗址

　　D. 化学家马克对研究野生菌类充满兴趣，闲暇之余在深山发现了名贵菌株，并将其命名为马克菇

66. 体象障碍，是指一个人强迫性地认为自己身体的某些部分有严重的缺陷，并采取特殊的方式来掩盖或"修复"。而这些被感受到的缺陷，通常是想象出来的；即便缺陷确实存在，它的严重性也是被夸大的。

根据上述定义，下列符合体象障碍表现的是（　　）。

　　A. 爱美的小王在拍完证件照后让摄影师为其修图
　　B. 爱干净的小李每天早上花一个小时在卫生间洗漱
　　C. 外表不突出的小高经常宅在家中，不喜欢参加社交活动
　　D. 身高 170 cm 的张女士认为自己身材矮小，每次出门必穿高跟鞋

67. 纯粹接触效应，也称只看效应，是指个体接触一个刺激的次数越频繁，对该刺激就越喜欢的现象。纯粹接触效应是影响个体和社会偏好的一种非常简单但却非常重要的方式。

根据上述定义，以下符合纯粹接触效应的是（　　）。

　　A. 小秦喜欢穿颜色鲜艳的衣服，张教授上课时常能注意到她。硕士研究生面试时，面对条件类似的几个学生，张教授最终选择了小秦

　　B. 小柯想给妈妈买一份营养品，面对琳琅满目的营养品，他选择了在电视上看到的那个以品质安全著称的品牌

　　C. 小芳经人介绍认识了高大帅气的小李，随着两人交往逐渐深入，小芳对小李越来越喜欢

　　D. 小霞看到自己喜欢的明星穿着某品牌的衣服，作为"铁杆粉丝"，她对这个品牌也越来越喜欢

68. 涉他合同，是指合同双方当事人为第三人设定了合同权利，由第三人取得利益的合同。合同当事人的约定不得给第三人增加负担，且双方当事人的约定不约束该

第三人，当事人拒绝履行合同时，由当事双方中的合同债务人负责履行。

根据上述定义，下列做法符合涉他合同的是（　　）。

　　A. 陈某与花店老板签订订花协议，每周寄一束花给自己的女朋友，费用由自己支付

　　B. 甲生产商与乙公司签订独家代理合同，委托乙公司全权代理其产品在华中地区的销售

　　C. 蒋某在网上商城购买了一套图书，在支付时选择了"好友代付"一项，并通知其朋友齐某帮其付款

　　D. 某影视公司与一所艺术院校签订外借人员劳务合同，约定借用学生王某进入摄制组担任演员

69. 心理记账，是人们在心理上对结果进行分类、编码、估价和预算的过程。消费者在决策时可能根据不同的任务进行相应的心理记账。

根据上述定义，下列不属于心理记账的是（　　）。

　　A. 损失10元钱给人心理带来的痛苦要比获得10元奖金带来的快乐更强烈

　　B. 王某出差常选星级酒店，因为它比普通旅馆更可能提供免费网络和自助早餐

　　C. 相比丢了10元钱的人，丢了电影票的人更不可能会挣钱买票去看电影

　　D. 工会发放福利时，不再发实物而改发购物卡以使职工有更多的自由选择

70. 逆向服务，是在产品（服务）售后以后，企业向顾客提供实现产品（服务）使用价值的服务。

根据上述定义，下列不属于逆向服务的是（　　）。

　　A. 某电信运营商推出存话费送手机的优惠活动

　　B. 某空调生产商为客户提供终身免费上门维修服务

　　C. 某网店推出售后商品7天内可免费退、换货服务

　　D. 某汽车4S店为客户提供二手车估价、转让服务

71. 化感作用，是指植物通过在环境中释放化学物质而产生的对其他植物直接或间接的作用。

根据上述定义，下列不符合化感作用的是（　　）。

　　A. 小麦和大豆间作时，小麦的氮吸收能力有所提高

　　B. 灌木产生的萜类化合物使草本植物种子的萌发受到抑制

　　C. 洋槐树会向空中挥发有毒物质，使得杂草在树周围的存活率很低

　　D. 某除草剂中的化学物质会影响双子叶杂草的生长，从而实现灭除作用

72. 自我建构，指个体通过行为表现表明自己符合在他人心目中已经建立起来的社会身份和形象。

根据上述定义，下列属于自我建构的是（　　）。

A. 16 岁的女孩欢欢经常模仿话剧演员的表演，并像他们一样早起练功，她希望自己以后也成为话剧演员

B. 某公司创立之初就定下服务社会的企业使命，后来在偏远山区建立多所希望小学，树立了公司热心于公益事业的良好形象

C. 一些企业家经常穿着昂贵的西装、坐豪车，有些人认为这是"炫富"，但企业家认为如果不是这样，就不会得到同行的认可

D. 不同航空公司要求本公司的空中乘务员穿着不同的制服，他们认为员工仪表会影响公司在旅客心中的形象

73. 心理契约，是指个体与组织之间隐含的、没有明文规定的双方各自的责任及对对方的期望。

根据上述定义，下列属于建立心理契约的措施是（　　）。

A. 为提高员工的积极性，每月业绩最好者能享受双薪

B. 为解决员工的后顾之忧，与优秀员工签订终身合同

C. 为吸引优秀人才，承诺为员工提供购房免息贷款

D. 结合企业的发展蓝图，为员工提供职业生涯设计

74. 无效劳动合同，是指当事人违反法律、行政法规的规定，订立不具有法律效力的劳动合同。虽然是当事人双方协商订立的，但法律规定的专门机构认为合同无效后，国家不予确认，法律不予保护。

根据上述定义，下列属于无效劳动合同的是（　　）。

A. 某人在劳动行政部门的参与下，与某工厂签订了劳动合同

B. 某人被某公司雇用，书面合同规定月薪为 3 000 元，并口头约定遵循国家相关的政策和法律

C. 某人被某企业雇用，书面合同规定管吃管住，月薪 2 000 元，无节假日

D. 某人被一宾馆聘用，签订劳动合同，并当场作了合同公证

75. 视觉暂留，指人眼在观察景物时，光信号传入大脑神经需经过一段短暂的时间，光的作用结束后，视神经的反应速度会造成视觉形象并不立即消失的现象。

根据上述定义，下列没有体现视觉暂留现象的是（　　）。

A. 日光灯每秒大约熄灭 100 余次，但人们基本感受不到灯的闪动

B. 早上看完恐怖电影，晚上睡觉时大脑中呈现出电影里可怕的场景

C. 直视太阳数秒后，视线中会存在一个强光源造成的黑色影子

D. 风扇快速旋转时，人只能看见一个旋转的圆盘，看不清单个的扇叶

76. 生物风化，是指生物活动对岩石、矿物产生的机械和化学的破坏。

按照以上定义，不体现生物风化作用的是（　　）。

A. 千里之堤，溃于蚁穴

B. 蚍蜉撼大树，可笑不自量

C. 落红不是无情物，化作春泥更护花

D. 咬定青山不放松，立根原在破岩中

77. 《科学技术期刊管理办法》对科技期刊的定义为：具有固定刊名、刊期、年卷或年月顺序编号，印刷成册，以报道科学技术为主要内容的连续出版物。这一定义限定了科技期刊的刊载内容、外观和出版方式。

根据上述定义，以下属于科技期刊的是（　　）。

A. 《中国首届砂石生产技术交流会论文集》

B. 《青年文摘》

C. 《哈尔滨工程大学学报》

D. 《汽车新型光源科技研讨会会议纪要》

78. 汽化，是指物质从液体状态变为气体状态的现象。

根据上述定义，下列属于汽化现象的是（　　）。

A. 夏天从冰箱拿出来的冰棒，周围出现白雾

B. 冬天被冻住的衣服慢慢变干

C. 泡沫灭火器打开后喷出的白烟

D. 洒在地上的水不久就消失了

79. 公共财物，是指国有财物、劳动群众集体所有的财物、用于扶贫和其他社会公益事业的社会捐助或者专项基金的财物。

根据上述定义，下列不属于公共财物的是（　　）。

A. 公园的健身器材　　　　　B. 公务员缴纳的社保

C. 农村的自留地　　　　　　D. 孤寡老人的慰问品

80. 错构，是指在回忆自己亲身经历过的事件时，对地点尤其是时间的记忆出现错误或混淆的现象。

根据上述定义，下列能体现错构的是（　　）。

A. 小明和小花讨论某热播剧时，一时想不起来演员的真实名字

B. 老师批评小光没有按时交作业，小光说他记得自己交了作业

C. 小刘和小亮聊起童年趣事时，错把小学发生的事说成是在中学发生的

D. 小丽在被领导问及上周末的安排时，谎称自己在家学习业务知识

第二节　多定义判断

题干给出多个概念或定义，要求按照题目要求选出符合题干问法的选项。

1. 演绎作品，又称派生作品，指在已有作品的基础上，经过改编、翻译、注释、整理等创造性劳动而产生的作品。改编，是指改变作品，创作出具有独创性的新作品；翻译，是将作品从一种语言文字转换成为另一种语言文字；注释，是指对文字作品中的字、词、句进行解释；整理，是指对内容零散、层次不清的已有文字作品或材料进行条理化、系统化的加工。

根据上述定义，下列不属于演绎作品的是（　　）。

A. 《〈红楼梦〉经典诗句评析》　　B. 《哈利·波特》中文版

C. 《夏至未至》剧本　　D. 《〈论语〉难点词汇释义》

2. 反射，是有机体借助中枢神经系统，对外界和内部刺激进行的规律性应答，可分为非条件反射和条件反射。非条件反射是有机体在种系发展过程中形成并遗传下来的；条件反射则是在非条件反射的基础上，为适应复杂环境的变化，通过学习建立起来的反射。

根据上述定义，下列与条件反射有关的是（　　）。

A. 学生听到铃声就去上课

B. 针刺到手，手会缩回

C. 酸的食物送到嘴里，口腔会分泌唾液

D. 新生儿会自动吮吸嘴里的奶头

3. 反馈，是控制论的基本概念，指将系统的输出返回输入端，并以某种方式改变输入，进而影响系统功能的过程，可以分为正反馈和负反馈。前者使输出起到与输入

相似的作用，使系统震荡，可以放大控制作用；后者使输出起到与输入相反的作用，系统趋于稳定。

根据上述定义，下列判断不正确的是（　　）。

  A. 天气炎热，人体体温上升，导致汗液增多。汗液带走热量，体温恢复。这是负反馈

  B. 小明此次考试成绩不理想，回家后父母对其批评指责，导致其自尊心受挫，之后成绩更差。这是正反馈

  C. 室内气温上升，超过空调设定温度，制冷机开始工作。室内温度下降，再次达到设定温度。这是负反馈

  D. 正常分娩过程中，子宫收缩导致胎儿头部下降并牵张子宫颈，子宫颈受牵张进一步加强子宫收缩，如此反复，直至胎儿娩出。这是负反馈

4. 融资性租赁，是指出租人根据承租人对出卖人（供货商）的选择，向出卖人购买租赁物，提供给承租人使用，承租人支付租金的一种租赁方式。经营性租赁，是指出租人将自己经营的租赁资产反复出租给不同承租人使用，由承租人支付租金，直至资产报废或淘汰为止的一种租赁方式。

根据上述定义，下列不属于融资性租赁的是（　　）。

  A. 某医院引进核磁共振设备，经设备供应商推荐，与租赁公司甲签订合同，医院支付部分保证金，并在租赁期内按月向甲支付租金

  B. 甲公司向某远洋运输公司租赁配备有操作人员的船舶，约定在租期内操作人员听候甲公司调遣，不论是否经营，均按天支付租赁费用

  C. 甲公司与乙公司签订了冲压设备租赁合同，约定乙公司向甲公司指定的丙公司订购该设备，甲公司按期支付租金

  D. 甲公司为增加资金流动性，将价值6 000万元的设备转让给租赁公司，再以3年3 600万元的价格回租

5. 次生环境问题，是由人类活动引起的，分为环境污染和生态破坏两大类。环境污染是人类直接或间接地向环境排放超过其自净能力的物质或能量，使环境质量恶化，破坏了生态系统和人们的生存环境；生态破坏是人类活动直接作用于自然环境引起的。

根据上述定义，下列属于环境污染的是（　　）。

  A. 水资源在地区分布不均，进一步加剧了用水紧张状态

  B. 因植被破坏引起的水土流失，会污染水质，影响生态平衡

  C. 因大面积开垦草原引起的土地荒漠化，会使土地面积和产出量降低

  D. 汽车排出的碳氧化合物在紫外线作用下可生成有害的浅蓝色烟雾

6. 木桶原理，是指一个由若干木板构成的木桶，其容量取决于最短的那块木板。反木桶原理，是指木桶最长的一根木板决定了其特色与优势。与木桶原理求稳固的思想不同，反木桶原理提倡特色。

根据上述定义，以下属于反木桶原理的是（　　）。

  A. 大学一年级的时候，小菲就明确提出要报考研究生。在她的带动下，同宿舍其他女生都有了明确的目标。大学毕业时，六个女生都保研成功

  B. 在同事眼中，小微很普通，既没有突出业绩，也不曾主持大型项目。老板对她赏识有加，因为小微总是能够在团队成员出现工作纰漏时及时发现问题、解决问题，避免了很多严重后果

  C. 小勤创办了一家壁纸企业，他在提高产品设计水平和科技含量的同时，加强品牌宣传和推广，最终打造出一线品牌

  D. 小王村是一个偏远的山村，因山清水秀，吸引了开发商来此投资，建成了设施完善的度假村，但游客数量一直不够理想

7. 在群体中，"搭便车"指的是个体在没有做任何事情的情况下，还从群体其他成员那里获益的现象。吸管效应，指的是当个体发现群体有些成员享受"搭便车"的时候，个体就会减少努力的现象，即个体宁愿降低努力程度，同时承受回报降低的后果，也不愿意成为"吸管"被别人"搭便车"。

根据上述定义，以下属于吸管效应的是（　　）。

  A. 小张爱干净，经常主动打扫宿舍卫生。不久后，他发现其他室友都不再打扫宿舍卫生。此后，即使宿舍卫生状况令他不舒服，他也不再打扫了

  B. 小刘所在公司以团队方式完成任务，完成任务后团队全体成员都会得到同等的奖励。小刘觉得即使再努力也不会得到更多奖励，所以工作不再努力

  C. 团队比赛规则规定，团体最后一名的成绩就是团体的成绩，小方发现自己所在团队中有一名成员完成任务很慢，觉得自己的团队肯定赢不了，于是不再全力以赴

  D. 小江是学生会宣传部成员，学生会组织全校学术论坛时，宣传部负责海报和画册设计，小江对此并不积极，因为他知道最后这些成果都会署名"学生会"，没有个人署名

8. 求医行为，是指人们在感到躯体不适或产生病感时寻求医生帮助的行为。根据求医决定的决定者，求医分为主动求医、被动求医和强制求医。主动求医，是指当个体产生不适感或病感时，自觉做出决定；被动求医，指的是由病人的家属或他人做出求医的决定，病人配合就医；强制求医，是指本人不愿求医，但因疾病对本人或社会

人群健康构成危害而被强行就医。

根据上述定义，以下属于被动求医的是（　　）。

　　A. 老张的体检报告显示他有轻度脂肪肝，建议进一步检查和治疗。老张拿到报告后很紧张，赶紧到医院去挂号

　　B. 小张牙疼好几天了，一直没有去医院治疗。直到牙疼引发面部肿胀，连张口吃饭都困难了，才不得不去牙科诊治

　　C. 刘阿姨最近无缘由地开始说自己没有用了，她不愿去医院看病，丈夫和儿女苦劝无果，只好硬带她去医院就诊

　　D. 中学生小梅放学回家跟妈妈说拉肚子，除此之外没有别的不舒服。妈妈决定带她去医院看病

9. 一般来说，关于世界的表述有两种类型：第一种是实证表述，即只是如实做出关于世界是什么样子的表述；第二种是规范表述，做出的是关于世界应该是什么样子的表述，通常含有价值判断，即作出好坏或应该与否的判断。

根据上述定义，下列判断正确的是（　　）。

　　A. "提高汇率会减少通货膨胀是错误的"是实证表述

　　B. "政府立法禁止在公共场合吸烟是正确的"是实证表述

　　C. "汽油税的分担对于驾驶员来说太不公平了"是规范表述

　　D. "如果政府提高酒税，酒厂的利益就会减少"是规范表述

10. 战略思维能力，是高瞻远瞩、统揽全局，善于把握事物发展总体趋势和方向的能力；历史思维能力，是知古鉴今，善于运用历史眼光认识发展规律、把握前进方向、指导现实工作的能力；辩证思维能力，是承认矛盾、分析矛盾、解决矛盾，善于抓住关键、找准重点、洞察事物发展规律的能力。

①客观地而不是主观地、发展地而不是静止地、全面地而不是片面地、系统地而不是零散地、普遍联系地而不是孤立地观察事物、分析问题、解决问题；

②从政治上认识和判断形势，通过纷繁复杂的表面现象把握事物的本质和发展的内在规律，在解决突出问题中实现关键突破，在把握全局中推进各项工作；

③认真研究社会发展规律，把握全球发展的进程，对未来作出准确预判，未雨绸缪，顺应世界发展的大趋势，做人类文明的推动者和引领者。

根据上述定义，下列判断最准确的是（　　）。

　　A. ①体现的是战略思维能力；②体现的是历史思维能力；③体现的是辩证思维能力

　　B. ①体现的是辩证思维能力；②体现的是战略思维能力；③体现的是历史思

维能力

C. ①体现的是战略思维能力；②体现的是辩证思维能力；③体现的是历史思维能力

D. ①体现的是辩证思维能力；②体现的是历史思维能力；③体现的是战略思维能力

第三章　类比推理

导读：类比推理，按照题目设置形式的不同，可以划分为两词型、三词型、填空型三大类型。按照考察的知识类型，可以划分为逻辑关系、言语关系、对应关系等。两词型、三词型、填空型都可以考察逻辑关系、言语关系、对应关系等的任何一个知识点，所以考生先要掌握好技法点拨的知识点，然后在两词型、三词型、填空型三大类型题中熟练运用这些知识点。

类比推理的高频考点有：时间关系、包含关系、组成关系、位置关系、种属关系、交叉关系、象征关系、并列关系、因果关系、矛盾关系、反对关系、动宾关系、词性关系、近反义关系、相反关系、修饰关系、物品和原材料的关系。其他的还有典故与人物的关系、事物和其功能/作用的关系、节日和特定习俗的关系、事物和其所属空间的关系、作者/人物与作品的关系等。

类比推理解题原则与方法有如下几种。

一是直接断定逻辑关系法。直接根据题干提供的词项间的逻辑关系，寻找选项中逻辑关系与之相同或最为相似的一项即为正确答案。该方法适用的条件是题干词项间的逻辑关系非常明了、直观。

二是纵向比较法。解答类比推理题目时，应试者比较习惯进行横向比较，即直接观察题干词项间的关系；但有些题目的词项经过横向比较后，不能选出正确答案，这时就要进行纵向观察，看对应位置上词项间是否存在比较明确的关系或者合理的解释。

三是遣词造句法。遣词造句法，即利用语感对题干给出的几个词项进行造句，再将所造句子结构套用于选项，合适的即为正确答案。

四是细节甄别法。有些类比推理题目，存在不止一个选项的逻辑关系，与题干词项间的逻辑关系相类似，这时就要对细节问题进行甄别，选出逻辑关系与题干最为相近的一项。

第一节 两词型

精选真题

1. 飞机∶汽车
   A. 电瓶车∶自行车
   B. 脚踏三轮车∶摩托车
   C. 高铁∶有轨电车
   D. 轮船∶皮划艇

2. 平板版画∶铜板版画
   A. 单色版画∶佛教版画
   B. 石板版画∶木板版画
   C. 现代版画∶传统版画
   D. 凹版版画∶凸版版画

3. 保温杯∶玻璃杯
   A. 望远镜∶显微镜
   B. 自行车∶三轮车
   C. 睡裙∶真丝裙
   D. 白炽灯∶LED 灯

4. 茶树∶茶叶
   A. 棉花∶棉花糖
   B. 水稻∶面粉
   C. 老婆∶老婆饼
   D. 螃蟹∶蟹黄包

5. 舞蹈∶艺术
   A. 抢劫∶犯罪
   B. 历史∶世界史
   C. 犯人∶监狱
   D. 教师∶教室

6. 证券∶股票
   A. 语文∶数学
   B. 考试∶高考
   C. 玉石∶古董
   D. 理财∶收益

7. 伤心∶哭泣
   A. 舒适∶舒服
   B. 跑步∶快走
   C. 门铃∶开门
   D. 下雨∶潮湿

8. 细胞膜∶细胞

A. 皮肤：肌体 B. 盔甲：身体
C. 植被：土地 D. 土壤：地球

9. 构思：定稿
    A. 行驶：抛锚 B. 鸣枪：警告
    C. 开学：典礼 D. 起跑：冲线

10. 甘蔗：甜菜
    A. 桃花：花蜜 B. 钢管：钢架
    C. 水稻：大米 D. 油菜籽：花生

11. 大学教师：教授
    A. 幼儿园：幼师 B. 体育馆：羽毛球
    C. 有价证券：股票 D. 计算机：平板电视

12. 海角：海洋
    A. 桑梓：家产 B. 嫦娥：传真
    C. 阡陌：纵横 D. 翡翠：玉石

13. 党员：学生
    A. 排球：篮球 B. 轮船：货轮
    C. 演员：歌手 D. 照相：胶卷

14. 正误：是非
    A. 优劣：贵贱 B. 爱憎：情仇
    C. 卑微：渺小 D. 成败：胜负

15. 射箭：靶心
    A. 购买：卖家 B. 审判：法庭
    C. 投标：项目 D. 出发：起点

16. 萧条：欣欣向荣
    A. 激进：墨守成规 B. 全面：以偏概全
    C. 默契：心照不宣 D. 统一：众叛亲离

17. 支援：雪中送炭
    A. 了解：洞若观火 B. 打击：祸起萧墙
    C. 打扮：天生丽质 D. 配合：锦上添花

18. 无知：教育
    A. 落后：与时俱进 B. 保守：解放思想
    C. 经济：反腐倡廉 D. 温饱：改革开放

19. 沧海桑田：手表
    A. 凿壁借光：电灯　　　　　　　　B. 一言九鼎：电子秤
    C. 遥不可及：卷尺　　　　　　　　D. 一曝十寒：温度计

20. 飞船：潜水器
    A. 插头：插座　　　　　　　　　　B. 麻将机：麻将
    C. 加湿器：电吹风　　　　　　　　D. 空调：冰箱

21. 缺月：满月
    A. 春雨：秋雨　　　　　　　　　　B. 夕阳：落日
    C. 长庚星：启明星　　　　　　　　D. 朝霞：晚霞

22. 《女神》：郭沫若
    A. 《子夜》：老舍　　　　　　　　B. 《桃花扇》：王实甫
    C. 《论语》：孔子　　　　　　　　D. 《牡丹亭》：汤显祖

23. 能量：焦耳
    A. 质量：千克　　　　　　　　　　B. 长度：千米
    C. 体积：立方厘米　　　　　　　　D. 电流：安培

24. 禾苗：田野
    A. 大海：轮船　　　　　　　　　　B. 苍鹰：天空
    C. 花朵：雨水　　　　　　　　　　D. 学生：教师

25. 猎物：捕捉
    A. 手电筒：照亮　　　　　　　　　B. 导航：目的地
    C. 鱼竿：垂钓　　　　　　　　　　D. 纪要：记录

26. 相敬如宾：举案齐眉
    A. 雪中送炭：雪上加霜　　　　　　B. 美轮美奂：色彩缤纷
    C. 天长地久：表里如一　　　　　　D. 巧夺天工：鬼斧神工

27. 端午节：粽子
    A. 清明节：先烈　　　　　　　　　B. 儿童节：快乐
    C. 情人节：浪漫　　　　　　　　　D. 重阳节：茱萸

28. 大步流星：走路
    A. 指手画脚：教导　　　　　　　　B. 歌舞升平：跳舞
    C. 奋笔疾书：书写　　　　　　　　D. 闻鸡起舞：勤奋

29. 程门立雪：北宋
    A. 暗度陈仓：三国　　　　　　　　B. 退避三舍：战国

C. 草木皆兵：西晋　　　　　　　　D. 卧薪尝胆：春秋

30. 上元节：赏花灯
    A. 七夕节：鹊桥相会　　　　　　B. 端午节：插茱萸
    C. 重阳节：登高　　　　　　　　D. 中秋节：游湖

31. 笑声：朗朗
    A. 小偷：逃跑　　　　　　　　　B. 脚步：匆忙
    C. 步行：走路　　　　　　　　　D. 假日：旅行

32. 写作：笔杆子
    A. 细心：马大哈　　　　　　　　B. 熬夜：夜猫子
    C. 公务员：铁饭碗　　　　　　　D. 游泳：旱鸭子

33. 大雁：天空
    A. 机场：飞机　　　　　　　　　B. 诉讼：法庭
    C. 卫星：星空　　　　　　　　　D. 鲸鱼：海洋

34. 图穷匕见：荆轲
    A. 围魏救赵：孙武　　　　　　　B. 一诺千金：商鞅
    C. 孺子可教：张良　　　　　　　D. 背水一战：项羽

35. 淡泊名利：神采奕奕
    A. 锱铢必较：如坐针毡　　　　　B. 与世无争：一事无成
    C. 装腔作势：惹是生非　　　　　D. 宽宏大量：海阔天空

36. 足球：运动员
    A. 汽车：驾照　　　　　　　　　B. 厨房：厨师
    C. 机器：工人　　　　　　　　　D. 教师：学生

37. 《悲惨世界》：雨果
    A. 《傲慢与偏见》：笛福　　　　B. 《基督山伯爵》：大仲马
    C. 《子夜》：老舍　　　　　　　D. 《围城》：鲁迅

38. 三皇五帝：千言万语
    A. 一心一意：朝三暮四　　　　　B. 三年五载：七嘴八舌
    C. 隔三岔五：吆五喝六　　　　　D. 丢三落四：万紫千红

39. 门可罗雀：无人问津
    A. 大相径庭：不相上下　　　　　B. 众说纷纭：异口同声
    C. 指鹿为马：张冠李戴　　　　　D. 发人深省：执迷不悟

40. 猫：老鼠

A. 警察：小偷 B. 教师：学生
C. 皇帝：臣子 D. 医生：病人

第二节　三词型

精选真题

1. 机密：保密：安全
   A. 肥胖：健身：成长 B. 无知：学习：追赶
   C. 乐观：笑话：开朗 D. 落后：努力：进步

2. 物资：匮乏：补给
   A. 知识：渊博：传授 B. 政府：廉洁：监督
   C. 本金：利率：利息 D. 走私：猖獗：打击

3. 交警：特警：警察
   A. 幼师：教授：教师 B. 读者：记者：编者
   C. 瓷碗：陶碗：碗盏 D. 竹凳：蓑衣：竹器

4. 灾害：预警：损失
   A. 鼓舞：官宣：士气 B. 美化：修订：作品
   C. 经验：总结：教训 D. 危机：公关：风险

5. 朱门：相思豆：赤字
   A. 热水器：暖气片：设备 B. 沙漠：天王星：寂寥
   C. 红袖：巾帼：蛾眉 D. 教室：答题卡：蓝天

6. 雷阵雨：大暴雨：流星雨
   A. 观赏花：食用花：交际花 B. 标志灯：指示灯：红绿灯
   C. 内陆湖：淡水湖：人工湖 D. 捕鱼船：太空船：海盗船

7. 弓箭：枪炮：战争
   A. 毛笔：钢笔：书法 B. 马车：汽车：运输

C. 书籍：电脑：学习　　　　　　　　D. 广播：电视：宣传

8. 侵犯：指责：愤怒

　　A. 赞赏：感谢：真诚　　　　　　　　B. 帮助：道歉：谅解

　　C. 误解：解释：无意　　　　　　　　D. 抢劫：反抗：犯罪

9. 洗衣机：冰箱：白色

　　A. 空调：音响：米色　　　　　　　　B. 电视机：影碟机：黑色

　　C. 电脑：微波炉：绿色　　　　　　　D. 电饭煲：饮水机：粉色

10. 开封：郑州：河南

　　A. 成都：重庆：四川　　　　　　　　B. 天津：石家庄：河北

　　C. 安庆：合肥：安徽　　　　　　　　D. 南宁：桂林：广西

11. 年号：历法：计时

　　A. 股票：基金：投资　　　　　　　　B. 水坝：城墙：防洪

　　C. 火把：流星：照明　　　　　　　　D. 手机：信函：洽谈

12. 常见病：糖尿病：慢性病

　　A. 飞行器：火箭：滑翔机　　　　　　B. 地球：金星：银河系

　　C. 科幻片：影视作品：历史剧　　　　D. 氧化物：二氧化硫：污染物

13. 芦荟：耐旱：胡杨树

　　A. 钝化液：防锈：机油泵　　　　　　B. 抗生素：消炎：感冒药

　　C. 保温壶：保暖：羽绒服　　　　　　D. 北极光：放电：流星雨

14. 皮肤：器官：调节体温

　　A. 税票：凭证：分配收入　　　　　　B. 酒店：场所：接待宾客

　　C. 引擎：汽车：提供动力　　　　　　D. 手术：医院：治疗疾病

15. 龋齿：口腔：疾病

　　A. 视觉：眼睛：感觉　　　　　　　　B. 子弹：手枪：武器

　　C. 温室效应：大气层：地球　　　　　D. 光合作用：叶绿体：植物

16. 生产要素：土地：资本

　　A. 自然现象：彩虹：沙漠　　　　　　B. 社会福利：社保：工资

　　C. 油料作物：花生：水稻　　　　　　D. 市场调查：产品：客户

17. 计算机：电脑桌：办公室

　　A. 仪器：小白鼠：实验室　　　　　　B. 门：窗：家具

　　C. 芹菜：炒锅：食堂　　　　　　　　D. 牛：马：大草原

18. 银圆：白银：货币

A. 竹筏：竹子：木舟　　　　　　B. 瓦片：泥土：屋顶
　　　C. 琵琶：木材：弦乐　　　　　　D. 齿轮：金属：机械

19. 舍生忘死：贪生怕死：气节
　　　A. 三人成虎：众口铄金：谣言　　B. 博学多闻：孤陋寡闻：学识
　　　C. 一言九鼎：朝令夕改：政令　　D. 众矢之的：无的放矢：目标

20. 砖头：堆砌：居住
　　　A. 竹子：筷子：吃饭　　　　　　B. 闹钟：提醒：定时
　　　C. 花生：压榨：烹饪　　　　　　D. 蚕茧：抽丝：清凉

21. 古琴：乐曲：弹奏
　　　A. 文物：修复：展示　　　　　　B. 细胞：补给：造血
　　　C. 相机：拍摄：美景　　　　　　D. 轮船：货物：运输

22. 考试：成绩：录取
　　　A. 训练：勤奋：奖牌　　　　　　B. 公司：经营：盈利
　　　C. 检验：数据：达标　　　　　　D. 军队：编制：和平

23. 剪刀：裁缝：理发师
　　　A. 话筒：歌手：演员　　　　　　B. 眼镜：教授：校长
　　　C. 课本：职称：教师　　　　　　D. 相机：记录：导演

24. 莎士比亚：英国：《李尔王》
　　　A. 李白：唐朝：《李太白集》　　B. 路遥：现代：《平凡的世界》
　　　C. 吕不韦：战国：《吕氏春秋》　D. 梵·高：荷兰：《向日葵》

25. 茶水：咖啡：饮品
　　　A. 误解：曲解：理解　　　　　　B. 谎言：逸言：言论
　　　C. 考试：考核：考验　　　　　　D. 晋商：徽商：商人

26. 有理数：无理数：实数
　　　A. 洋房：楼房：房屋　　　　　　B. 阴刻：阳刻：雕刻
　　　C. 西汉：东汉：汉朝　　　　　　D. 西欧：东欧：欧洲

27. 春耕：秋收：冬藏
　　　A. 立功：表彰：晋级　　　　　　B. 偷盗：受罚：悔恨
　　　C. 勤奋：致富：捐款　　　　　　D. 报名：参赛：夺冠

28. 旱田作物：粮食作物：高产作物
　　　A. 工业酒精：食用酒精：医用酒精
　　　B. 人民日报：光明日报：解放日报

C. 领军人物：新闻人物：公众人物

D. 脊椎动物：哺乳动物：高等动物

29. 桑叶：蚕：蚕丝

A. 花粉：蜜蜂：蜂蜜
B. 青草：绵羊：毛线
C. 粮食：鸡：茶叶蛋
D. 土地：树木：木材

30. 汽油：煤油：柴油

A. 生米：黍米：糙米
B. 牛奶：酸奶：羊奶
C. 步兵：骑兵：伞兵
D. 瓦工：电工：小工

31. 蜻蜓：湖泊：产卵

A. 宠物：笼子：生病
B. 钢笔：本子：写字
C. 火山：海底：爆发
D. 游客：公园：跳舞

第三节　填空型

精选真题

1. 鞋子　对于　（　）　相当于　（　）　对于　架子鼓

A. 大小　轻重
B. 保暖　声响
C. 木屐　乐器
D. 走路　敲打

2. （　）　对于　送别　相当于　操场　对于　（　）

A. 亲人　运动员
B. 站台　跑步
C. 泪水　汗水
D. 思念　拼搏

3. 左顾右盼　对于　（　）　相当于　（　）　对于　七上八下

A. 东倒西歪　大材小用
B. 南辕北辙　三心二意
C. 前倨后恭　九死一生
D. 天经地义　丢三落四

4. （　）　对于　贵州　相当于　恒山　对于　（　）

A. 黄果树瀑布　山西
B. 喀斯特地貌　山区

  C. 贵阳　北岳　　　　　　　　　D. 四川　天峰岭

5. （　　）　对于　朋友　相当于　（　　）　对于　婚姻
  A. 奋斗　金钱　　　　　　　　　B. 战友　同学
  C. 真诚　爱情　　　　　　　　　D. 友善　勤奋

6. 清除　对于　（　　）　相当于　拔除　对于　（　　）
  A. 垃圾　暗堡　　　　　　　　　B. 腐败　毒瘤
  C. 路障　青苗　　　　　　　　　D. 积弊　垂柳

7. 遗迹　对于　（　　）　相当于　（　　）　对于　仿生学
  A. 考古　生物　　　　　　　　　B. 壁画　动物
  C. 痕迹　学科　　　　　　　　　D. 历史　雷达

8. 指南针　对于　（　　）　相当于　（　　）　对于　计时
  A. 磁针　农历　　　　　　　　　B. 沙漏　方位
  C. 航海　钟表　　　　　　　　　D. 磁场　星相

9. 沙漏　对于　（　　）　相当于　（　　）　对于　火把
  A. 钟表　灯泡　　　　　　　　　B. 日晷　工具
  C. 玻璃　黑夜　　　　　　　　　D. 葫芦　火灾

10. 教案　对于　（　　）　相当于　（　　）　对于　学生
  A. 课件　书本　　　　　　　　　B. 老师　作业
  C. 提纲　老师　　　　　　　　　D. 授课　学习

11. 东家　对于　（　　）　相当于　（　　）　对于　员工
  A. 夫子　学生　　　　　　　　　B. 佃户　老板
  C. 雇工　学长　　　　　　　　　D. 徒弟　师父

12. （　　）　对于　小说　相当于　琴弦　对于　（　　）
  A. 写实　音乐　　　　　　　　　B. 浪漫　乐器
  C. 情节　竖琴　　　　　　　　　D. 诗歌　吉他

13. 茶壶　对于　（　　）　相当于　（　　）　对于　桃花
  A. 茶艺　桃红　　　　　　　　　B. 茶叶　桃仁
  C. 壶嘴　桃树　　　　　　　　　D. 茶馆　桃园

14. 燃气　对于　（　　）　相当于　（　　）　对于　语言
  A. 管道　信息　　　　　　　　　B. 火源　表演
  C. 灶具　文字　　　　　　　　　D. 沼气　交际

15. （　　）　对于　大漠沙如雪，燕山月似钩　相当于　夸张　对于　（　　）

A. 借代　烽火连三月，家书抵万金
  B. 夸张　危楼高百尺，手可摘星辰
  C. 比喻　大似翻鹅毛，密如飘玉屑
  D. 反问　本是同根生，相煎何太急

16. 北风　对于　（　　）　相当于　民歌　对于　（　　）
  A. 微风　合唱歌曲　　　　　　B. 飓风　陕北民歌
  C. 南风　音乐体裁　　　　　　D. 风向　儿童歌曲

17. （　　）　对于　小说　相当于　（　　）　对于　软件
  A. 诗歌　硬件　　　　　　　　B. 作家　工程师
  C. 创作　应用　　　　　　　　D. 素材　计算机

18. 清洁工　对于　（　　）　相当于　医生　对于　（　　）
  A. 马路　医院　　　　　　　　B. 清扫车　手术台
  C. 保洁　治病　　　　　　　　D. 工作服　听诊器

19. 恒星　对于　（　　）　相当于　（　　）　对于　花丛
  A. 月亮　菊花　　　　　　　　B. 宇宙　花朵
  C. 太阳　草丛　　　　　　　　D. 天体　花海

20. 编剧　对于　（　　）　相当于　（　　）　对于　报纸
  A. 主演　作家　　　　　　　　B. 电视剧　文章
  C. 剧本　编辑　　　　　　　　D. 导演　作者

21. （　　）　对于　一氧化碳　相当于　（　　）　对于　海啸
  A. 中毒　灾难　　　　　　　　B. 二氧化碳　季风
  C. 口罩　潜艇　　　　　　　　D. 尾气　地震

22. 白鸽　对于　（　　）　相当于　（　　）　对于　权力
  A. 杜鹃　帝王　　　　　　　　B. 橄榄枝　政治
  C. 好运　宪法　　　　　　　　D. 和平　权杖

23. 改革　对于　发展　相当于　（　　）　对于　（　　）
  A. 文字　语言　　　　　　　　B. 学习　研究
  C. 成长　挫折　　　　　　　　D. 表达　沟通

24. 法院　对于　（　　）　相当于　（　　）　对于　绿化
  A. 审判　植树　　　　　　　　B. 法官　园林
  C. 诉讼　灌溉　　　　　　　　D. 正义　环保

25. （　　）　对于　国画　相当于　（　　）　对于　油画

A. 书法　素描 B. 水墨　颜料
C. 散点透视　焦点透视 D. 文人　画家

26. 鸿蒙OS　对于　（　）　相当于　（　）　对于　谷歌
    A. 物联网　互联网 B. 手机　操作系统
    C. 任正非　施密特 D. 华为　安卓

27. 艰苦　对于　（　）　相当于　（　）　对于　穷困潦倒
    A. 养尊处优　富裕 B. 卧薪尝胆　失意
    C. 夙兴夜寐　厄运 D. 风餐露宿　落魄

28. （　）　对于　知识　相当于　挑战　对于　（　）
    A. 理解　攀登 B. 学识　理论
    C. 学习　极限 D. 文化　迎接

29. 编辑部　对于　（　）　相当于　（　）　对于　学校
    A. 作者　校园 B. 档案处　学生处
    C. 期刊　学生 D. 出版社　教务处

第四章 逻辑判断

导读：逻辑判断，根据考点的不同划分为削弱质疑型、加强支持型、前提假设型、翻译推理、真假推理、分析推理、直接推论型等。其中削弱质疑型、加强支持型、翻译推理、分析推理、前提假设型题型在省考、国考中经常被考查，真假推理题型在很多事业单位考试中出现的频次比较高。

第一节 削弱质疑型

削弱质疑型题目通常是给出一个论证，要求选出最能或最不能对题干的结论或论证构成质疑和削弱的项。其常见的提问方式有"如果以下各项为真，最能削弱上述论证的是？""下列哪项为真最能（不能）对上述论证构成有效质疑？""以下哪项如果为真，最能削弱上述专家的观点？"等。

建议解题步骤：一是明确题干观点/结论、论据分别是什么；二是题干论证是否存在缺陷，通过什么样的方式进行削弱；三是对比选项选出答案。

削弱的途径分为削弱论点、削弱论据、削弱论证方式三种。结合途径常用的削弱方式有反驳结论、反对前提、反驳因果联系（无因有果型、有因无果型、因果倒置型、存在他因型等）。

精选真题

1. 对于设在花园小区内的社区养老机构，多数人认为老人们不仅可以在这里一起下棋聊天、愉悦身心，还能发挥余热，帮助其他居民。但老王提出反对意见，他认为社区养老机构带来噪声污染，影响居民正常生活。

以下哪项如果为真，最能反驳老王的意见？（　　）

  A. 花园小区处于闹市区，噪声污染一直较重

  B. 部分居民对社区养老机构因为不了解而存在误会

  C. 老人们开展娱乐活动时的噪声低于日常生活的噪声

  D. 未办社区养老机构前，噪声污染也是小区居民反映的主要问题

2. 研究发现，人们在社交媒体上花费的时间越长，越容易感到孤独。研究人员招募了 1 787 名 19~32 岁的成年人，让他们完成一份调查问卷。调查发现，在社交媒体上每天花费时间超过 120 分钟的人感受到的孤独，大约是那些每天费时少于 30 分钟的人的两倍。研究人员解释说，这可能是因为人们在社交媒体上花费的时间越多，在现实世界中与人交流的时间就越少，因此越容易感到孤独。

以下哪项如果为真，最能削弱上述研究观点？（　　）

  A. 越容易感到孤独的人越喜欢用社交媒体

  B. 越喜欢用社交媒体的人，对生活的满意度越低

  C. 人们越来越喜欢通过社交媒体来了解其他人的生活

  D. 人们喜欢在社交媒体上发布积极经历，容易使接收此类信息的人心态失衡

3. 国外某大学的研究团队研究了 102 种不同的毒蛇，调查了这些蛇的毒液、食物以及栖息地状况，发现生活在树上或水中这种三维环境中的蛇，毒性低于生活在二维环境（地面）中的蛇。研究人员推测，这是因为生活在三维环境中的蛇遇到猎物的频率更高，不需要毒性很强的毒液来确保每次捕猎都能成功。

以下哪项如果为真，最能质疑研究人员的推测？（　　）

  A. 不同的毒蛇分泌的毒液，毒性差别很大

  B. 三维环境中的猎物比二维环境中的猎物更为灵活，更难捕捉

  C. 同一种毒蛇在不同季节分泌的毒液，毒性成分并不完全相同

  D. 树上或水中遇到的猎物比地面上遇到的小很多，蛇需要捕食更多猎物才能果腹

4. 荷兰研究人员培育出了一种人造牛肉。从牛的肌肉组织中分离出干细胞，放入营养液中，促进细胞生长和繁衍，进而合成人造牛肉。有媒体据此认为，这种人造牛肉将会在未来取代真正的牛肉，人类可以停止对肉牛乃至其他牲畜的养殖。

以下哪项如果为真，最能质疑该媒体的观点？（　　）

  A. 目前人造牛肉的制造成本极高，无法大规模生产

  B. 很多人在品尝人造牛肉后认为其口感比真牛肉差

C. 推广人造牛肉有助于人类应对未来的肉类紧缺问题

D. 制备人造牛肉的干细胞需要从健康的圈养牛身上获取

5. 为登上月球，有科学家开始进行对"月球导航"的验证，他们表示目前地球轨道上的 GPS 卫星发射的信号，在月球上可以接收使用，定位精度能达到 200~300 m。有研究人员认为，月球导航很快即可实现。

以下哪项如果为真，最能质疑上述观点？（　　）

A. 目前的探月活动中，各国主要采用的是基于地面的测控进行导航定位

B. 月球航天器可通过在一段时间内收到几颗卫星在某个弧段发来的数据，最终计算出自己的轨道

C. 月球导航最直接有效的途径是各国合力在近月空间建设具备定位、授时功能的时空基准，打造一套"月球导航卫星系统"

D. 月球航天器要具备远距离信号接收能力，就需要大天线，而从航天器研制、发射角度来说，天线越小越好，这对矛盾暂时无法破解

6. 天然钻石一般是在火山爆发的过程中形成的，一开始它在地球深处的高温高压环境下形成，然后被岩浆带到地球的表面。近日，有研究团队研发出新的人造钻石培育技术，即在实验室环境下一星期就可以培育出一颗 1 克拉大小的钻石。人造钻石和天然钻石在成分和结构上并无差别，但其成本只有天然钻石市场价格的 1/6。有人据此预测，全球市场的天然钻石价格将大幅下降。

以下哪项如果为真，最能质疑上述预测？（　　）

A. 人造钻石凝结的劳动价值远高于天然钻石

B. 钻石消费者认为人造钻石不是值得购买的"真正的钻石"

C. 结婚率的大幅度下降，可能导致钻石需求量有所下降

D. 在工业和科研所需的精密仪器制造中，人造钻石需求量大

7. 主流观点认为，气候变化是人类双足行走的主要驱动力。几百万年前，非洲森林的面积开始缩减，草原面积大量增长。在树木很少的环境中，双足行走的意义很明显：站起来，能让人类祖先的视线越过生长丰茂的草，看到捕食者和猎物。因此，草原面积大量增长使得最善于站立的祖先更有可能存活，使他们的基因得以传承。

以下哪项如果为真，最能削弱上述观点？（　　）

A. 人类祖先从四腿行走到双足行走的过程中，多处身体结构发生了转变

B. 在发现早期双足行走人类化石的区域，还发现了大量同时代的森林动植物化石

C. 新生儿表现出一些人类祖先曾经在树上居住的迹象

D. 早期人类的膝关节与现代人的膝关节惊人的相似

8. 某手机厂商推出一款新款的手机，与旧款相比，除续航能力大大提升以外，新款手机的其他样式与配置均未发生变化。在旧款手机与新款手机同时销售的三个月内，旧款手机的销量超过了新款手机。于是，该手机厂商得出一个结论，认为续航时间并非顾客首要考虑的因素。

以下哪项如果为真，最能削弱上述观点？（　　）

A. 旧款手机的续航时间足以满足消费者的需要
B. 越来越多的消费者趋向于购买充电宝以延长手机的续航时间
C. 消费者对新款手机的续航时间缺乏足够的认识
D. 新款手机延长续航时间的同时也提高了销售价格

9. 对于古代中国社会的女性，一般人会想象她们深居闺中，"大门不出，二门不迈"。但近年来有学者发现，宋代福建地区大户人家的女性已能乘轿出行，打破了儒家伦理对她们的许多禁锢，拥有了自己应有的社会活动空间。该学者由此断言，宋代女性并未被闭锁在属于"私领域"的家庭生活中，而是拥有多种权利和自由，和男性一起承担家庭和社会的各种责任。

以下哪项如果为真，最能质疑上述学者的断言？（　　）

A. 在古代中国社会，决定女性权利和自由的因素并非其主观能动性，而是其社会地位
B. 精英女性在公共生活中的活跃表现，不能证明女性作为一个群体已普遍享有权利和自由
C. 宋代女性虽然拥有一定的权利和自由，但这些权利和自由并未获得社会的普遍承认
D. 宋代很多精英士绅对待女性的态度务实而灵活，儒家礼仪并未被当成死板的教条

10. 为了解当下大学生对军事的关注程度，某教授列举了20种军事装备，请30位大学生识别。结果显示，极少数人识别出15种以上，多数人只识别出2~6种装备，甚至有人全部都不能识别。其中"海鹞战斗机"的识别率最高，30人中有19人识别正确；"舰载式战斗机"所有人都未能识别。20种军事装备的整体识别错误率超过75%。实验者由此得出，当代大学生对军事的关注程度并没有提高，甚至有所下降。

以下哪项如果为真，最能对上述论据构成质疑？（　　）

A. 教授选取的20种军事装备不具有代表性
B. 教授选取的30位大学生均不是军事院校的学生

C. "舰载式战斗机"这种战斗装备有些军事迷也不能识别

D. 教授选取的 30 位大学生中约有 50% 对军事不感兴趣

11. 在人工智能技术快速发展的今天,乐观派们认为人工智能(AI)接管医院只是时间问题,然而从实验室到医院的这段路,依然困难重重。

以下哪项如果为真,最有可能削弱上述观点?(　　)

A. 人们需要对机器能做什么、不能做什么有清晰的认识。目前 AI 的主要成就,是给人类医生的判断"打底子",而不是自主下达判断

B. 有的病变本身也十分罕见,根本无法形成值得信赖的数据库,现在还无法像训练一个真正的医生一样训练 AI 机器人

C. 由于糖尿病十分常见,数据积累丰富,再加上对于病变的判定相对简单,使用 AI 技术诊断糖尿病人的眼底病变已经得以实现

D. 人和机器的决策方式并不相同,传统的自动化系统只能在事先设定好的规则内行事,超出规则就无能为力了

12. 调查发现,认同自己有网瘾的同学,其上网时间明显高于否认自己有网瘾的同学,他们平均每周的上网时间为 13.3 小时,比后者多 5.4 小时。研究者据此认为,一旦认为自己有网瘾,上网时间就会变长。

以下哪项如果为真,最能削弱上述观点?(　　)

A. 家长对有网瘾的同学很难管得住

B. 认为自己有网瘾的同学学习时间明显变少

C. 不认为自己有网瘾的同学对上网更有自制力

D. 一周上网 10 小时以上的同学才会认为自己有网瘾

13. 2016 年国家开始推广全民阅读,调查发现,2017 年我国成年国民人均纸质图书阅读量为 4.66 本,较 2016 年的 4.65 本略有增长。有人据此认为,全民阅读没什么效果。

以下哪项如果为真,最能削弱上述观点?(　　)

A. 全民阅读推广以来,读书节活动吸引了很多人参加

B. 2017 年,我国成年国民的电子书阅读率比 2016 年提高了 5.8 个百分点

C. 2017 年,人均阅读量最高的日本,人均纸质图书阅读量与 2016 年基本持平

D. 2017 年,我国成年国民人均每天手机接触时长比 2016 年增加了 6.03 分钟

14. 一项研究表明,明火、煤炉和烧烤炉的烟雾中含有大量的致癌物质、一氧化碳等有害物质。经常在明火、煤炉上烧烤或烹饪食物会使患肺炎、哮喘和其他肺部疾

病的概率增加40%~60%。有人据此认为，它们给人们带来的危害不亚于香烟。

以下哪项如果为真，最能削弱上述观点？（　　）

  A. 调查发现，患癌人员中经常接触明火、木炭的人数远小于吸烟人数

  B. 与火灾经常接触的消防队员，其血液中的致癌物浓度远高于普通人

  C. 近年来，香烟生产商在生产环节已经逐步降低了香烟对人身体的危害性

  D. 据统计，目前我国近40%的家庭仍在使用木材和煤炭来做饭和取暖

15. 现在不仅年轻人热衷于使用网络语言，不少网络流行语也从网络蔓延到传统媒体，成为大众熟悉的语言。有专家指出，网络语言的盛行使得语言表达更加丰富，人们之间的沟通变得新奇、简单、幽默，彰显个性，符合现代社会的多元化特点。

以下哪项如果为真，最能反驳专家的观点？（　　）

  A. 网络流行语粗鄙化比例较高，会给青少年语言习得带来不利影响

  B. 因为言语交际具有场合性，不是所有的语境都适合使用网络语言

  C. 网络流行语使人们的表达方式趋于同化，独立组织语言的能力下降

  D. 网络语言大多不符合汉语语法规范，不利于青少年语言学习与发展

16. 某环保组织赞助了一项科学实验，研究者对某国多个知名品牌的250瓶塑料瓶装水进行了检测，发现仅17瓶水中没有塑料微粒。塑料微粒可能本身毒性小或没有毒性，但由于具有颗粒小、有疏水性等特征，因此它是持久性有机污染物等有毒有害化学物质的载体。有人据此提出：饮用塑料瓶装水对身体健康有害。

以下各项如果为真，哪项最能削弱上述观点？（　　）

  A. 赞助该研究的环保组织是一个绿色环保组织，倡导绿色生活

  B. 保质期内的塑料瓶装水中塑料微粒含量远低于各国饮用水塑料微粒含量安全标准

  C. 塑料瓶中的高密度化工产品和残余物会对人体产生巨大影响，导致健康问题

  D. 该研究发表在非医学专业的报纸上，既没有在专业杂志上发表，也没有经过其他研究的证实

17. 智能手表近几年发展迅速，它有很多传统手表所不具备的功能，如实时收发短信、邮件，实时监测运动状态，获取血压、脉搏数据等。也正因为智能手表具有这些优点，越来越多的人选择购买智能手表。据此，有人预计，再过若干年，制造传统手表的工厂会倒闭。

以下哪项如果为真，最能削弱以上观点？（　　）

  A. 因为智能手表价格较为昂贵，一些消费者不会购买智能手表

B. 虽然传统手表功能单一，但戴习惯的人不愿意改戴智能手表

C. 大多数传统手表生产商不仅生产传统手表也生产智能手表

D. 许多智能手表需要与智能手机配套使用，令许多人感到麻烦

18. 英国的一项研究统计了 8 170 人在 10 岁时的智商数据和成年后的饮食状况。研究结果显示，10 岁时智商越高，30 岁时成为素食者的可能性就越大。另一项针对几万名高智商人群的饮食调查显示，这些人多半是素食爱好者。因此，"素食是聪明人的选择，素食让你我更有智慧"成为很多素食餐厅的广告语。

以下陈述如果为真，哪项无法质疑上述广告语？（　　）

A. 很多素食餐馆价格不菲，只有社会地位较高或经济状况较好的人才会经常光顾，这些人智商也较高

B. 肉类和动物内脏是铁的主要来源，缺铁性贫血会导致大脑供氧不足，智力发育迟缓

C. 大脑发育离不开充足的磷脂，而磷脂的饮食来源主要是鱼肉和鸡蛋

D. 高智商的人倾向选择素食不代表素食能让人智商变得更高

19. 亚马逊热带雨林的火灾次数与过火面积每年以惊人的比例增加。但是，卫星照片显示，去年火灾次数与过火面积的增加比例明显低于往年。去年，某国政府支出数百万美元用于预防和扑灭亚马逊热带雨林火灾。该国政府宣称，上述卫星数据表明政府预防和扑灭火灾的努力取得了显著效果。

下列哪项如果为真，最能削弱该国政府的上述观点？（　　）

A. 去年该国用以预防和扑灭亚马逊热带雨林火灾的投入明显低于往年

B. 该国去年出现了异乎寻常的大面积持续降雨

C. 与该国毗邻的其他国家的热带雨林火灾次数与过火面积并未减少

D. 该国用于热带雨林火灾预防与扑灭的费用只占年度财政支出的很小比例

20. 一项对某企业基层工作人员的研究报告显示，使用社交软件的基层工作人员罹患糖尿病、精神疾病、缺血性心脏疾病的概率均显著低于不使用社交软件的。据此，该企业管理人员认为，社交软件的使用有利于基层工作人员的身体健康。

以下哪项如果为真，最能削弱上述观点？（　　）

A. 长时间使用电脑或者手机会引发包括精神疾病在内的多种健康问题

B. 该企业基层工作人员没有足够多的时间和精力锻炼身体

C. 该企业基层工作人员压力大，身心健康的人才在工作之余使用社交软件

D. 该企业基层工作人员普遍在四十岁以上，相当一部分人不使用社交软件

第二节　加强支持型

　　加强支持型题目是段落中给出一个推理或论证，或者由于前提的条件不够充分不足以推出其结论，或者由于论证的论据不够全面不足以得出其结论。因此，需用某一选项去补充其前提或论据，使推理或论证成立的可能性增大。

　　加强支持型题目常见的提问方式有"以下哪项如果为真，最能支持上述结论？""以下哪项如果为真，最能加强题干的论证？"等。

　　1. 一项对准父亲饮食状况对后代影响的追踪研究发现，作为准父亲的男性，如果在有下一代之前，因饮食过量出现了肥胖症，那么他的孩子更容易出现肥胖症，而这一概率与母亲的体重关系不大；而当准父亲饮食匮乏并经历了饥饿的威胁时，那么他的孩子更容易出现心血管疾病。因此，该研究认为：准父亲的饮食状况会影响后代的健康。

　　以下哪项如果为真，最能支持上述观点？（　　）

　　　A. 有不少体重严重超标的孩子，其父亲并没有出现体重超标的情况
　　　B. 父亲的营养状况塑造其传递的生殖细胞的信息，影响孩子的生理机能
　　　C. 如果孩子的父亲患有心血管疾病，那么这个孩子成年后得该病的概率会大大增加
　　　D. 准父亲如果年龄过大或者有抽烟等不良生活习惯，其孩子出现新生儿缺陷的概率就会增大

　　2. 研究人员招募了697名想要戒烟的吸烟者，把他们分为两组。第一组为"快速戒烟"组，即在戒烟当天停止吸烟；第二组为"逐步戒烟"组，即设定一个停止吸烟的日期，在一个月内逐渐减少吸烟量。一个月后，"快速戒烟"组戒烟成功的比率为49%，而"逐步戒烟"组为39%。因此，研究人员认为"快速戒烟"比"逐步戒烟"成功率高。

以下哪项如果为真，最能支持上述观点？（　　）

A. 相对于逐步戒烟，快速戒烟对心脏的损害更小

B. 戒烟半年后，"快速戒烟"组仍想吸烟的欲望比"逐步戒烟"组低

C. "快速戒烟"组在戒烟过程中承受的精神压力比"逐步戒烟"组小

D. "快速戒烟"组 5~15 年后发生中风的危险会降到不吸烟者的程度

3. 一般消毒用的酒精浓度为 70%~75%，此浓度的酒精渗透性最好，杀毒效果也最好，浓度更高反而达不到消毒作用。因此，酒精浓度越高，消毒效果不一定越好。

以下哪项如果为真，最能支持上述观点？（　　）

A. 即使浓度低于 60%，酒精也可以杀灭一部分病毒和细菌

B. 酒精通过渗透进病原体并破坏其完整性，以达到杀毒效果

C. 高浓度的酒精会刺激皮肤，吸收表皮的大量水分，造成皮肤脱水

D. 浓度为 95% 的酒精可在病毒表面形成一层防止酒精渗透的保护壳

4. 很多人认为大飞机比小飞机更安全，更愿意选择乘坐大飞机，因为大飞机飞得很平稳，而小飞机常常会有颠簸。

以下哪项如果为真，最能支持上述观点？（　　）

A. 飞机颠簸的原因是气流的扰动，气流扰动不会影响飞机安全

B. 某航空公司统计显示，小飞机的准点率低于大飞机的准点率

C. 飞机在对流层飞行时颠簸最剧烈，小飞机主要在对流层飞行

D. 飞机的安全性主要取决于设备的可靠性，与飞机的大小无关

5. 某研究小组在 1984 年挑选了 10 万名身体健康的志愿者。在 2010 年的反馈调查中，超过 2.6 万名志愿者已经离世。研究小组发现，经常食用诸如麦片、糙米、玉米和藜麦等粗粮的志愿者生病和死亡的比例比不食用者低。研究人员认为，食用粗粮有助于身体健康。

以下哪项如果为真，不能支持研究人员的观点？（　　）

A. 粗粮是运动员和减肥人士的最佳早餐

B. 粗粮是世界上很多国家老百姓的主食

C. 在很多医学典籍里，有食用粗粮治病的记载

D. 经常食用粗粮有助于降低罹患肥胖症的风险

6. 近日，有研究人员梳理了将近 76 000 名 60 岁以上女性的维生素摄入习惯，这些女性参与了为期数十年的护理健康研究。研究发现，服用高剂量维生素 B_6（每日 35 毫克以上）的人，相较于服用低剂量或不服用的人，髋关节骨折的风险高出近 50%。研究人员据此得出结论，服用高剂量维生素 B_6 易导致老年女性髋关节骨折风险升高。

以下哪项如果为真，最能支持上述观点？（　　）

  A. 服用高剂量维生素 B_6 会对神经系统产生毒性，增加老人跌倒的概率

  B. 大多数出现体内维生素不足的人，都是因为日常的饮食摄入不足而导致的

  C. 服用维生素 B_6 会降低雌激素水平，使髋关节部位骨质疏松，从而更易骨折

  D. 50~60 岁的女性中，有 10%~30% 因吸收较差而需要额外补充维生素 B_6

7. 目前劳动力市场呈现出体力劳动为主的技工、普工同时紧俏，与此同时，不少高校毕业生仍在为一份工作发愁。这种强烈的对比，将劳动力市场的结构性供需矛盾以一种超出人们惯常认知的方式展现在世人面前。有学者认为，造成这一现象的深层次根源在于全社会整体的择业意愿与社会需求的背离程度正在不断加深。

以下哪项如果为真，不能支持上述观点？（　　）

  A. 当前技能教育培训发展较慢，使有从事体力工作意愿的劳动者无法得到相应的技能训练

  B. 高等教育的大众化增加了从事脑力劳动的机会，强化了更多人选择从事脑力劳动的志向

  C. 独生子女的大量存在使家庭愿意集中足够的精力、财力来承担让孩子跻身脑力劳动领域的成本

  D. 虽然随着人工智能的发展，社会对技工和普工的需求总量有所下降，但愿意从事这一工作的劳动者数量减少得更快

8. 共享单车和共享充电宝历经几轮洗牌，早已形成几大巨头鼎立的局面，与之相较，共享雨伞似乎渐渐淡出了公众视野。但是，近期的一项调查报告认为，从供需两端对运营情况、市场规模及发展趋势来看，共享雨伞行业正在逐渐强大，拥有广阔的市场前景。

以下除哪项外，均能支持上述观点？（　　）

  A. 国家鼓励和发展共享经济给予了共享雨伞政策上的支持

  B. 晴热天气下，用户出于遮阳目的也愿意为共享雨伞付费

  C. 共享雨伞的租借方式主要是信用免押，容易被用户接受

  D. 共享雨伞行业未来也面临着与共享单车类似的市场竞争

9. 物理学家认为，宇宙起源于大爆炸，大爆炸之后应该有相同数量的物质与反物质。但为什么我们周围的自然界中几乎没有反物质呢？反物质去了哪里？很多科学家相信，在宇宙的遥远之处有大范围的反物质星系区存在，那里的宇宙射线主要由反质子和反氦四等反物质组成。

以下哪项如果为真，最能支持上述科学家的观点？（　　）

A. 到目前为止，人类还没有在地球上发现以自然状态存在的反物质

B. 物质与反物质一旦接触便会相互湮灭抵消，发生爆炸并产生巨大能量

C. 从 1955 年起，科学家就陆续制造出反质子、反中子、反氚核甚至反氦四等反物质

D. 放置在地球大气层之外的阿尔法磁谱仪从宇宙射线中观测到了反氦四粒子

10. 研究人员用 X 射线拍摄猕猴进食、打哈欠以及相互嘶吼时发出各种声音的影像。结果显示，猕猴很容易就能发出许多不同的声音，包括英语字母中最基本的 5 个元音。研究人员据此推测，猕猴不能说出数千个单词和完整的句子，是因为它们的大脑和人类存在差异。

以下哪项如果为真，最能支持上述研究人员的推测？（　　）

A. 猕猴和类人猿的声带特征是它们无法重现人类语音的原因

B. 非洲灰鹦鹉经过人类训练之后，可以说 800 多个单词

C. 人类丰富的语言表达能力主要源于大脑中特有的高度发达的语言功能区

D. 利用电脑模拟猕猴讲完整的句子，每个词都比较清晰，并不难听懂

11. 植物是自然的生命，人类文明的建立与发展离不开植物的贡献，文学作品更是常常赋予植物许多象征意义，如松、竹、梅、兰、菊等植物，都被中国文人寄予了优美的品德与节操。但有专家指出，这种做法让植物的象征意义压抑了植物的自然意义，严重干扰了人们对于植物自然属性的认识。

以下哪项如果为真，最能支持上述专家的论断？（　　）

A. 中国第一部诗歌总集《诗经》一共写了 136 种植物，但今天我们很多人连身边最平常的植物都叫不出名字

B. 玉米、土豆和红薯等外来作物对于中国人口的稳定增长有重要贡献，但它们很少受到中国文人的称颂

C. 竹，常被中国文人比作具有谦谦之风的君子，但竹鞭会在地下肆意蔓延，侵占其他植物的生存空间

D. 有些俄罗斯文学作品很详细地描绘各种树木、花草、果实，能让读者客观认识到它们的自然属性和美

12. 作为人工智能领域目前最成熟的技术，人脸识别技术正在深入教育行业，在刷脸签到、学员身份查询、校园安防、课堂教学效果检测等诸多场景中逐渐得到应用。有些人脸识别技术甚至可以记录学生上课的行为、表情、专注度等多维度课堂数据，将对人脸的识别上升到"对人的深刻理解"，为课堂教学评估提供强有力辅助资料。当下，人脸识别技术正在飞速发展，但有专家预测，学校会谨慎甚至限制使用人脸识

别技术，这项技术不会有较大的校园市场。

以下哪项如果为真，最能支持上述专家的预测？（ ）

A. 学生、老师和家长都高度重视课堂教学效果

B. 人脸识别技术的应用涉及侵犯学生的隐私权

C. 人脸识别技术只用于监控而非实质性地改善教学效果

D. 目前人脸信息的收集与存储仍存在安全隐患

13. 一项研究表明，喝咖啡能明显降低心血管病人的死亡风险，这说明日常喝咖啡对我们的身体健康具有一定的积极意义。

以下哪项如果为真，最能支持上述观点？（ ）

A. 咖啡具有提神醒脑、增加记忆力的功效

B. 不论是男性还是女性，喝咖啡与全因死亡率降低有直接关系

C. 给小鼠喂食一定量的咖啡因之后，衰老小鼠的心肌功能恢复到了年轻状态

D. 咖啡因能够促进一种名为 p27 的蛋白质进入线粒体，从而增强心脏细胞的功能

14. 研究人员给一群实验用的小鼠提供相同的食物，这些小鼠中有部分小鼠的下丘脑部位有不可恢复的损伤，另一些则没有。一段时间后，研究人员发现那些下丘脑部位有损伤的小鼠出现了肥胖症状。研究人员认为，下丘脑特定部位的损伤是导致小鼠肥胖的原因。

以下哪项如果为真，最能支持研究人员的结论？（ ）

A. 下丘脑部位未损伤的那些小鼠未出现肥胖的症状

B. 已有相当多研究人员致力于研究小鼠脑部损伤与肥胖之间的关系

C. 研究人员发现，下丘脑部位损伤的小鼠患糖尿病的比例高于正常水平

D. 下丘脑部位损伤的小鼠与食用高脂饮食导致肥胖的小鼠肥胖程度相当

15. 早期阿尔茨海默病患者由于记忆丧失，经常处于焦虑不安的状态中。近期科研人员通过实验发现，对患有早期阿尔茨海默病的小白鼠大脑进行光感刺激，能够帮助其找回失去的记忆。科研人员据此提出，光感刺激有助于早期阿尔茨海默病的治疗。

以下哪项如果为真，最能支持上述论证？（ ）

A. 生活在日照时间长的地区的小白鼠比接受光感刺激的实验室小白鼠患早期阿尔茨海默病的比例低

B. 有些接受过光感刺激的小白鼠患上了早期阿尔茨海默病

C. 如果终止光感刺激，患早期阿尔茨海默病的小白鼠症状会加重

D. 没有接受光感刺激的小白鼠患早期阿尔茨海默病的比例较低

16. 如今，常有人抱怨自己很难有充足的睡眠，睡眠质量也常常不佳。一些专家认为这与现代科技的众多产物，如长明的路灯、电视、计算机和手机有关，正是这些人造光源和电子设备产生的光扰乱了睡眠，让人们难以入睡。

以下哪项如果为真，最能支持上述结论？（　　）

A. 当个体暴露在灯光下，入睡会变得比以往困难，睡眠也呈现出碎片化的状态

B. 现代人的昼夜节律常被工作和时差打乱，电子设备和人造光源并不是睡眠被打乱的唯一原因

C. 当前一些人的睡眠问题很可能不是因为睡眠的总时长短，而是因为使用电脑等设备引发了一些健康问题

D. 在一些没有电的农村地区，人们的平均睡眠时间比生活在城市的同龄人的睡眠时间长很多

17. 近年来，某地交通状况日趋恶化，相关部门开会讨论应对措施，有人提议，应在6：00—9：00 am 与5：00—8：00 pm 之间禁止大货车通行，这样能极大地缓解交通拥堵状况。

以下哪项如果为真，最能支持上述论断？（　　）

A. 通常情况下大货车的车速都比较快

B. 这两个时间段里该地区行驶的车辆以大货车为主

C. 大货车的车身比较宽，而该地区的道路相对狭窄

D. 大货车的司机相对其他车辆驾驶员更不注意交通安全

18. 人的大脑聪明与否不仅是天生的，后天的行为也会对大脑产生严重的影响。"用进废退"的生物科学原则同样适用于人脑。大脑神经细胞和其他组织器官一样，越使用越能保持其充沛的活力；总不使用的话，人可能会变得越来越笨。

以下哪项如果为真，最能支持上述结论？（　　）

A. 人在专注思考时大脑的血流情况可能发生变化，从而使某些区域的温度过高导致疲劳

B. 随着年龄的增长，大脑神经元会慢慢衰亡

C. 当一个人完成单调任务时，大脑便会自动转换为"安眠模式"

D. 学习新的语言可以促使脑区之间建立更高效灵活的沟通模式

19. 研究者观察了241名中风患者，其中88位全身中风患者中有78人的耳垂上出现了特定的折痕，153位暂时性缺血中风（通常所说的微卒中/小中风）患者中有112人出现了同样的现象。研究者认为，应该考虑把这种耳垂折痕加入"典型的中风风险

因素清单"。

以下各项如果为真,哪项最能支持以上结论?(　　)

　　A. 耳垂折痕是健康潜在风险的可视指标之一,意味着各种健康风险的增加

　　B. 小动脉堵塞使头颈部的血液循环变差,出现耳垂折痕,也增加了中风的风险

　　C. 耳垂折痕与糖尿病、高血压、缺血性心脏病和周围血管病变风险提高相关

　　D. 随着年纪增长,皮肤的血液循环变慢,耳垂皮肤弹性降低,最终出现折痕

20. 人类学家测量了历史上各个时期的人类头骨之后发现,当代成年人的脑容量平均为1 349毫升,相比中石器时代人类的脑容量,男性减少了10%,女性减少了17%。研究者认为,在分工日益明确的时代,富有合作精神的人比其他人有更多的生存和繁衍机会,"最友好者生存"是导致人类大脑容量不断减少的重要原因。

以下哪项如果为真,最能支持上述结论?(　　)

　　A. 当代脑科学研究表明,脑容量更小会使得人类更富有合作精神

　　B. 合作会减少人类的攻击性,而攻击性的减少会使人身体变轻、脑容量减少

　　C. 随着气温的升高,人们对体重的要求降低,身体的缩小必然带来大脑的缩小

　　D. 外部信息存储介质的出现减轻了大脑的记忆负担,人类的大脑随之缩小

第三节　前提假设型

前提假设型试题中,题干中先给出结论和部分前提,然后提问假设是什么,或者需要补充怎样的前提才能使题干中的推理成为逻辑上完整、有效的推理。

此类试题的提问方式有"上述推论基于以下哪项假设?""以下各项都可能是上述论证所假设的,除了……?""上述论断是建立在以下哪项假设的基础上?""再加上什么条件能够得出上述结论?"等。

前提假设型题目可用假设法进行解答,即假设某选项不成立,则发现题干推理完全不能成立,则此选项就是要必须假设的前提。

 精选真题

1. 请看以下对话。

妈妈：有女朋友吗？

儿子：没有。

妈妈：真没有？

儿子：没，你怎么不相信我呢？

妈妈：你经常撒谎，我不能相信你，当你开始说真话时，我就开始相信你。

以下哪项是妈妈言论中所隐含的前提？（　　）

  A. 妈妈从来不相信儿子会说真话　　B. 妈妈认定儿子知道什么是说谎

  C. 妈妈知道儿子哪句说的是真话　　D. 妈妈相信儿子最终将会说真话

2. 一项实验中，研究者对被测人员进行了身体活动水平的调查，分析了他们每天坐着的平均时间。结果显示，每天坐的时间过长（超过5小时）与大脑内侧颞叶缩小密切相关，即使其他时间身体达到了很高的活动水平，也无法改变颞叶缩小的趋势。因此，久坐会对人的记忆力产生影响。

要得到上述结论，需要补充的前提是（　　）。

  A. 有些记忆力较差的人不常运动，更喜欢宅在家里

  B. 大部分帕金森患者出现记忆力的持续衰退和颞叶缩小的状况

  C. 大脑内侧颞叶区域包含海马回，而这一部位与记忆的形成有关

  D. 各年龄段群体中，久坐对年轻人记忆力的影响大于中老年人

3. 足迹化石虽然不能像实体化石那样保存生物完整的形态，但从足迹化石中，我们可以分析出生物大概的形态特征和行为学特征。也就是说，当直接证据缺失的时候，我们只能通过间接证据——足迹化石来推测当时的环境，反推是哪些动物留下的足迹，它们有没有复杂的动物行为等。因此，在前寒武纪到寒武纪的转折时期，足迹化石显得尤为重要。

上述结论的成立，还需基于以下哪一前提？（　　）

  A. 目前发现的从前寒武纪到寒武纪转折时期的足迹化石比实体化石更多

  B. 前寒武纪到寒武纪转折时期的足迹化石比实体化石更具有研究价值

  C. 目前发现的前寒武纪到寒武纪转折时期的足迹化石比其他时期稀少

  D. 在前寒武纪到寒武纪的转折时期，保留下来的动物实体化石十分稀少

4. 人们常认为白色的花比红色的花香味更浓郁。近日，有科学家通过对植物花青

素含量以及花瓣油细胞数量的研究发现，红花的花瓣油细胞的数量只有白花的一半。由此，他们得出结论：白花比红花香味更浓郁。

以下哪项如果为真，最可能是科学家得出结论的前提？（　　）

A. 黄花的花瓣油细胞的数量远高于红花，与白花很接近

B. 植物的花瓣油细胞的数量与植物的芳香程度呈正相关

C. 红花可用作节日庆典、表达心意等用途，视觉效果较好

D. 白花的花瓣油细胞数量比红花多是因为白花比红花更耐晒

5. 某教育学家指出，我们应该用立法的方式来限定儿童的最大学业负担，以此来保证儿童的自由活动时间。所以，该项法律能够推动儿童创新思维的培养。

下列可以作为上述论证前提的是（　　）。

A. 立法的目的是减轻儿童的负担

B. 创新思维对儿童的全面发展至关重要

C. 自由活动时间太少是创新思维发展的重要阻碍

D. 很多儿童因为学业负担太重而没有充足的活动时间

6. 翻转课堂是随着信息技术的发展出现的一种新的教学模式，它重新调整了课堂内外的时间，学生在上课前完成对教学视频等学习资源的观看和学习，师生在课堂上一起完成作业答疑、协作探究和互动交流等活动，将学习的决定权从教师转移给了学生。有人认为，应该在我国的中小学中大力推广这一教学模式，以便提高教学效果。

以下选项中，除了哪个选项，其余都是上述论述所依赖的假设？（　　）

A. 教师能把以往的教学技能快速地应用于翻转课堂

B. 学生会主动地在课前学习相关内容

C. 学校能够有效协调师生课堂内外的教与学

D. 与之配套的软件与系统可很好地替代板书

7. 某单位准备举办一年一度的春季运动会，甲科室的所有成员都参加了五十米或者一百米的短跑项目，该科室的一些年轻成员还参加了一万米的长跑项目。有人推论，该单位里一些参加短跑项目的成员是长期长跑锻炼者。

以下哪项是上述推论正确的前提条件？（　　）

A. 所有甲科室没有参加一万米长跑项目的成员都不是长期长跑锻炼者

B. 一些甲科室没有参加一万米长跑项目的成员不是长期长跑锻炼者

C. 一些参加了一万米长跑项目的成员是长期长跑锻炼者

D. 所有参加了一万米长跑项目的成员都是长期长跑锻炼者

8. 舞蹈课上，学生紫梦来迟了，老师问她："怎么又迟到了？"

据此，该教师提问的预设是（　　）。

A. 学生紫梦不喜欢上舞蹈课　　　　B. 学生紫梦上课迟到是有意的

C. 以前的舞蹈课学生紫梦也迟到过　　D. 这节舞蹈课上没有其他同学迟到

9. 在最后一次校级职称评定委员会的会议上，委员张教授认为这届委员会是近年来工作最没有影响力的一届。当列席会议的校长询问这一判断的理由时，张教授指出："大多数教师根本叫不出委员会成员的姓名。"

张教授的判断如果为真，必须假定下列（　　）项。

A. 普通教师通常对职称评定委员会的工作不感兴趣

B. 只有职称评定委员会成员才有资格评价委员会工作是否具有影响力

C. 教师对职称评定委员会人员组成的熟悉程度是评价其工作是否具有影响力的一个重要指标

D. 在遴选职称评定委员会成员时，候选人往往是那些在教师中拥有较高知名度的教授

10. 每个"熊孩子"的背后都有一个"熊家长"。这些"熊家长"对"熊孩子"百依百顺，溺爱娇惯，使得"熊孩子"以自我为中心，缺乏规则意识，容易产生过激的非理性行为。当"熊孩子"有些行为对他人和社会造成伤害时，"熊家长"也会以"他还是个孩子"来护短辩解，要求原谅。

以下哪项最可能是"熊家长"辩解所隐含的前提？（　　）

A. "熊孩子"犯错误不是故意为之　　B. 只要是孩子就难免犯错

C. "熊孩子"长大后会成为好孩子　　D. 孩子犯错误应当被原谅

第四节　翻译推理

翻译推理涉及直言命题推理、模态命题、复合命题推理。翻译推理涉及的知识较多，解题步骤为先"翻译"、再推理。

1. 某国一位经济学家指出："除非该国采取大刀阔斧的举措来根治经济的顽疾，

否则经济不可能稳健增长。没有经济稳健增长，公共债务就会不断攀升。"

由此可以推出（　　）。

　A. 如果公共债务不断攀升，则该国没有采取大刀阔斧的举措来根治经济的顽疾

　B. 只有该国不采取大刀阔斧的举措来根治经济的顽疾，公共债务才会不断攀升

　C. 如果该国采取大刀阔斧的举措来根治经济的顽疾，则公共债务就不会不断攀升

　D. 如果公共债务没有不断攀升，说明该国采取了大刀阔斧的举措来根治经济的顽疾

2. 某城市选拔志愿者，已知情况如下：①只有小红报名，小白、小黑和小花才会都跟着报名；②如果小白不报名，则小黑也不报名；③如果小黑不报名，则小灰也不报名；④小红没报名；⑤小灰报名了。

由此可以推出（　　）。

　A. 小白、小黑和小花都报名了　　B. 小白和小黑都报名了

　C. 小黑和小花都报名了　　　　　D. 小白和小花都报名了

3. 领导干部如果没有底线思维，就不能做到严格自律。而只有不忘初心，才能始终保持底线思维。也只有始终坚守理想信念，才能不忘初心。

根据以上信息，可以得出下列哪项？（　　）

　A. 如果领导干部不能做到严格自律，就会丧失底线思维

　B. 领导干部只有不忘初心，才能做到严格自律

　C. 领导干部只要始终坚守理想信念，就能做到严格自律

　D. 领导干部只要不忘初心，就可以做到严格自律

4. 假设"如果甲爱看越剧或乙不爱看越剧，那么丙爱看越剧"为真，由下列哪项可推出"乙爱看越剧"的结论？（　　）

　A. 丙不爱看越剧　　　　　　　　B. 甲不爱看越剧

　C. 甲和丙都爱看越剧　　　　　　D. 甲和丙中有一个不爱看越剧

5. 某校规定，对于学校的任一实验室，除非有教师在国际期刊上发表论文，否则该实验室没资格申报国家重点实验室。该校甲实验室有教师在国际期刊上发表论文。该校乙实验室有资格申报国家重点实验室。

若上述陈述为真，则以下哪项也一定为真？（　　）

　A. 该校甲实验室有资格申报国家重点实验室

　B. 该校甲实验室有教师没有在国际期刊上发表过论文

C. 该校乙实验室有教师在国际期刊上发表论文

D. 该校乙实验室有教师没有在国际期刊上发表过论文

6. 所有真正关心老百姓利益的领导干部，都会受到尊敬；而真正关心老百姓利益的领导干部都特别重视如何解决住房、看病、教育和养老等民生问题。因此，那些不重视如何解决老百姓民生问题的领导干部，都不会受到大家的尊敬。

为保证上述论证成立，必须增加下列（　　）项作为前提。

A. 随着老龄化社会的来临，老百姓面临的看病、养老等问题越来越突出

B. 所有重视如何解决老百姓民生问题的领导干部，都会受到大家的尊敬

C. 住房、看病、教育和养老等民生问题，是事关老百姓利益的最为突出的问题

D. 所有受到尊敬的领导干部，都是真正关心老百姓利益的领导干部

7. 人因自然而生，人与自然是一种共生关系，对自然的伤害最终会伤及人类自身。因此，只有尊重自然规律，才能有效防止在开发利用自然上走弯路。

根据以上陈述，可以得出下列（　　）项。

A. 如果不尊重自然规律，就不能有效防止在开发利用自然上走弯路

B. 如果尊重自然规律，就能有效防止在开发利用自然上走弯路

C. 因为人与自然是一种共生关系，所以必须尊重自然规律

D. 人因自然而生，所以必须开发利用自然

8. 在某旅行社的股东会议上，总经理提出："根据目前公司整体规划，我提议欧洲线和北美线两条线路至少要开通一条，但南美线因航线问题不能马上开通。"董事长表示反对。

下列（　　）项最能准确表达董事长的意思。

A. 欧洲线、北美线和南美线三条线路都开通

B. 欧洲线、北美线和南美线三条线路都不开通

C. 欧洲线和北美线两条线路至多开通一条，但南美线要马上开通

D. 如果南美线不能马上开通，那么欧洲线和北美线两条线路都不能开通

9. 国庆盛大阅兵时，各军兵种方队整齐划一、步调一致，完美展现了中国军人的刚毅与坚强，举世瞩目。这是军人们历经数月艰苦训练的结果。已知，某训练小组共有 40 余名队员，平均身高 1.82 米，平均年龄 24 岁。最终，所有年龄在 23 岁以上且身高超过 1.83 米的队员都参与了正式阅兵。

根据以上信息，关于该训练小组，可以得出下列哪项？（　　）

A. 没有 23 岁以下的队员参加正式阅兵

B. 参加正式阅兵的队员中，23 岁以上的队员占多数

C. 所有身高超过 1.83 米但年龄 23 岁以下的队员都没有参加正式阅兵

D. 未参加正式阅兵者中不包括年龄 23 岁以上且身高超过 1.83 米的队员

10. 党内存在的很多问题都同政治问题相关联。不从政治上认识问题、解决问题，就会陷入头痛医头、脚痛医脚的被动局面，就无法从根本上解决问题。提高政治能力，很重要的一条就是要善于从政治上分析问题、解决问题。只有从政治上分析问题才能看清本质，只有从政治上解决问题才能抓住根本。

根据以上陈述，可以得出以下哪项？（　　）

  A. 只有从政治上认识问题、解决问题，才能从根本上解决问题

  B. 如果善于从政治上分析问题、解决问题，就能提高政治能力

  C. 一旦陷入头痛医头、脚痛医脚的被动局面，就无法从根本上解决问题

  D. 如果没有看清本质、抓住根本，说明没有从政治上分析问题、解决问题

11. 时下网上充斥着愤世嫉俗的惊人之语。事实上，如果被恶意和仇恨蒙住眼睛，即使具有敏锐的观察力，也只能见到表面的东西；而只有当敏锐的观察力同善意和爱相结合，才能探到人心和社会的深处，才能真正弘扬正义。

以下哪项可以从上述论断中必然地推出？（　　）

  A. 时下网上的言论大都只触及人心和社会表面的东西

  B. 没有敏锐的观察力不可能真正弘扬正义

  C. 善意和爱相结合就能探知人心和社会的深处

  D. 被恶意和仇恨蒙住眼睛就不能具有敏锐的观察力

12. 如果学校的财务部门没有人上班，我们的支票就不能入账。而由于我们的支票不能入账，学校的财务部门就没有人上班。

下列哪项与上句的推理结构最为相似？（　　）

  A. 如果太阳神队主场是在雨中与对手激战，就一定会赢。现在太阳神队主场输了，看来一定不是在雨中进行的比赛

  B. 如果太阳晒得很厉害，李明就不会去游泳。今天太阳晒得果然很厉害，因此可以断定，李明一定没有去游泳

  C. 倘若是妈妈做的菜，菜里面就一定会放红辣椒。菜里面果然有红辣椒，看来是妈妈做的菜

  D. 所有的学生都可以参加这一次的决赛，除非没有通过资格赛的测试。这个学生不能参加决赛，因此他一定没有通过资格赛的测试

13. 某生产企业想要获得更高的利润，要么改进生产工艺提升产品品质，要么压缩生产成本。该企业压缩了生产成本，获得了更多利润，那么该企业一定没有改进生

产工艺。

下列选项中的逻辑推断方式与题干最为相似的是（　　）。

    A. 企业为规范员工行为，加大违纪处罚力度或是提高员工个人素质都是可行的。如果一个企业的员工素质普遍都很高，那么就没必要建立严格的违纪处罚制度

    B. 要扩大市场占有率，不仅要加大广告投入，还要提高生产合格率，如果市场占有率降低，可能是因为广告效果不理想

    C. 货币汇率的影响因素一是经济增长速度的变化，二是经济规模比重的变化，所以汇率长期升值是经济长期增长造成的

    D. 低碳消费可以提高资源利用率，还可以真正实现节能减排，低碳消费不但是个人行为，更应该是社会共同行为

14. 许多成功的演员都是表演系专业毕业的。也有很多演员是草根出身，通过一些机遇走上了演艺之路。但没有一个不努力提升自己演艺水平的演员能够获得成功。

如果以上陈述为真，那么以下选项一定为真的是（　　）。

    A. 非草根出身的演员会不努力提升自己的演艺水平

    B. 所有不成功的演员都不努力去提升自己的演艺水平

    C. 演员越努力提升自己的演艺水平就越可能获得成功

    D. 表演系专业毕业的演员会努力提升自己演艺水平

15. 某位记者说："金钱和幸福是人们苦苦追求的。但是，一个人有钱并不意味着他一定幸福。而一个人幸福也不意味着他一定有钱。我采访过的人中，有的人有钱，有的人幸福，多数人并不同时具备这两者。"

若该记者所述为真，关于他所采访的人，哪项陈述一定为真？（　　）

    A. 只有少数人既有钱又幸福　　　　B. 有钱人比幸福的人要多

    C. 幸福的人比有钱的人更多些　　　D. 有的人既没钱，又不幸福

第五节 真假推理

真假推理是题干给出几句话，然后指出这几句话中真假话的数量，据此要求考生回答题目提出的问题。真假推理出题形式相对比较常规，题目难度中等。

真假推理解题步骤：一是确定题目为几真几假；二是寻找条件中的矛盾/反对关系；三是通过技巧得到确定信息；四是推导得出结论。主要有以下几种表现形式。

1. 矛盾关系：

A 与非 A；

所有的 S 都是 P 和有的 S 不是 P；

所有的 S 都不是 P 和有的 S 是 P。

2. 反对关系：

上反对："所有的 S 都是 P" 和 "所有的 S 都不是 P" 是上反对关系，两者不能同真，必有一假；

下反对："有的 S 是 P" 和 "有的 S 不是 P" 是下反对关系，两者不能同假，必有一真。

3. 从属关系：

所有的 S 都是 P→某个 S 是 P→有的 S 是 P；

所有的 S 都不是 P→某个 S 不是 P→有的 S 不是 P。

1. 某大学哲学系三年级本科生参加了一次国家英语六级考试。关于考试情况，四位同学做出了如下猜测。

甲：所有同学都及格了。

乙：小张没有及格。

丙：肯定不会全部同学都及格。

丁：也不会所有同学都不及格。

如果只有一位同学猜错了，则下列（　　）项为真。

A. 甲猜错了，小张及格了　　　　B. 甲猜错了，小张没有及格

C. 乙猜错了，小张及格了　　　　D. 丙猜错了，小张及格了

2. 某舞会上有32位嘉宾：①有嘉宾会跳交谊舞；②有嘉宾不会跳交谊舞；③嘉宾中有1人不会跳交谊舞。如果这三个命题中只有一个是真的，则下列正确表示该舞会上会跳交谊舞人数的是（　　）。

A. 32人都会跳交谊舞　　　　　　B. 32人都不会跳交谊舞

C. 仅1人会跳交谊舞　　　　　　D. 不能确定

3. 在超市里有四个存物柜，打开柜子后发现，第一个柜子里写着"所有的柜子里都装着购物袋"，第二个柜子里写着"本柜子中有购物礼品"，第三个柜子里写着"本柜子里没有食品"，第四个柜子里写着"有些柜子里没有购物袋"。

如果只有一个柜子里的描述是真的，以下肯定为真的是（　　）。

A. 所有的柜子里都有购物袋　　　B. 所有的柜子里都没有购物袋

C. 所有的柜子里都没有购物礼品　D. 第三个柜子里有食品

4. 有三个外表相同的蛋，有生有熟。兄弟三人经过一番观察和分析。老大说："我觉得第一个蛋是生的，第三个蛋是熟的。"老二说："我认为第二个和第三个蛋都是熟的。"老三说："据我分析，第一个蛋是生的，第二个蛋和第三个蛋之中有一生一熟。"结果每人都猜对一半。

由此推断，下列一定为真的是（　　）。

A. 三个蛋全是熟的　　　　　　　B. 三个蛋全是生的

C. 仅有第二个蛋是熟的　　　　　D. 仅有第二个蛋是生的

5. 在一次对A和B两个品牌食品的抽样检查后，甲、乙、丙三名检查人员在讨论检查情况。

甲：A和B两个品牌没有质量问题。

乙：有品牌存在质量问题。

丙：所有品牌都不存在质量问题。

如果上述三个结论只有一个正确，则以下选项一定为真的是（　　）。

A. A和B至少有一个品牌存在质量问题

B. A品牌和B品牌都没有质量问题

C. A品牌有质量问题

D. 所有品牌都存在质量问题

6. 某校学术委员会开会讨论新一轮的重点学科建设规划。王教授主张：既要重点

建设教育科学，也要建设自然地理学；赵教授提出：只有重点建设计算机信息工程，才能建设自然地理学；李教授认为：如果要重点建设教育科学和自然地理学，那么也要建设计算机信息工程。经过充分讨论，在上述三位教授的意见中，学术委员会最后只采纳了其中一位的意见。

根据以上陈述，下列哪项符合学术委员会的决定？（　　）

A. 重点建设计算机信息工程和自然地理学，但是不建设教育科学

B. 重点建设教育科学和计算机信息工程，但是不建设自然地理学

C. 重点建设计算机信息工程，但是不建设教育科学和自然地理学

D. 重点建设自然地理学和教育科学，但是不建设计算机信息工程

7. 某部门要外派员工参加一项会议。部门领导对此展开了以下讨论：

甲：此次会议非常重要，建议派部门全部员工参加。

乙：如果派老陈外出参会，建议让老张留在单位主持工作。

丙：老陈在这次会议中需要发言，一定要参加。

丁：单位工作需要正常开展，部门需要有人员留守。

已知上述四人中只有一个人的建议没有被采纳，则可以推出（　　）。

A. 甲的建议没有被采纳，老张没有参加此次会议

B. 乙的建议没有被采纳，老陈和老张都去参加了此次会议

C. 丙的建议没有被采纳，老陈没有参加此次会议

D. 丁的建议没有被采纳，部门全部员工都参加了此次会议

8. 冬季来临，某社区的志愿者组织了一场为留守儿童送温暖的义捐活动，在众多义捐物品中，有两床棉被的捐赠者没有留下姓名。根据工作人员回忆，可以断定是小张、小郑、小胡、小黄中的两个人捐的。面对询问，四个人分别说了一句话。小张说："不是我捐的。"小黄说："是小胡捐的。"小郑说："是小黄捐的。"小胡说："我没有捐。"

如果这四个人中，两个人说的是假话，两个人说的是真话，那么以下可能为真的是（　　）。

A. 如果小黄是捐赠者，那么小张就不是捐赠者

B. 如果捐赠者不是小张，那就一定是小黄

C. 捐赠棉被的是小郑和小胡

D. 捐赠棉被的是小郑和小黄

9. 某慈善组织号召企业向受暴雨袭击的某地区捐赠帐篷。某地区为表达感谢向该慈善组织询问是哪些企业进行了捐赠。经调查，了解到以下情况：①甲、乙、丙、丁四家企业都没有捐赠；②丁企业没有捐赠；③乙企业和丁企业至少有一家企业没有捐

赠；④四家企业中确有企业捐赠。后来得知上述四种情况两种为真，两种为假。

由此可以推出（　　）。

A. 甲企业没有进行捐赠　　　B. 乙企业进行了捐赠

C. 丙企业没有进行捐赠　　　D. 丁企业进行了捐赠

10. 甲乙丙丁4人玩猜硬币游戏，其中只有一人的手中有硬币。甲说："硬币不在丙手里。"乙说："硬币在甲手里或者在丙手里。"丙说："硬币在我手里。"丁说："硬币在乙手里。"

若四人之间只有一个人说的是真话，那么硬币在谁的手里？（　　）

A. 甲　　　B. 乙　　　C. 丙　　　D. 丁

第六节　分析推理

分析推理题型是一种常见的题型，此类试题题干中会给出若干个主体和不同的信息，要求考生根据题干给出的关系，实现主体和信息的匹配。常用解题方法有代入法、排除法、列表法等。

看下列材料，回答1~2题。

某医院安排甲、乙、丙、丁、戊、己6位医生在大年初一、初二、初三值班，每天需要2人值班，每个人只能安排值班一天。具体安排要满足以下条件：

①如果甲在初一值班，那么乙和丁都在初二值班；

②如果己不在初三值班，那么戊在初二值班；

③如果丙在初二值班，那么丁不在初二值班；

④丙和戊至少有一人不在初二值班。

1. 如果丙在初二值班，则可以推出（　　）。

A. 己在初三值班　　　B. 乙在初一值班

C. 戊在初三值班　　　D. 乙在初三值班

2. 如果甲和丁在同一天值班，且乙在初二值班，则可以推出（   ）。

  A. 戊在初三值班   B. 丁在初二值班

  C. 己在初二值班   D. 丙在初一值班

3. 某医院护士小娟从抗疫前线胜利归来，单位同事小红、小丽和小明三人结伴来看望她。他们送给小娟一束鲜花及一些慰问品。小娟问："这些礼物是谁买的？"

  小红说："我没有买，小丽也没有买。"

  小丽说："我没有买，小明也没有买。"

  小明说："我没有买，是她们两人共同买的。"

  后来小娟得知，他们三人每人说的话都是一半对，一半错。

  根据上述信息，可以得出以下哪项？（   ）

  A. 礼物是小红买的   B. 礼物是小丽买的

  C. 礼物是小明买的   D. 礼物是三人共同买的

4. 小天、小亮和小星三位小朋友分别居住在三个不同但相邻的行政村。这三个行政村是王村、李村和江村。一天，三位小朋友一块儿在王村的晒场上玩耍时，走来一位陌生人，问他们各自是哪个村的。

  小天说："小亮是李村的，或者是江村的。"

  小亮说："小星是王村的。"

  事实上，小星也说了话，但三人中只有家在李村的小朋友说了真话。

  根据以上信息可以得出，小天、小亮、小星三人居住的行政村分别是（   ）。

  A. 王村、李村、江村   B. 王村、江村、李村

  C. 李村、江村、王村   D. 江村、王村、李村

5. 某公园今年别出心裁，将红莲、白莲和黄莲栽种在一起，组成一幅幅优美的图案，引得游人驻足观赏。每幅图案都是一个正六边形，由6个正三角形构成，每个三角形各栽种红、白、黄三种莲花中的一种。每个三角形与其他三角形要么相邻，要么相对，要么既不相邻又不相对。已知：①每种莲花均在六边形中出现两次，但彼此并不相邻；②栽种红莲的两个三角形中间只隔着一个三角形，这个三角形中栽种了黄莲。

  根据上述信息，可以得出以下哪项？（   ）

  A. 红莲与白莲相对   B. 红莲与黄莲相对

  C. 黄莲与白莲相对   D. 白莲与白莲相对

6. 为摸清青山乡的贫困状况，某调查组决定在该乡东坡村、南江村、西河村及北山村展开实地调查。调查组由张军、王刚、李伟、蒋松4位中年人与赵新、钱芳、朱海、程明4位青年人组成。为了方便调查，调查组决定两人一组，中青搭配，各选一

村展开调查，各组所调查的村落并不相同。因各人对青山乡贫困状况的了解差异，所以有如下情况：①张军选择去北山村，赵新选择去南江村；②东坡村和南江村，钱芳至少选择一个；③如果王刚去西河村，则朱海也去西河村；④如果钱芳去东坡村，则程明去西河村。

事实上，四村调查顺利展开，上述 8 人的选择也都得以实现。

根据上述信息，可以得出下列哪两人一定没有结伴调查？（　　）

  A. 张军和朱海   B. 王刚和程明

  C. 李伟和钱芳   D. 蒋松和赵新

7. 有三户人家，每家都有一个孩子，他们是：小花（女）、小芳（女）、小明（男）。孩子的爸爸是刘生、马峰、王强；妈妈是朱凤、陈静、郑婷。对于这三家人，已知：①王强和郑婷不是一家人；②马峰的女儿不是小芳；③刘生家和陈静家的孩子都参加了女子舞蹈培训班。

根据以上条件，可以推出（　　）。

  A. 刘生、朱凤和小花是一家   B. 王强、陈静和小芳是一家

  C. 刘生、郑婷和小芳是一家   D. 王强、郑婷和小明是一家

8. 某宿舍住着小华、小峰、小明、小刚和小强五名本科生，在确定学年论文指导老师时，他们将被分给张老师、王老师和李老师当中的一人。张老师只研究古代文学，王老师只研究词汇学和古文字学，李老师只研究句法学和词汇学。每位指导老师最多可指导两人，每位同学仅对所分配指导老师的一个研究方向感兴趣。已知：①小峰和小刚被分给了王老师；②小华被分给了李老师。

若每位同学都按照自己的兴趣被分配给了指导老师，则以下各项都是符合题干的陈述，除了（　　）。

  A. 小明对词汇学感兴趣，小强对古代文学感兴趣

  B. 小明对句法学感兴趣，小强对古代文学感兴趣

  C. 小明对古代文学感兴趣，小强对句法学感兴趣

  D. 小明对古代文学感兴趣，小强对古文字学感兴趣

9. 几位同事在小王家喝茶聊天。他们讨论正在喝的这种茶是什么茶。小刘说："不是龙井，不是碧螺春。"小赵说："不是龙井，是乌龙茶。"小李说："不是乌龙茶，是龙井。"最后，经小王确认，三人中有一人的判断完全正确，一个人只说对了一半，另外一个人则完全说错。

据此，可以推出（　　）。

  A. 小刘的判断完全正确，他们喝的是乌龙茶

B. 小赵的判断完全正确，他们喝的不是龙井

C. 小李的判断完全正确，他们喝的是龙井

D. 小李只说对了一半，他们喝的是碧螺春

10. 某部门新录用甲、乙、丙三名工作人员，他们各自的籍贯为江苏、安徽、浙江中的某个省。张红、李梅和王芹对他们的籍贯有如下猜测：

张红：甲是浙江人，乙是安徽人，丙也是浙江人；

李梅：甲是浙江人，乙是江苏人，丙不是江苏人；

王芹：甲是江苏人，乙是浙江人，丙也是江苏人。

已知，对甲、乙、丙的籍贯，上述三人均猜对1个，猜错2个。

根据以上信息，以下哪项是可能的？（　　）

A. 甲是江苏人，乙是安徽人，丙是浙江人

B. 甲是浙江人，乙是江苏人，丙是江苏人

C. 甲是安徽人，乙是浙江人，丙是江苏人

D. 甲是江苏人，乙是安徽人，丙是安徽人

第七节　直接推论型

精选真题

1. 《中国农村教育发展报告2017》显示，2016年全国乡村教学点有8.68万个，远不及1995年时19.36万个教学点的一半。

以下各项如果为真，不能解释上述情况的是（　　）。

A. 城镇化发展导致农村人口流失严重

B. 农村学校教师待遇差，师资力量弱

C. 许多农村学校难以为继，最终被撤并

D. 很多乡村教学点都搬到城市里了

2. 去年全年，某地区因驾驶员酒驾导致的交通事故数量是因驾驶员疲劳驾驶导致

的交通事故数量的 2 倍。因此，禁止疲劳驾驶方面作的宣传工作要比禁止酒驾方面作的宣传工作要好。

下列哪个问题的答案最能对上述结论做出评价？（　　）

A. 交通事故的数量是否与交通安全方面的宣传工作有直接关系？

B. 在下一个年度中，因疲劳驾驶而导致的交通事故数量是否会增加？

C. 是不是所有疲劳驾驶的驾驶员都会出交通事故？

D. 如果加大禁止酒驾的宣传力度，能在多大程度上降低酒驾导致的交通事故数量？

3. 一项研究发现，生活贫困能够导致人们的某种基因发生变化，这种基因能够增强负责应对恐慌的大脑区域活动，如杏仁核的活动增加会导致患上抑郁症的风险增加。同时，较低的社会经济状况与低水平的血清素之间也存在关联，进而增加抑郁症的患病风险。研究人员还发现，这种基因变化也会遗传给后代。

根据上述研究，可以得知（　　）。

A. 生活贫困会通过影响生理而对精神健康产生作用

B. 社会经济地位较高的人群患抑郁症的风险较低

C. 穷困阶层因基因的变化而使得贫穷和疾病多代延续

D. 杏仁核活动增强的同时，血清素水平降低

4. 独立电影也被称为独立制片电影。最初，独立电影只是好莱坞电影的专有名词，相对主流电影而言，它是由创作者自己筹资拍摄的低成本电影。这类电影的共同点在于创作者在摄制过程中拥有最高的创作操控权利。正因如此，独立电影常常呈现出比主流电影更加多元化的创作面貌。独立电影的核心始终是独立精神，不受制于商业机制，不以盈利为第一目的，以创作者的个人表达为主，追求创作的自主和自由。

根据以上文字，可以推出的是（　　）。

A. 只有好莱坞电影才能使用独立电影这一名词

B. 拍摄独立电影是创作者自己出钱，不需要投资方

C. 独立电影的主要体现为多元化，不需要考虑盈利

D. 在独立电影摄制过程中，创作者拥有创作操控权力

5. 在现代音乐制作领域中，音乐创作被冷落，取而代之的是音乐工业，它如同其他工业领域一样，强调的是标准化和一致性，彰显出流行音乐最典型的特征——朗朗上口的曲调、副歌以及标准化节奏（一节四拍）。

下列哪项最适合作为上文论述的结论？（　　）

A. 现代流行音乐的典型特征是由音乐工业的要求决定的

B. 音乐工业对标准化和一致性的要求与其他工业没有区别

C. 音乐创作在现代已经完全消失了

D. 流行音乐应该具备的典型特征包括朗朗上口的曲调、副歌以及标准化节奏（一节四拍）

6. 据介绍，北半球人口相对密集，燃烧化石燃料等人类活动不断增加碳排放量，因此北半球大气中的二氧化碳浓度在 2013 年已达到 400 mg/kg。相对来说，南半球人类活动较少，而南极洲更是人烟稀少，但即便如此，2017 年 6 月南极洲的二氧化碳浓度也达到了 400 mg/kg 这一标杆值。

根据以上信息，下列推论正确的是（　　）。

A. 人类活动对地球的影响已经深入到极地

B. 二氧化碳浓度升高对南极洲地貌有深远影响

C. 南极洲二氧化碳浓度不会再降到 400 mg/kg 以下

D. 北极的二氧化碳浓度在四五年前就远超南极

7. 随着农业结构战略性调整的深入推进，我国农业发展进入新阶段，生产经营方式发生重大变化。主要农产品生产逐渐向优势产区集中，生产主体和生产方式出现分化。粮、棉、油、糖等大宗农产品生产仍主要以分散的农户为主体，在国家补贴和价格政策的支持和引导下逐步向优势产区集中，产量稳步提高；瓜果、蔬菜、花卉等园艺产品和畜、禽等产品生产主体逐步向专业化、规模化农户集中，其集约化和设施化程度大幅度提高，技术水平快速提升，生产周期大大缩短。

根据这段文字，可以推出（　　）。

A. 生产经营方式发生重大变化导致我国农业发展进入新阶段

B. 主要农产品生产向优势产区集中，生产主体和生产方式出现分化，是农业结构战略性调整的结果

C. 当前及今后一定时期内，我国大宗农产品生产主要以分散的农户为主体

D. 瓜果、蔬菜、花卉等园艺产品和畜、禽等产品的生产技术水平快速提升，生产周期大大缩短

8. 在各种社会人际关系中，民族和宗教的关系特别重要。民族具有较长历史和较大稳定性、延续性，对社会生活时刻产生影响。宗教是属于深入内心、惯性极强的一种精神文化，往往处在民族文化的核心位置，并与民俗紧密相连。民族与宗教经常结合在一起，蕴藏着巨大的精神力量，也可以转化为巨大的物质力量。和谐的民族宗教关系能推进民族团结、社会和谐发展。反之，如果对民族和宗教的矛盾处置不当，则可能导致流血冲突与战争，甚至国家分崩离析。可以说，没有民族和宗教的和谐，便

没有全社会的和谐；促进民族和宗教的和谐，乃是构建和谐社会必不可少的重要工作。

根据这段文字，可以推出（　　）。

A. 民族和宗教关系是各种人际关系中最为复杂的关系

B. 民族和宗教结合起来，可以产生巨大的精神力量和物质力量

C. 时刻对社会生活发生影响的只有民族关系

D. 宗教是民族文化的核心

9. 中国要真正成为世界大国中的执牛耳者，首先就要向海洋要发展空间。翻看历史上所有的大国崛起历程，无不是在浩瀚的海洋中完成自我蜕变的。然而作为当今世界的超级大国之一的美国，却始终打着自己的"小九九"。美国不能容忍一个意识形态和自己不同的国家崛起于太平洋的另外一端，从而取代自己积累两百年的霸主地位。在现实中，美国和某些国家联合起来，创造出旨在围堵中国的"太平洋岛链"，这成了中国暂时难以摆脱的海路桎梏。

根据这段文字，无法推出的是（　　）。

A. 发展海洋空间对中国具有重要意义

B. 美国和中国的意识形态完全不同

C. 美国的全球地位有利于中国的发展

D. 美国的"小九九"就是阻碍中国的发展

10. 从某种意义上说，公开发表论文的确是个人研究水平的一种证明。20世纪有人主张把发表论文列为职称评审的依据之一，初衷固然不错。此制度在一段时期内也确实有积极作用。但是，旧的制度不可能永远管用，新的体系必须随着现实情况的变化而建立，否则我们就得为因循守旧付出代价。

根据这段文字，不能推出的是（　　）。

A. 论文发表是个人科研能力的证明

B. 我国现行的职称评审制度需要改革

C. 我国职称评审条件之一是要发表论文

D. 我国现行职称评审制度设计不合理

第五章 综合测试

综合测试一

一、图形推理

1. 从所给的四个选项中,选择最合适的一个填入问号处,使之呈现一定的规律性。(　　)

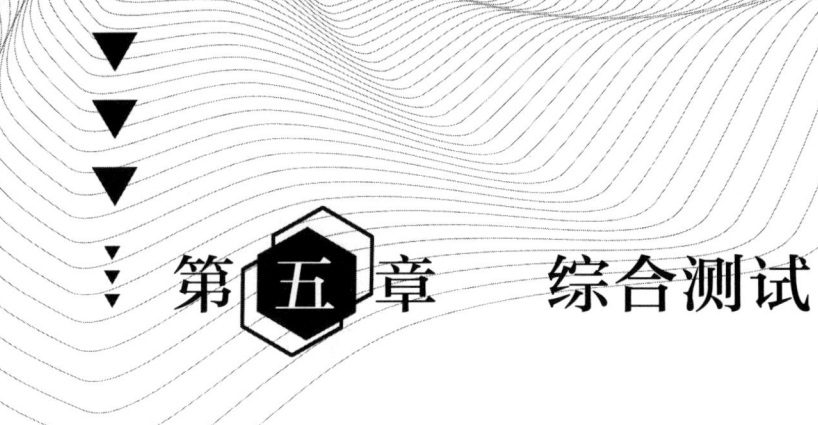

2. 把下面的六个图形分为两类,使每一组图形都有各自的共同特征或规律,分类正确的一项是(　　)。

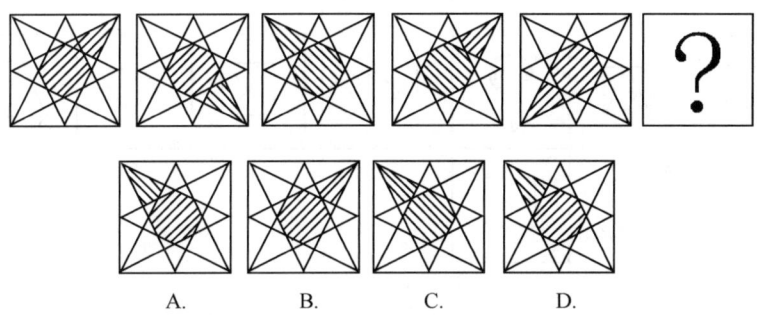

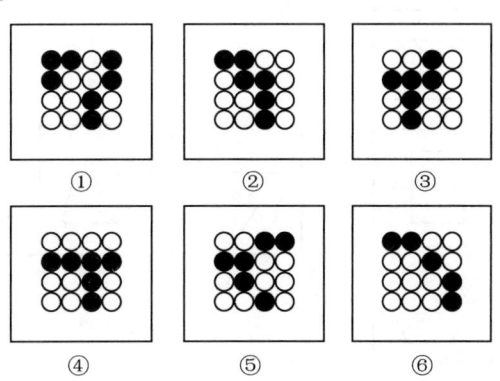

A.①②③;④⑤⑥　　　　　　　　B.①②⑥;③④⑤
C.①②④;③⑤⑥　　　　　　　　D.①④⑥;②③⑤

3. 从所给的四个选项中，选择最合适的一个填入问号处，使之呈现一定的规律性。（ ）

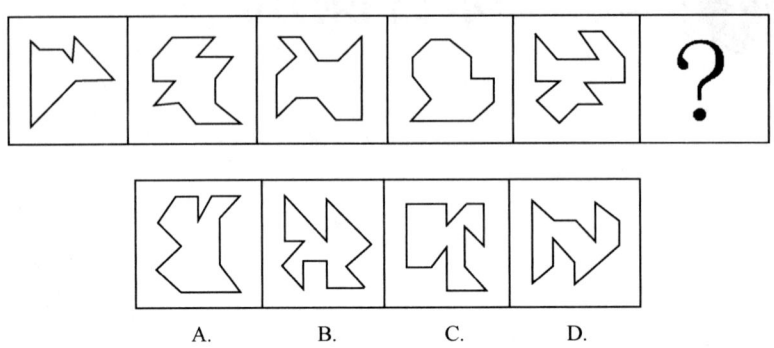

4. 从所给的四个选项中，选择最合适的一个填入问号处，使之呈现一定的规律性。（ ）

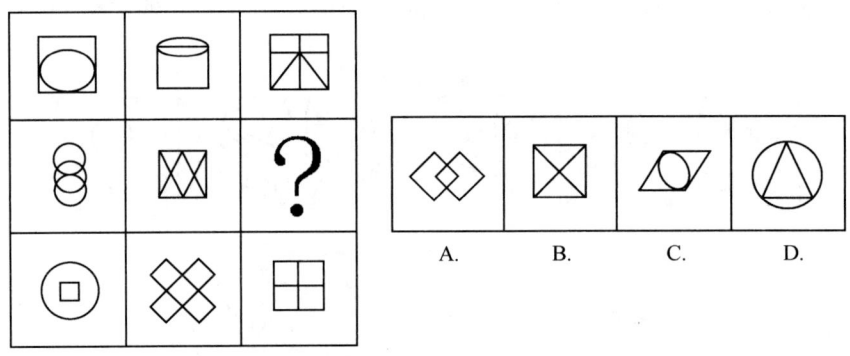

5. 从所给的四个选项中，选择最合适的一个填入问号处，使之呈现一定的规律性。（ ）

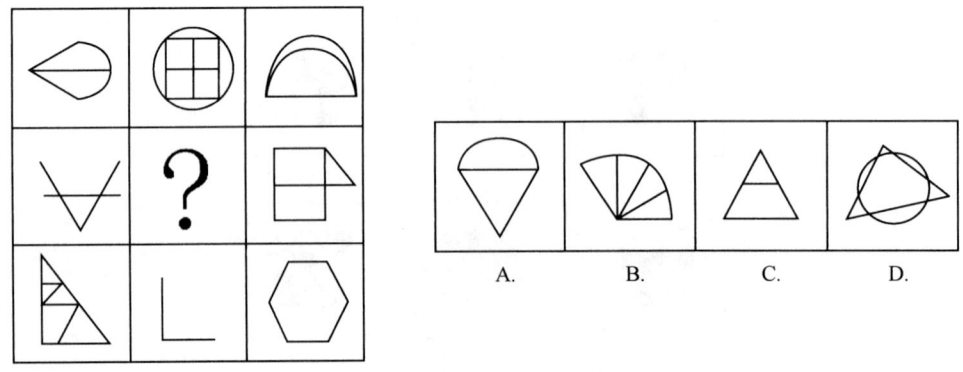

6. 把下面的六个图形分为两类，使每一类图形都有各自的共同特征或规律，分类正确的一项是（   ）。

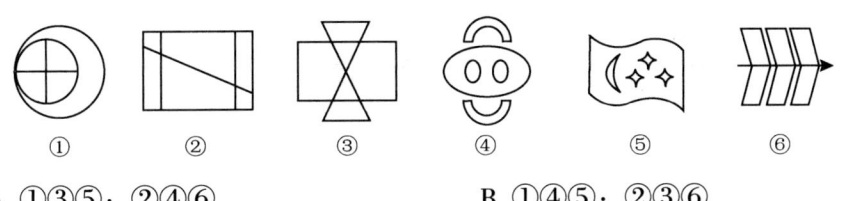

A. ①③⑤；②④⑥　　　　　　B. ①④⑤；②③⑥
C. ①⑤⑥；②③④　　　　　　D. ①②⑥；③④⑤

7. 从所给的四个选项中，选择最合适的一个填入问号处，使之呈现一定的规律性。（　　）

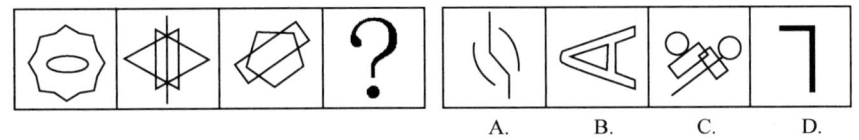

8. 从所给的四个选项中，选择最合适的一个填入问号处，使之呈现一定的规律性。（　　）

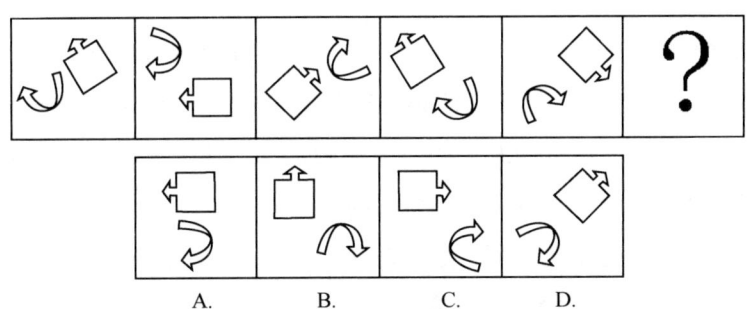

9. 下边四个选项中，只有一个是由上边的四个图形拼合（只能通过上、下、左、右平移）而成的，请把它找出来。（　　　　）

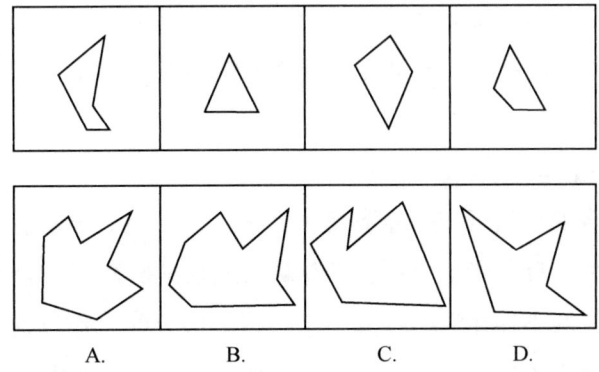

10. 左边给定的是纸盒外表面的展开图，A、B、C、D 哪一项能由它折叠而成？请把它找出来。（　　　　）

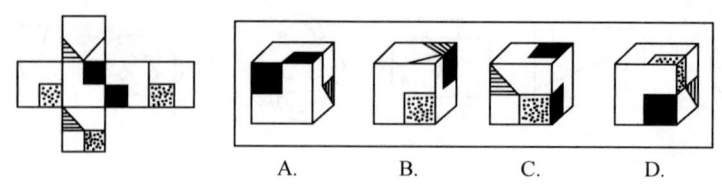

二、定义判断（请根据定义，从四个备选的事物或行为中选出一个最符合或最不符合该定义的典型事物或行为。定义被假定为正确的、不容置疑的）

11. 反对关系，是概念外延之间的一种逻辑关系，如果两个外延上具有全异关系的概念 A、B，都包含于同一属概念 C（上位概念），并且 A、B 两个概念的外延之和小于其属概念 C 的全部外延，则 A、B 两个概念间的关系就叫作反对关系。

根据上述定义，下列概念间具有反对关系的是（　　）。

A. 成年人与未成年人 　　B. 父与子
C. 机动车与自行车 　　　D. 国务院与行政机关

12. 信息传播，是个人、组织和团体通过符号和媒介交流信息，向其他个人或团体传递信息、观念、态度，以期发生相应变化的活动。媒介是指能使人与人、人与事物或事物与事物之间产生联系或发生关系的物质。

根据上述定义，下列体现信息传播的是（　　）。

A. 蜜蜂跳舞传递食物的位置信息
B. 爱迪生经历数千次失败后，最终发明了电灯
C. 地面建筑物有明显的晃动，预示着地震的来临
D. 学校通过校园广播每天播报最新时讯，帮助学生了解社会发展动态

13. 人才逆流动，是指原本在知名大城市工作的专业人士，主动选择到中小城市工作的人才流动现象。

下列属于人才逆流动的是（　　）。

A. 小赵家乡的县城近年来经济发展迅猛，正在到处招聘有大城市工作背景的专业人才，反复考虑之后，小赵辞去北京某研究部门的工作回乡应聘
B. 高中毕业的小韩在深圳打拼多年，深感这里的工作机遇虽多，年收入也很可观，但竞争压力太大，有时力不从心，春节后他决定留在家乡创业
C. 小黄在天津某大学桥梁设计专业取得硕士学位后，来到女友所在的小城市找了一份不错的工作，他和女友都很开心

D. "80后"白领小李在上海的一家金融机构总部任职，几天前他决定跳槽到附近的一家保险公司，意外发现自己的这一决定与不少同事的选择不谋而合

14. 物权请求权，是指当物权受到侵害时，权利人可以请求侵害人返还原物，排除妨害，消除危险，修理、重作、更换或者恢复原状，请求损害赔偿的一种权利。

根据上述定义，下列不属于行使物权请求权的是（　　）。

　　A. 甲在乙的菜地周围建造别墅，导致乙的菜地终日不见阳光，乙要求甲拆除

　　B. 甲借了乙的笔记本电脑，在使用期间不慎将电脑主板损坏，乙要求甲修好后再返还

　　C. 乙的自行车不见了，乙发现甲骑的自行车与自己丢失的相似，乙要求甲返还自行车

　　D. 乙外出时赶上大雨，临时用了甲的雨伞，使用后雨伞损坏，甲要求乙赔偿

15. 知觉恒常性，是指当知觉条件在一定范围内改变时，人们对事物的知觉印象却可以保持相对稳定不变的特性，知觉恒常性包括形状、大小、明度、颜色和运动恒常性等多种。

根据上述定义，下列不能用知觉恒常性解释的是（　　）。

　　A. 从五层楼上看某个熟悉的人，并不觉得他比站在面前时矮

　　B. 将一匹黑布，一半置于亮处，一半置于暗处，虽然两半部分亮度存在差异，但个体仍认为它是一匹黑布

　　C. 一面红旗，不论在红光还是黄光照射下，人们都会认为它是红色的

　　D. 结婚三十年了，老吴觉得妻子还像年轻时一样美丽

16. 语音融合，是指在完全不自觉的情况下，频繁交流的两人口音逐渐趋同的现象。

下列属于语音融合的是（　　）。

　　A. 楼先生旅居海外多年，很少使用中文，更不用说家乡话了。一次晚宴上他遇到了一个老乡，一句"烂糊面"勾起了差不多早已忘光的乡音，两人用家乡话聊了整整一夜

　　B. 老张夫妇结婚十多年了，家里的饮食习惯已经分不清南北，就连张先生的东北腔也几乎失去了原先的味道，妻子的广东话听起来也变得怪怪的，女儿经常取笑他们是真正的"夫唱妇随"

　　C. 朱女士的汉语口语课深受留学生喜爱，不仅发音标准、语调柔美，还时不时地在课堂上讲一些有趣的小段子。不到半年时间，大多数学员能学着她的腔调进行日常会话了

D. 小黄来到南方某海滨小城工作后，每天坚持收看当地的方言电视节目，模仿播音员的发音。半年之后，她的语调、语气、用词，听起来就像一个土生土长的当地居民

17. 投射作用，是指个人将自己不喜欢或不被社会所接受的冲动欲望、思想观念、性格特点等转嫁到他人身上，认为他人也具有这样的冲动和行为。

根据上述定义，下列符合投射作用的是（　　）。

A. 老张很固执，但他总认为其他人比自己更加固执
B. 小王经常担心家里没人的时候会被盗
C. 李老师工作繁重，他认为其他老师的情况也和自己一样
D. 作战时后退了 50 步的逃兵讥笑后退了 100 步的逃兵胆小怕死

18. 禀褒效应，是指当个体一旦拥有某项物品、奖励或者荣誉之后，那么他对该物品、奖励或者荣誉的价值评价要比未拥有之前明显提高。

根据上述定义，下列哪项属于禀褒效应？（　　）

A. 小李花了 150 万元买了一套精装修的房屋，尽管小区房价在降，但他觉得自己的房子结构合理、聚气、交通方便，至少值 200 万元
B. 小唐经过精心挑选购买了 4 只基金，但是自从他买入后，这几只基金在很长一段时间不停地下跌，而他坚信这些基金一定会大涨并获得超值回报
C. 小王的同学赵某的论文在某次国际会议上获奖，小王逢人便说，这个国际会议奖项的国际认可度极高，能够获得该奖非常不容易
D. 由于工作成绩突出，公司奖励给小陈一块价值 10 万元的定制金表，同事愿意出价 15 万元收藏，但是小陈毫不犹豫地拒绝了

19. 双趋冲突，是指两种对个体都具有吸引力的需要目标同时出现，而由于条件限制，个体无法同时采取两种行动所表现出的动机冲突。

根据以上定义，下列属于双趋冲突的是（　　）。

A. 后有追兵，前遇大河
B. 是否将病情告诉身患癌症的病人
C. 鱼与熊掌不可兼得
D. 樱桃好吃树难栽

20. 创造过程中的类比包括直接类比和拟人类比。直接类比是指从自然界的现象中或人类社会已有的发明成果中寻找与创造对象相类似的事物，并通过比较启发出创造性设想的一种方法；拟人类比是指把创造发明的对象人格化，假如自己是该对象时，在该种情况下会怎样做的一种方法。

根据上述定义，下列属于直接类比的是（　　）。

A. 为了更好地统治百姓，古代帝王号称"真龙天子"，并把龙的图案绣在衣

服和旗帜上

B. 模仿沙丘的形状改进飞机发动机的燃烧器，发明了沙丘驻涡火焰稳定器

C. 模拟人的动作设计机械人

D. 用拳头表示努力加油

三、类比推理（每道题先给出一组相关的词，要求在备选答案中找出一组与之在逻辑关系上最为贴近、相似或匹配的词）

21. 警察：政府机关

    A. 教师：学校　　　　　　　　B. 学生：教育

    C. 护士：医生　　　　　　　　D. 司机：出租车

22. 无人配送：货物

    A. 视频聊天：手机　　　　　　B. 人工智能：软件

    C. 智慧物流：快递　　　　　　D. 移动支付：货币

23. 计算机：办公

    A. 睡觉：床　　　　　　　　　B. 船舶：运输

    C. 厨房：抽油烟机　　　　　　D. 通信：电话

24. 磨洋工：懒散拖沓

    A. 半瓶醋：一知半解　　　　　B. 传声筒：毫无主见

    C. 挤牙膏：一毛不拔　　　　　D. 敲边鼓：从旁助攻

25. 百折不挠：坚忍不拔

    A. 一鼓作气：一蹴而就　　　　B. 熟视无睹：有目共睹

    C. 粉身碎骨：灰飞烟灭　　　　D. 跋山涉水：翻山越岭

26. 孑孓：蚊子

    A. 树苗：杨树　　　　　　　　B. 羊羔：绵羊

    C. 蝌蚪：青蛙　　　　　　　　D. 麦种：小麦

27. 箴言：劝诫

    A. 名言：讽刺　　　　　　　　B. 宣言：委婉

    C. 直言：坦率　　　　　　　　D. 失言：有意

28. 辞旧迎新：古往今来

    A. 改朝换代：大同小异　　　　B. 避实击虚：沉思默想

    C. 丰功伟绩：拆东补西　　　　D. 厚古薄今：避繁就简

29. 点唱机：歌曲：歌厅

A. X光机：胸片：病房　　　　　B. 验钞机：钞票：银行
C. 打卡机：考勤：公司　　　　　D. 幻灯机：影片：影院

30. 何首乌　对于　（　　）　相当于　（　　）　对于　星座
    A. 山药　北斗七星　　　　　　B. 淀粉　恒星
    C. 中药　大熊座　　　　　　　D. 植物　天文学

四、逻辑判断（每道题给出一段陈述，这段陈述被假设是正确的。要求根据这段陈述，选择一个答案）

31. 随着社会经济的快速发展，很多现代化都市高楼林立，变成了钢铁水泥的森林。但欧洲某著名城市几乎没有一座高楼大厦。某游客在游览时了解到该城市仅有10万人，由此他认为，人口稀少、需求不旺是这座城市不建高楼大厦的主要原因。

    以下哪项如果为真，最能质疑上述游客的观点？（　　）
    A. 许多住在老城区的社会精英都想住进现代化高楼
    B. 该城市已经规划3年内建造一座高层地标性建筑
    C. 该城市规定一般建筑物的高度不得超过当地教堂
    D. 该地区人口近百万的其他城市也大都没有高楼大厦

32. 自由基是导致人体衰老的罪魁祸首，它能攻入对细胞起保护作用的细胞膜并破坏细胞中的DNA，让细胞加速老化。而维生素C和维生素E等抗氧化剂能够抵抗自由基，保护细胞免受自由基侵袭。因此有人主张，人们应当额外补充维生素C和维生素E。

    以下哪项如果为真，不能反驳上述观点？（　　）
    A. 维生素C和维生素E补充过量会使身体的免疫力下降
    B. 避免紫外线过度照射是控制自由基数量的有效方法
    C. 维生素C和维生素E对自由基的抵抗能力十分有限
    D. 细胞需要在自由基的帮助下形成自身的修复系统

33. 若干名学生围坐在一张圆桌边，其中1名学生是海南人，2名学生南方人，1名学生是长春人，2名学生只对绘画感兴趣，3名学生只对唱歌感兴趣。

    若上述介绍涉及所有学生，则下列关于学生人数的推断，正确的是（　　）。
    A. 最少可能是3人，最多可能是8人
    B. 最少可能是5人，最多可能是8人
    C. 最少可能是5人，最多可能是9人
    D. 最少可能是3人，最多可能是9人

34. 一份对北方山区先天性精神分裂症患者的调查显示，大部分患者都出生在冬季。专家们指出，其原因很可能是那些临产的孕妇营养不良。因为在一年最寒冷的季节中，人们很难买到新鲜食品。

下列哪项如果为真，最能支持题干中专家的结论？（　　）

　　A. 在精神分裂症患者中，先天性患者只占很小的比例

　　B. 虽然是山区，但被调查对象的家庭，大都经济条件良好

　　C. 新鲜食品与腌制食品中营养成分对大脑发育影响相同

　　D. 引起精神分裂症相关的大脑区域的发育，大部分发生在出生前1个月

35. 某单位计划派小李驻村挂职锻炼。已知驻村干部必须同时满足以下条件中的两项：①会讲当地方言；②有经济专业背景；③有两年以上基层工作经验。

以下哪项如果为真，可以得出"小李必然不能参加挂职锻炼"的结论？（　　）

　　A. 小李在基层工作过两年，但他要么不会讲方言，要么不是经济专业的

　　B. 小李没在基层工作过，如果小李是经济专业的，那么他不会讲当地方言

　　C. 小李会讲当地方言，而且或者是经济专业，或者在基层工作过两年

　　D. 小李不是经济专业的，而且他可能在基层工作过两年

36. 小葵根据某美食点评App的高分榜推荐，光顾了三家餐厅，其菜肴都非常美味，小葵认为，下次和朋友聚餐也可以选择该App的上榜餐厅，其菜品一定不会让人失望。

下列选项如果为真，不能削弱上述论断的是（　　）。

　　A. 该App中的餐厅得分是根据餐厅环境、用餐服务和菜肴口味三个方面综合评价得出的

　　B. 和朋友聚会通常会选择位于热闹商圈的餐厅

　　C. 该App中有相当数量的餐厅为了排名靠前，存在刷好评、刷高分的现象

　　D. 小葵光顾过的三家上榜餐厅恰好是她喜爱的广西菜餐厅

37. H市在公共场所中的每一块绿地都配备了垃圾桶。这些垃圾桶或者标有"可回收垃圾"或者标有"不可回收垃圾"。

如果上述陈述为真，则下列哪项一定为真？（　　）

Ⅰ. H市公共场所配备的垃圾桶上有的标有"可回收垃圾"；

Ⅱ. 如果H市有一块绿地没有配备垃圾桶，那么该绿地不属于公共场所；

Ⅲ. 如果H市某块绿地配备了标有"不可回收垃圾"的垃圾桶，那么它属于公共场所。

　　A. 只有Ⅰ　　　　B. 只有Ⅱ　　　　C. 只有Ⅲ　　　　D. Ⅰ和Ⅱ

38. 大学生热衷于考证,原因是便于就业,多一个证便多一个找到相对满意工作的机会。这也说明了人才市场的某种需求的取向已经给大学生注入了无声的动力。那么大学生逢证必考,反映出来的仍然是大学生群体性就业的焦虑。

根据这段文字,可以推出的是(   )。

A. 大学生考证越多,越容易找到好工作

B. 大学生考证越多,越说明其市场需求大

C. 大学生逢证必考,反映了其就业的焦虑

D. 大学生热衷考证,主要证明其为考证达人

39. 国家统计局到某单位开展反腐倡廉公众满意度调查,该单位包括局长在内共有 373 名员工。有关这 373 名员工,以下三个断定中只有一个是真的:①有人满意;②有人不满意;③局长不满意。

根据这段文字,以下为真的是(   )。

A. 373 名员工都满意　　　　　　B. 373 名员工都不满意

C. 有 1 名员工不满意　　　　　　D. 无法确定该单位满意人数

40. 一项研究显示,与四壁白墙或只能看见其他建筑物的教室相比,那些能看见自然风景的教室可以帮助高中生提高 13% 的注意力,自我解压的能力也相应提高。研究者据此认为,窗外的自然风景不但不会令人分心,反而有助于提高学习成绩。

上述结论如果成立,需要基于以下哪一个前提?(   )

A. 高中生很容易被其他事物分散注意力

B. 注意力集中对学习成提高有关键影响

C. 自我解压能力与注意力集中程度有正相关关系

D. 传统观念认为四壁白墙的教室更有利于学习

综合测试二

一、图形推理

1. 从所给的四个选项中,选择最恰当的一个填入问号处,使之呈现一定的规律性。(   )

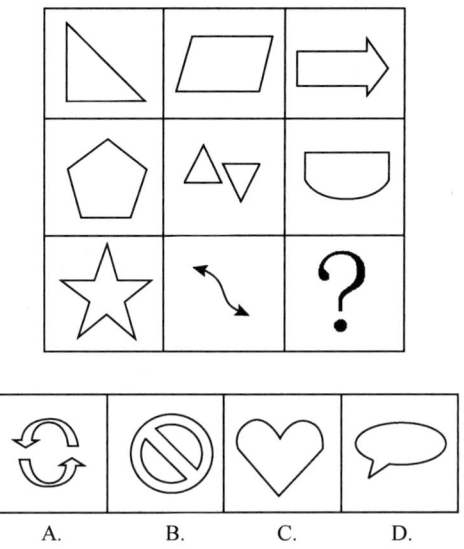

2. 从所给的四个选项中，选择最恰当的一个填入问号处，使之呈现一定的规律性。（ ）

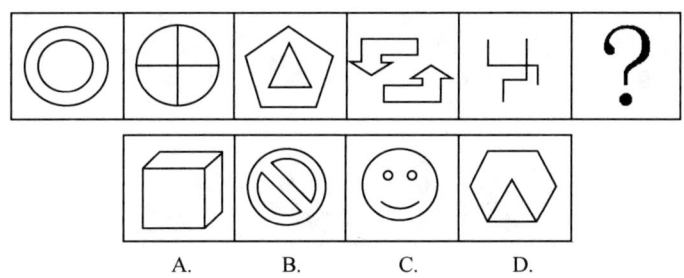

3. 从所给的四个选项中，选择最恰当的一个填入问号处，使之呈现一定的规律性。（ ）

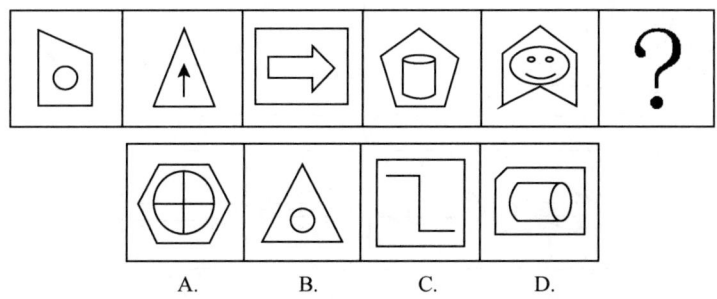

4. 从所给的四个选项中，选择最恰当的一个填入问号处，使之呈现一定的规律性。（ ）

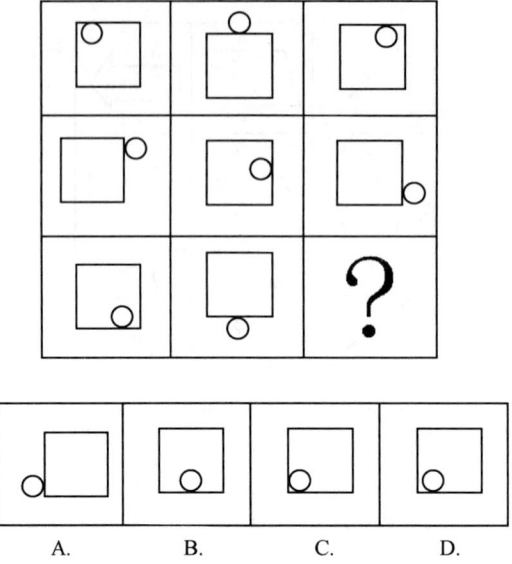

5. 从所给的四个选项中，选择最恰当的一个填入问号处，使之呈现一定的规律性。（　　）

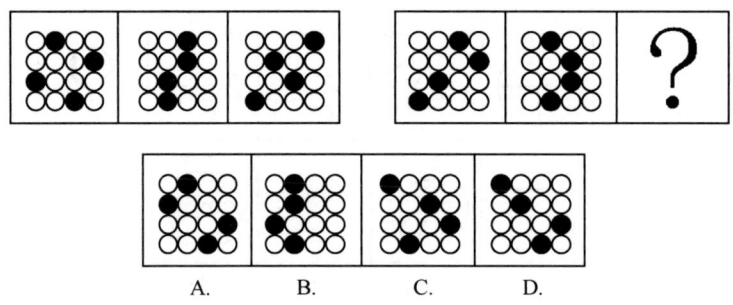

6. 从所给的四个选项中，选择最恰当的一个填入问号处，使之呈现一定的规律性。（　　）

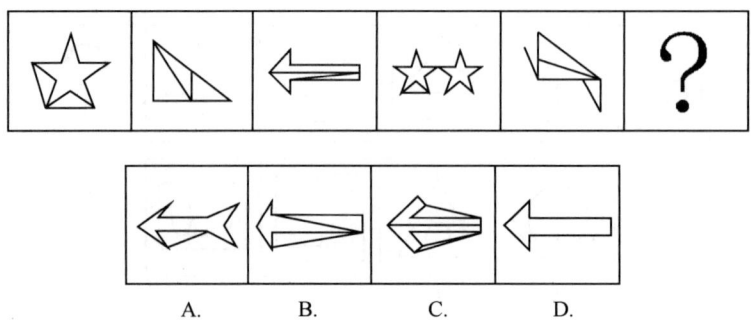

7. 从所给的四个选项中，选择最恰当的一个填入问号处，使之呈现一定的规律性。（　　）

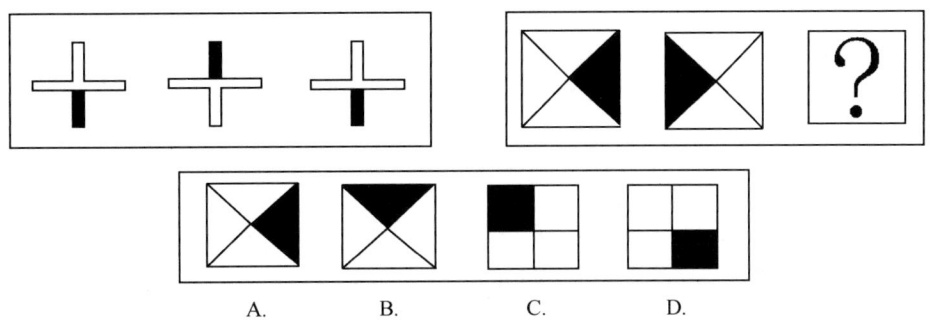

8. 从所给的四个选项中，选择最恰当的一个填入问号处，使之呈现一定的规律性。（ ）

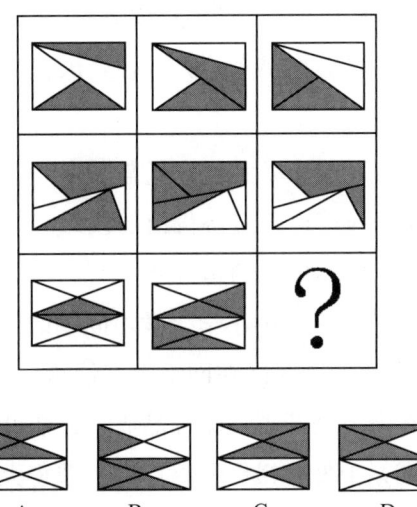

9. 从所给的四个选项中，选择最恰当的一个填入问号处，使之呈现一定的规律性。（ ）

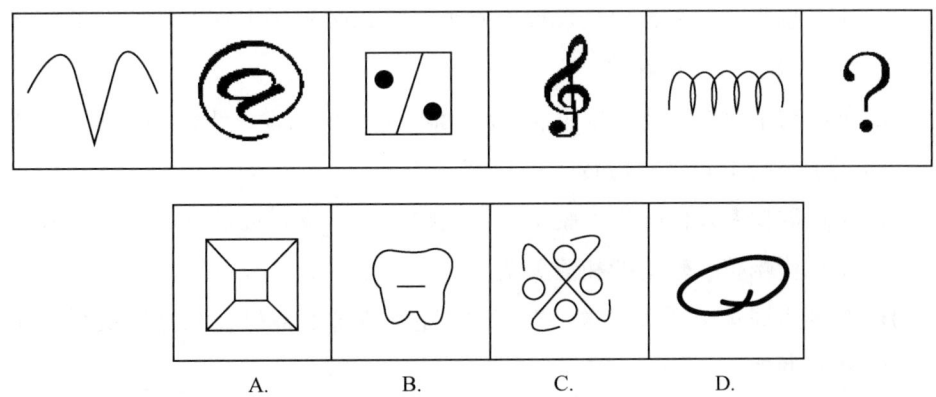

10. 下列选项中，和题干所给图形是同一个的是（   ）。

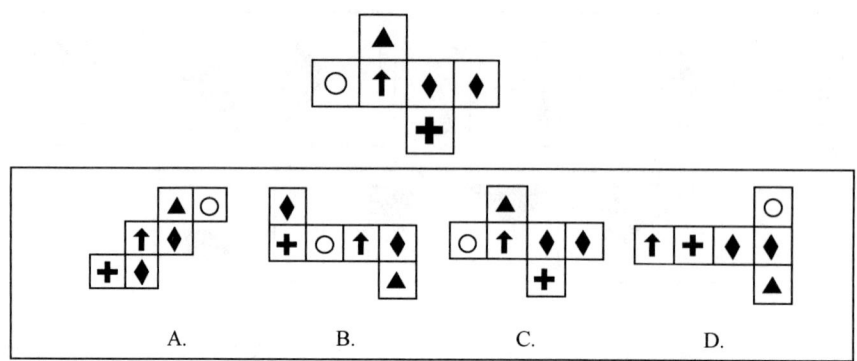

二、定义判断（请根据定义，从四个备选的事物或行为中选出一个最符合或最不符合该定义的典型事物或行为。定义被假定为正确的）

11. 威客模式，是指一些人在互联网上通过解决科学、技术、工作、生活、学习中的问题从而让知识、经验、技能产生经济价值的模式。

根据上述定义，下列属于威客模式的是（　　）。

A. 高校学生建立的免费回答中小学生学习问题的网站

B. 某 IT 技术人员利用业余时间在网络上有偿给他人远程修电脑

C. 某大学毕业生在淘宝网开了一家饰品店，很快就盈利了

D. 某摄影师在其网站上发布摄影器材广告，获得大量收入

12. 强行搭售是指经营者出售商品或者提供服务时，违背对方的意愿，强行搭售其他商品的行为。

根据上述定义，下列属于强行搭售的是（　　）。

A. 小崔想听一首歌，但是发现想要听完整的必须买下这首歌所在的整张专辑（该专辑包含 10 首歌）

B. 某购物平台在购物节推出满 300 元减 50 元的活动，于是小张为了凑单，购买了一些不必要的物品

C. 小琪欲找海外代购买一瓶香水，代购说除了支付商品本身的费用外还需要支付代购费、转运费和清关费

D. 某鞋店周年庆"买一送一"，顾客随意挑选两双鞋，只需要支付更贵的那双鞋的钱

13. 辩解，是指面对指责时承认自己的行为，并对行为进行解释和申辩，否认自己的行为是错误的。

根据以上定义，下面不属于辩解的是（　　）。

A. 花瓶打碎了，但小红坚持说不是自己碰的，事实上除了她没有人接近过花瓶

B. 某品牌汽车的刹车出现问题，厂商称是因为供货商的零件不合格导致

C. 某食品被曝光含有违禁添加剂，店家称这种添加剂对人体无害

D. 小强考试时被老师提醒不要东张西望，小强称自己是向邻桌借橡皮擦

14. 趋避冲突，是心理冲突的一种，指个体对于同一目标同时具有趋近和逃避的心态。这一目标可以满足个体的某些需求，但同时又会对个体构成某些威胁，从而使个体陷入进退两难的心理困境。

根据上述定义，下列不属于趋避冲突的是（　　）。

A. 小明想担任班干部锻炼能力，但又怕因此占用太多时间影响学习

B. 小红想吃美味的甜食，但想到吃甜食会使体重增加，感到很烦心

C. 小韩想通过打游戏来放松心情，却担心打游戏影响视力

D. 小刚想为自己的未来做一个最优规划，但选择很多，他反而非常纠结

15. 侵犯行为，简称侵犯，有时也称攻击行为，是指个体违反了社会主流规范的、有动机的、伤害他人的行为。

根据上述定义，以下属于侵犯行为的是（　　）。

A. 加州某大学一名博士生闯入办公室，用枪击伤自己的导师

B. 某中学语文教师批评没有按时完成暑假作业的学生

C. 在一场冰球比赛中，甲方队员在抢球过程中不小心撞伤乙方队员

D. 在经过李某同意的情况下，王某将李某的病中照片发到微信朋友圈

16. 集体福利，主要指企事业单位、公司、社会团体等组织为满足员工、成员的需要，依据国家有关规定对集体资产进行分配，或提供集体享用的福利性设施和服务。

根据上述定义，下面不属于集体福利的是（　　）。

A. 某学校工会为过生日的员工举行庆生会

B. 公司允许员工享受3天的带薪婚假

C. 某公司每天安排班车接送员工上下班

D. 某事业单位每年为职工发放一张购物卡

17. 危机下沉，是指年轻人面对本应在下一年龄段才会出现的问题时所产生的过度担忧。

根据上述定义，下列属于危机下沉的是（　　）。

A. 每当想起两年后即将开始的退休生活，老张心头就涌起一种莫名的失落和

焦虑

B. 小李刚刚考进江城大学,看到周边房价飙升,天天担心自己毕业后买不起房而无法安家

C. 小黄硕士毕业四五年了,至今还是单身,她担心自己再拖下去就很难找到合适的对象了

D. 小梁夫妇最近为女儿明年上小学的事儿愁得睡不着觉,因为买不起心仪名校的学区房

18. 中介后遗症,是指用户接受中介机构的服务后,个人信息被泄露到其他机构而长时间遭到骚扰的现象。

根据上述定义,下列属于中介后遗症的是（　　）。

A. 小陈在商场购买了一台空调,销售商把小陈的信息通报给了厂家。小陈多次接到询问安装时间及地点的电话,后来又经常接到空调使用情况的回访电话

B. 小蔡在某房地产开发公司买了一套住房,随后就经常接到装修公司询问是否需要家装的电话,小蔡暂时不打算装修,非常反感这些来电

C. 小张通过一家猎头公司找到了满意的工作,但接下来的几个月里每天还会接到一些来路不明的电话,向他推荐待遇优厚、时间灵活、任务轻松的工作

D. 老王挂号就医时遇到了自称认识名医的丁某,在找丁某推荐的名医看病后,病情未见好转,便不再理会丁某,也不再接丁某的骚扰电话

19. 列举分承,是两组或两组以上的并列项目前后照应、彼此衔接,具体程序是在叙述中,先提起二三件或更多的事项,然后按照前面提及的次序,对事项分别加以阐述。

根据上述定义,下列哪项运用了列举分承?（　　）

A. 我住长江头,君住长江尾。日日思君不见君,共饮长江水

B. 迢迢牵牛星,皎皎河汉女。纤纤擢素手,札札弄机杼

C. 山桃红花满山头,蜀江春水拍山流。花红易衰似郎意,水流无限似侬愁

D. 沧海月明珠有泪,蓝田日暖玉生烟。此情可待成追忆,只是当时已惘然

20. 心理学家马斯洛将人的需求像阶梯一样从低到高按层次分为五种,分别是生理需求、安全需求、爱和归属需求、尊重需求和自我实现需求。其中,尊重需求属于较高层次的需求,表现为希望获得成就、名声、地位、晋升机会或获得他人对自己的认可与尊重等。

根据上述定义，下列行为中最能体现尊重需求的是（　　）。

A. 小王在工作之余和关系好的同事一起打羽毛球

B. 小张为了能养家糊口每天拼命地努力工作赚钱

C. 小李为自己和家人都购买了人身意外伤害保险

D. 小刘对自己被评为年度优秀员工感到非常开心

三、类比推理（在备选答案中找出一组与之在逻辑关系上最为贴近、相似或匹配的词）

21. 语言：简洁

    A. 骨骼：清奇　　　　　　　　B. 想象：丰富

    C. 彷徨：徘徊　　　　　　　　D. 坦途：捷径

22. 锦鲤：吉祥物

    A. 信仰：文化　　　　　　　　B. 煤炭：能源

    C. 稀土：铊　　　　　　　　　D. 蜡烛：光明

23. 宾馆：客房

    A. 庄稼：小麦　　　　　　　　B. 战争：难民

    C. 书店：书籍　　　　　　　　D. 中国：唐人街

24. 咸菜烧豆腐：有言在先

    A. 和尚打伞：无法无天　　　　B. 老鼠钻书箱：咬文嚼字

    C. 桀犬吠尧：各为其主　　　　D. 徐庶进曹营：一言不发

25. 铁杵磨针：生生不息

    A. 闻鸡起舞：卷土重来　　　　B. 勤能补拙：咸鱼翻身

    C. 绳锯木断：水滴石穿　　　　D. 晨钟暮鼓：卧薪尝胆

26. 如履薄冰：谨慎

    A. 集腋成裘：节俭　　　　　　B. 卧薪尝胆：坚持

    C. 一尘不染：干净　　　　　　D. 经天纬地：高度

27. 网上购物：现金

    A. 高速铁路：钢铁　　　　　　B. 网络歌曲：光盘

    C. 电子政务：公文　　　　　　D. 电脑游戏：软件

28. 碘酒：红色：消毒

    A. 啤酒：畅饮：狂欢　　　　　B. 花生：饱满：油料

    C. 纸杯：白色：饮水　　　　　D. 菠菜：绿色：润肠

29. 偷换概念：逻辑谬误

    A. 山谷风：海陆风　　　　　　　B. 蔗糖溶解：物理变化

    C. 三角形：四边形　　　　　　　D. 调查方法：问卷调查

30. 阳刚　对于　（　　）　相当于　谦恭　对于　（　　）

    A. 男孩　女孩　　　　　　　　　B. 阴柔　倨傲

    C. 果敢　谦逊　　　　　　　　　D. 外表　内心

四、逻辑判断（每道题给出一段陈述，这段陈述被假设是正确的。要求根据这段陈述，选择一个答案）

31. 某国家森林公园中，4个山地大猩猩家族爆发了呼吸系统传染病。据调查，这4个家族的山地大猩猩与游览者的互动很紧密，它们经常与人近距离接触。所以，如果游览者与山地大猩猩保持10米以上的距离，那么感染呼吸系统传染病的山地大猩猩数量将会大大降低。

下列哪项陈述最好地总结了上述论证中的缺陷？（　　）

    A. 假设了游览者可能患有呼吸系统疾病

    B. 忽略了其他与人接触过的山地大猩猩家族没有爆发呼吸系统传染病的状况

    C. 忽视了不同地区的山地大猩猩发生呼吸系统传染病的症状是不一样的

    D. 暗含了与游览者的紧密互动导致了山地大猩猩爆发呼吸系统传染病

32. 科学家重建地球地质历史上的大气成分面临的难题之一就是缺少可用样品。近年来，不少人开始关注琥珀，他们认为相比其他有机材料，琥珀在长久的地质年代中，所保存的化学和同位素信息几乎不会改变。因此可以用于揭示不同年代的全球大气成分。

以下哪项如果为真，最能质疑上述结论？（　　）

    A. 由于琥珀内部常保留着生物的形体，故能反映当时生态环境与生物的关系

    B. 琥珀主要诞生于约四千万至六千万年前的始新世纪，其他年份并没有形成琥珀

    C. 琥珀是由松柏科植物的树脂经压力和热力作用形成，由于时间漫长，所以数量极少

    D. 琥珀的硬度较低，如果因搬运、储存不当而造成损害，会影响同位素检测的准确性

33. 小李、小王、小陈、小罗和小傅五名员工竞聘一个管理岗位。他们对竞聘结果进行了猜测。

小李说："这次竞聘上的人不是我，就是小陈。"

小王说："小傅这次竞聘不上。"

小陈说："这次竞聘上的人如果不是小罗，就是小王。"

小罗说："这次我和小王都竞聘不上。"

小傅说："这次竞聘上的既不是小陈，也不是小李。"

假如有两个人都猜对了，那么下列说法正确的是（　　）。

A. 这次竞聘上的人是小李　　B. 这次竞聘上的人是小王

C. 这次竞聘上的人是小傅　　D. 这次竞聘上的人是小陈

34. 国外某研究团队通过对27个国家超过73 000人进行采访发现，成长在藏书500本左右的家庭里的孩子，会比没有藏书的类似家庭里的孩子平均多受3.2年的教育，而且这些孩子完成大学学业的可能性要比家中无藏书的孩子多出19%。这种效应的强度因国而异，在中国这个数字则为6.6年，差不多是平均数据的2倍。因此，家庭的藏书丰富有利于孩子的学业进步。

以下哪项如果为真，最能支持这一结论？（　　）

A. 研究发现藏书少的家庭在艺术、体育等方面更为出色

B. 那些爱去图书馆读书的孩子往往知识面很广，而且更能自觉学习

C. 长期浸染于藏书家庭氛围的孩子入学后往往对学习更有兴趣

D. 在父母受教育程度不高的家庭，家中藏书多少对孩子影响更明显

35. 如果专利技术的宣传推广有足够的资金支持，那么专利技术的拥有者将更加关注其专利技术的宣传推广工作。专利技术宣传推广得越充分，其转化为专利产品、创造价值的可能性也就越大，整个社会创新能力也将得到进一步提高。因此，如果国家增加专利技术宣传推广的补贴，那么将有力增强整个社会的创新能力。

以下哪项如果为真，最能支持上述论述？（　　）

A. 有些专利技术转换为产品后所带来的收益尚不足以支付其宣传推广费用

B. 专利技术拥有者越关注宣传推广，其专利技术的宣传推广就可以做得越充分

C. 如果国家不增加专利技术宣传推广的补贴，那么将不能增强整个社会的创新能力

D. 如果专利技术拥有者不关注宣传推广工作，那么其专利技术就很难转化为专利产品

36. 当前一些教师授课过程中存在知识更新不及时、授课态度不端正、教学方法不科学的问题。之所以会出现这三个问题，是因为教师考核过程中存在的重科研、轻

教学的倾向。除非改变考核中教学评价占比过低的现状，教师才有积极性及时更新知识、授课态度才能更加端正、教学方法才能更加科学。对学生而言，如果这三个问题不能得到有效解决，就很难激发他们的学习兴趣。

如果上述陈述为真，则以下哪一项论断必定为真？（　　）

A. 如果学生的学习兴趣没有激发起来，那一定是这三个问题没有得到有效解决

B. 如果学生的学习兴趣激发起来了，那一定是教师考核中提高了教学评价的占比

C. 如果教师的教学态度没有端正起来，则说明教师考核中教学占比仍然较低

D. 只要解决了这三个问题，学生的学习兴趣就一定能激发起来

37. 蝙蝠体内携带大量的病毒，会给人类和其他动物造成致命危险，但蝙蝠自身仿佛不受这些病毒的影响。科学家认为这或许与蝙蝠是唯一一种能够飞行的哺乳动物有关。蝙蝠在上亿年适应飞行的进化过程中，身体的很多系统发生了变化，包括防御和免疫系统。一般来说，人类和其他动物机体的免疫反应有助于身体抵御病毒，但对某种病毒的过度免疫反应又有可能引发严重疾病，而蝙蝠的免疫系统恰恰能在与病毒共生的过程中达到一种平衡。

以下推论中，正确的一项是（　　）。

A. 蝙蝠是一种最为古老的哺乳动物的物种，迄今有上亿年的进化历史

B. 蝙蝠机体的免疫系统会抵御病毒侵袭，又不会引发过度强烈的免疫反应

C. 蝙蝠作为一种古老的生物，已经进化出可以防御各种病毒的超级基因

D. 蝙蝠可以飞行是其能大规模广泛传播致命病毒的最重要的原因

38. 一家人准备一起去北欧旅游，各自表达如下愿望：

父亲：若去挪威，则不去丹麦和冰岛。

母亲：若不去冰岛，则去挪威和丹麦。

儿子：若不去挪威，则去瑞典和芬兰。

最终的方案满足了上述每个人的愿望。

根据以上陈述，可以得出下列（　　）项。

A. 去瑞典、芬兰和丹麦　　　　B. 去瑞典、芬兰和冰岛

C. 去瑞典、丹麦和冰岛　　　　D. 去芬兰、丹麦和冰岛

39. 考古学家通过对消失已久的鹦鹉嘴龙进行体色重建，发现其腹部颜色为浅色，而背部颜色较深。这是一种保护色，作用是通过在身体上形成阴影，让动物自身在其他动物眼中失去立体效果，因此也被称为反荫蔽体色，这在现代动物中也较为常见。

据此分析，考古学家推测鹦鹉嘴龙最有可能居住在森林里。

要得到上述结论，最需要补充的前提条件是（　　）。

A. 生活在森林中的动物其体色模式大多为反荫蔽体色

B. 恐龙包含许多种类，其中大部分都生活在森林和草原中

C. 在一个发现恐龙化石的地区，考古人员推测该区域曾有大片的森林

D. 鹦鹉嘴龙是一种小型恐龙，这种体色对于逃避天敌有天然的伪装作用

40. 张、王、李、赵四人计划在6月至9月中分别选择一个月休年假，但部门人手短缺，一个月中不能有两个人同时休假。赵不希望安排在6月，张要求不要安排在9月，李表示6月或8月都可以，王提出只能安排在7月和8月。

如四人的要求均得到满足，则可以推出以下哪项？（　　）

A. 张只能安排在6月或者7月

B. 只要李不在6月，王一定会在7月

C. 如果李安排在8月，那么张安排在7月

D. 如果王安排在7月，那么李安排在6月

第一章 图形推理

第一节 平面图形

考点一 位置规律

1. C 翻转。元素组成相同、位置不同，可以优先考虑位置规律。图1左右翻转得图2，图2上下翻转得图3。按照此规律，只有C项符合此规律。故选C。

2. C 移动元素与组成。图①、图③、图⑤在三角形与长方形外有小圆点。图②、图④在三角形与长方形外没有小圆点。因此排除A、B两项，剩下C、D两项。对比两选项发现C与D的唯一区别在于小三角形内部黑点位置不一样。继续观察题干发现，利用时针法从三角形内部的黑点出发，经过直角画向另一条直角边的时候，图①、图③和图⑤均为逆时针方向，图②、图④均为顺时针方向，故问号处应为顺时针方向。故选C。

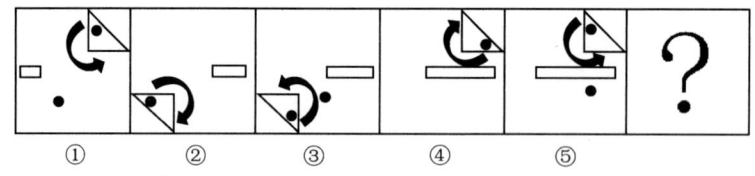

3. D 旋转。观察图形可以看出元素组成相似，图③是图①与图②先相加然后旋转90°，两条线变一条线得到。只有D项符合此规律。故选D。

4. B 平移。第一组图形中，黑色方块沿着图形的最外圈依次逆时针平移一格；第二组图形中，黑色区域也依次逆时针平移一格。故选B。

5. C 翻转。每一行中各图的规律为：第一个图形向右翻转得第二个图形，第二个图形向下翻转得第三个图形。故选C。

6. A 旋转。沿着图形的中心画"米"字形，同一直线上两端的图形互为中心线对称图形，即一端的图形旋转180°后即可得到另一端的图形。故选A。

7. A 移动。把图①中的长方形从左到右依次编号为1、2、3、4。从图①到图②，1号长方形向右移动三步。从图②到图③，2号长方形向右移动三步。因此从图③到问号处，应该是3号长方形向右移动三步。只有A项符合。故选A。

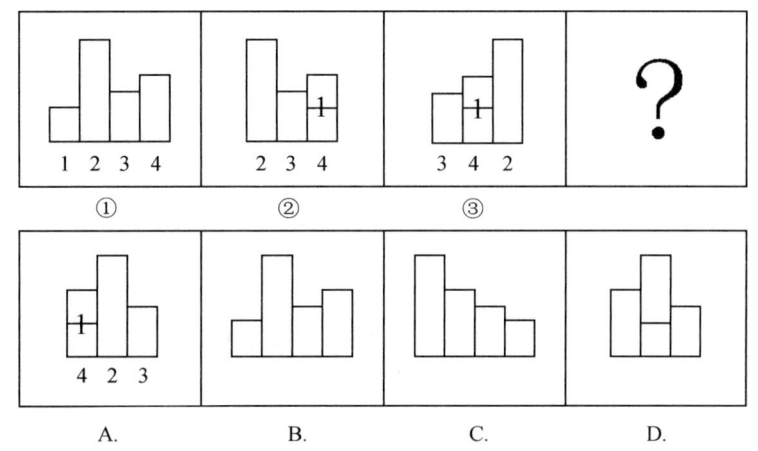

8. C 平移。图形组成元素相同，考虑位置规律。外侧的小黑块沿边顺时针转动，每次移动两格。中间的小黑块则从下向上运动，每次移动一格，自下而上。故选C。

9. C 移动。内部的小正方形从图①开始沿着四个角依次逆时针移动一步，则问号处的小正方形应位于左下角，排除B项。小正方形内部的元素上下、左右依次调换，排除A、D两项。故选C。

10. A 移动。先看最底层黑色方块，它每次逆时针移动三格，则问号处黑色方块应该移动到里面看不见的位置，排除B、C两项。比较A、D两项，只有倒数第二层不一样，如果只有一个黑色方块，则图③倒数第二层看不到黑色方块（黑色方块依次位于各边中点），进而推测问号处第二层有两个黑色方块，排除D项。故选A。

11. A 旋转。元素组成相同，优先考虑位置规律。第一组图，图①顺时针旋转60°后，与图②叠加可得图③。第二组图遵循同样的规律，叠加后得到A项。故选A。

12. C 旋转。元素组成相似，考虑位置规律。三角形沿内部长方形逆时针平移一格，圆圈上下翻转，五角星沿六边形被等分成的六个三角形依次顺时针移动两格。故选C。

13. A 旋转。元素组成相同，优先考虑位置规律。图①、图②、图④为一组，三者的内部图案和外部图案分别一致，且图②可以看作图①顺时针旋转90°得到，图④可以看作图①逆时针旋转90°得到。图③、图⑤、图⑥为一组，三者内部图案和外部图案分别一致,且图⑤可以看作图③旋转180°得到,图⑥可以看作图③逆时针旋转90°得到。故选 A。

14. D　旋转。元素组成相同,优先考虑位置规律。如下图,题干可从内外圈分别看。内圈整体逆时针旋转90°。问号处两个黑色小球应该在内圈左上角那条边。故选 D。

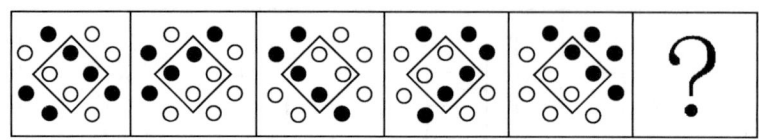

15. A　旋转。图中的小圆圈都位于较短的边上,且每个图形只有一个较短的边,排除 C、D 两项,圆圈位置从左到右按照顺时针方向进行旋转。故选 A。

考点二　样式规律

1. C　元素遍历。每一行的三张人脸图像中分别包括嘴巴向上弯、向下弯和平嘴各一张;眼睛左黑右白、左白右黑和左右皆白各一双;耳朵和头左边相通、和头右边相通、左右都不通各一只。故选 C。

2. A　元素遍历。左边三幅图元素相同,由五角星、圆、三角形组合而成,其中每幅图都有一个元素被涂黑。根据这个规律可知,问号处应当由三角形、圆、长方块组成,且每个元素都涂黑一次,所以问号处涂黑的应当是三角形。故选 A。

3. B　元素遍历。组成元素相似,优先考虑遍历。元素组成均为三角形、五角星、梯形。左边三幅图形中,五角星、梯形、三角形的总个数依次为 3 个、4 个、5 个,可组成等差数列;右边三幅图形应用此规律,前两幅图中五角星、梯形、三角形的总个数分别为 3 个、3 个、2 个,因此问号处图形中应有 1 个梯形和 3 个三角形,只有 B 项符合。故选 B。

4. D　元素遍历。题干中每幅图都由内圈、中圈、外圈组成,颜色或图案从左到右包括黑色、白色、斜线、竖线、点状。题干正方形内圈从左到右依次是白、黑、斜线、竖线,因此问号处内圈为"点状",可以排除 B、C 两项。比较 A、D 两项,外圈不同。观察外圈,从左到右分别为斜线、竖线、点状、白色,因此问号处外圈应为"黑色",只有 D 项符合。故选 D。

5. A　去同存异。每一行内部元素类似,考虑样式规律。第一行,图①和图②去掉相同元素后,得到图③;第二行,图④和图⑤去掉相同元素后,得到图⑥;第三行,遵循同样的规律，得到的是 A 项。故选 A。

6. A 去同存异。第一行，图形外部圆保持不变，图①逆时针旋转 90°后再与图②去同存异得到图③；第二行，遵循同样的规律；第三行，图⑦逆时针旋转 90°后再与图⑧去同存异，只保留中间的圆，得出 A 项。故选 A。

7. C 去异存同。第一组图形，图①和图②去异存同，可以得到图③；第二组图形遵循同样的规律，因此问号处应为 C 项。故选 C。

8. C 直接叠加。观察图形可知，第一组图形，图③是图①和图②的重合部分。故选 C。

9. A 黑白叠加。元素组成不同，是黑白块，并且黑块数量不同，优先考虑黑白运算。可以发现，题干图形黑白运算的公式从左到右为：黑+黑=白，白+白=白，白+黑=黑，黑+白=黑。在九宫格第一横行中，图①与图②进行黑白运算后，逆时针旋转 90°，得到图③。依此类推，故选 A。

10. A 黑白叠加。第一组图②顺时针旋转 90°，再与图①黑白运算可得出图③，运算规则从左到右：白+白=黑，黑+黑=白，白+黑=白。第二组图运用上述运算规则，得出右上角和右下角均为白+白=黑，排除 B、D 两项。第二组图第二行最左边应为白+白=黑，排除 C 项。故选 A。

方法二：旋转。观察图形，明显可以发现第一组图形中，图①与图③类似。再仔细观察会发现，第一幅图旋转 180°得到图③，故问号处的图形应当由第二组图形中的第一幅图旋转 180°得到。故选 A。

考点三 属性规律

1. B 轴对称。图中都是简单图形，且都有对称关系，观察发现题干均是竖轴对称图形，问号处也应当是竖轴对称图形。故选 B。

2. C 轴对称与中心对称。图形对称特征比较明显，图①为中心对称图形，图②为轴对称图形，图③为中心对称图形，图④为轴对称图形，图⑤为中心对称图形，因此问号处应为轴对称图形，只有 C 项符合。故选 C。

3. D 轴对称。观察图形，发现题干图形都是对称图形，并且对称轴都穿过内部线段的交点。故选 D。

4. A 轴对称。图②、图④、图⑤中的对称轴与图形中的线重合。图①、图③、图⑥中没有对称轴与图形中线重合。故选 A。

5. C 对称轴的方向。图形组成元素不同，先看属性规律。观察图形可得，图形均为轴对称图形。第一组图形的对称轴从左到右分别为"横线""斜线（右上倾斜45°）""竖线"，3个图形对称轴从左向右依次逆时针旋转45°；第二组图形的对称轴分别为"竖线""斜线（左上倾斜45°）"，2个图形对称轴从左向右依次逆时针旋转45°。故问号处应当选择的对称轴是横线的图形。故选 C。

6. A　对称轴的方向。题干都是对称图形，B 项为非对称图形，排除 B 项。再观察题干的对称轴从左到右依次顺时针旋转 45°。只有 A 项符合。故选 A。

7. D　对称轴的数量。图形中出现典型对称图形等腰三角形，并且是分组题，可以考虑对称轴的数量。图①、图④、图⑤有 2 条对称轴，图②、图③、图⑥有 1 条对称轴。故选 D。

8. D　对称轴的数量。图形组成元素不同，优先考虑属性规律。观察可知，题干图形皆为轴对称图形。答案也皆为对称图形。再观察对称轴，发现对称轴有数量关系，对称轴数量从左到右分别为 1、2、1、2、1。故问号处应填含有 2 条对称轴的图形。故选 D。

9. C　对称轴的关系。图形组成元素不同，优先考虑属性规律。题干每个图形均由 3 个小对称图形组成，画出对称轴，发现图③、图④、图⑤的 3 个小对称图形的规律是对称轴有两条平行，图①、图②、图⑥的 3 个小对称图形的规律是对称轴有两条互相垂直。故选 C。

10. D　轴对称。图形组成元素不同，优先考虑属性规律。观察发现，图①、图④、图⑥黑球区域都为轴对称图形，图②、图③、图⑤白球区域都为轴对称图形，即①④⑥规律相同，②③⑤规律相同。故选 D。

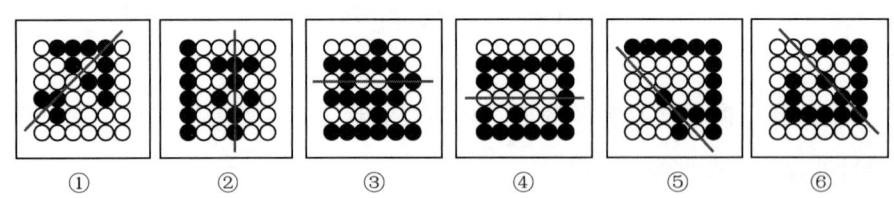

① ② ③ ④ ⑤ ⑥

11. D　直曲性。图①、图③、图⑤规律相同均为曲线图形，图②、图④、图⑥规律相同均为直线图形。故选 D。

12. C　直曲性。题干图形比较规整，有直线有曲线，优先考虑直曲性。图①、图②、图⑤规律相同为全直线图形，图③、图④、图⑥规律相同为既有曲线又有直线图形。故选 C。

13. B　封闭开放性。从图中可以看到每个图形中只有一个封闭区间。故选 B。

14. A　封闭开放性。第一组图①、图②都是封闭图形，图③是开放图形；第二组图形若要符合相同规律,问号处图形应该是一个开放图形。故选 A。

15. C　封闭开放性。A、B、D 三项都是封闭图形,还属于警示类标志,C 项是开放图形,属于塑料种类标志。故选 C。

考点四　数量规律

1. D　交点数。题干各图形含有的交点数依次为 2、3、4、5。下一个图形的交点数为 6。故选 D。

2. C　交点数。图形不同,考虑属性类或数量类。没有属性规律,考虑数量类。图形交点明显,考虑数交点数。第一组的交点数从左到右为 3、5、7,呈公差为 2 的等差数列;第二组图形与第一组图形遵循相同的规律。故选 C。

3. D　直线的数量。题干中的图形均含有 12 条直线,四个选项中只有 D 项含有 12 条直线。故选 D。

4. C　交点数。图形元素组成不同,无明显属性规律,考虑数量规律。题干每幅图均是圆作为外框,且内部线条交叉明显,优先考虑数交点数。题干图形圆框上的交点数从左到右依次为 0、1、2、?、4,内部交点数依次为 1、2、3、?、3,圆框上交点数和内部交点数之差的绝对值均为 1。故选 C。

5. C　交点特征。观察图形,均有小黑点,其中图①、图⑤、图⑥中小黑点标记在直线与曲线的交点上,图②、图③、图④标记在直线与直线的交点上。故选 C。

6. A　线条数。四张图题干各图线条数从左到右依次为 1、2、3、4,因此问号处应是线条数为 5 的图形。故选 A。

7. C　曲线的数量。图形组成元素不同、不相似,并且不具有属性规律,考虑数量规律。题干每个图形都含有曲线,可以数曲线数。曲线条数从左到右依次为 1、2、3、4,呈等差数列规律,因此问号处应为曲线条数是 5 的图形。故选 C。

8. B　线条的数量。每个图形起点和终点的线段比较平整,均为直线,优先考虑夹角。所给五个图形,起点线段和终点线段的关系从左到右为垂直、45°夹角、平行、45°夹角、45°夹角,无规律。再找其他规律,每个图形均含有 2 条曲线,曲线和曲线之间所含直线的数量从左到右分别为 0、1、2、3、4,问号处应为 5 条。四个选项,曲线和曲线之间所含直线的数量从左到右依次为 2、5、1、9。故选 B。

9. A　平行线数量。图形元素组成不同,可以考虑属性规律和数量规律;无属性规律,考虑数量规律。题干图形中出现大量平行线,可以数平行线的对数。第一组图形中每幅图平行线有两组,第二组图形中前两幅图的平行线有三组,故问号处应当选择平行线有三组的图形。故选 A。

10. A 数量规律。元素组成不同，无明显规律，可以考虑数量规律。题干每个图形有曲线有直线。数线条会发现，图①、图②、图③直线数比曲线数多 1，图④、图⑤、图⑥曲线数比直线数多 1。故选 A。

11. A 笔画数。题干图形大多有出头的端点，考虑笔画数。一笔画是指图形从起点到终点由一笔画成的图形，画的过程中要做到不抬笔、不回笔。奇点：从该点向四周发出的线条数目为奇数。偶点：从该点向四周发出的线条数目为偶数。题干所给五个图形均有 2 个奇点，为一笔画图形，因此问号处也应为一笔画图形。A 项有 2 个奇点，为一笔画图形。B 项有 4 个奇点，为两笔画图形。C 项有 4 个奇点，为两笔画图形。D 项有 4 个奇点，为两笔画图形。故选 A。

12. D 笔画数。图①、图③、图⑤为一笔画图形，图②、图④、图⑥为两笔画图形。故选 D。

13. B 笔画数。观察选项，第一行都是 1 笔画，考虑笔画数；第二行图形的笔画数从左到右分别是 1、2、2；第三行的笔画数从左到右分别是 2、?、3。横向看没有规律，纵向观察，发现从上到下第一幅图笔画数+第二幅图笔画数=第三幅图笔画数，因此问号处应当是 3 笔画。故选 B。

14. D 封闭区间与直线数量。图形组成元素不同考虑属性规律，图形中有封闭区间可以考虑封闭区间数。第一行的封闭区间数从左到右分别是 2、3、4；第二行的封闭区间也是 2、3、4；故第三行的封闭区间数也应是 2、3、4。故问号处应是封闭区间为 4 的图形，排除 A、C 两项。再观察，发现题干中线段较多，可以数线条数，第一行的直线数量为 7，第二行的直线数量为 8，第三行的直线数量为 9。故选 D。

15. C 黑白部分数。当出现小黑块时，依次考虑位置、形状、数量、面积。观察图形可知，无位置规律与形状规律。考虑数量，图①、图⑤、图⑥白色部分数比黑色部分数多 1，图②、图③、图④黑色部分数比白色部分数多 1。故选 C。

16. C 相同部分数。图形不同，考虑属性规律，无明显属性规律，考虑数量规律。仔细观察可知，图①、图②、图⑥的每个图形中，都有两个相同的部分；图③、图④、图⑤的每幅图形都能找到三个相同的部分。故选 C。

17. A 三角形的数量。元素组成不同，封闭空间、交点无明显规律，考虑特殊图形的数量。第一组图形，小三角形的数从左至右依次为 1、2、3；第二组图形，小三角形的数从左至右依次为 1、2，问号处应为 3。四个选项，小三角形的个数依次为 3、2、1、2。故选 A。

18. B 直角个数。题干出现很多三角形，图形都可以分割成数个下图所示的直角三角形，包含的直角三角形个数从左至右依次是 1、2、3、4、5，故问号处应该选一个包含 6 个小直角三角形的图形。故选 B。

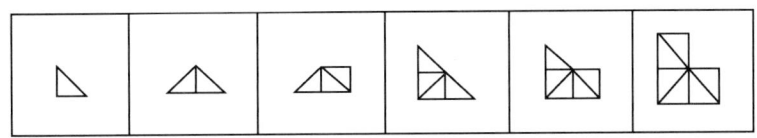

19. B 封闭区间个数。图形组成元素不同，优先考虑属性规律。属性上没有明显规律，则考虑数量规律。第一组图形的封闭区间个数从左至右依次是 1、2、3；第二组图形的封闭区间个数从左至右依次是 4、5，故问号处图形的封闭空间个数应为 6。故选 B。

20. B 封闭区间个数。图形组成元素不同，且属性上不具有明显规律时，可考虑数量规律。题干图形都含有封闭区间，可以数封闭区间个数。从左到右封闭区间的个数依次是 2、3、4、5，因此问号处的图形应当有 6 个封闭区间。故选 B。

21. C 元素的种类和个数。题干图形只含有圆形和正方形，且正方形比圆形多一个，只有 C 项符合这个规律。故选 C。

22. D 元素的种类和个数。元素组成不同，且无明显属性规律，可以考虑数量规律。题干出现多个小元素，优先考虑元素的种类和个数。题干元素的个数无明显规律，则考虑元素的种类。第一行均为 1 种元素，第二行均为 2 种元素，第三行前两幅图均为 3 种元素，故问号处也应选择一个有 3 种小元素的图形。故选 D。

23. B 元素的种类和个数。图形由各种元素组成，可考虑元素的种类。题干中相邻两幅图元素完全不同，排除 A、D 两项。再观察，元素种类数从左至右依次是 3、2、3、2、3。故问号处填含 2 类元素的选项。故选 B。

24. B 元素的种类和个数。第一组图形从左至右，每幅图中元素数量都为 2，且规律为 2 种不同元素前后叠加；同理，第二组图形每幅图中元素数量都为 3，且规律为 3 种不同元素前中后叠加。A 项中只有菱形 1 种元素，C 项中有 4 种元素，D 项中有 2 种元素，只有 B 项符合。故选 B。

25. A 相交面的形状。元素组成不同，但每幅图均为两个封闭图形相交，可以考虑图形间关系。题干图形均是相交于面，考虑相交面的形状。题干所有图形相交面的形状均为五边形，故问号处也应选择一个相交面的形状是五边形的图形。故选 A。

考点五　其他规律

1. D 图形面积。A、B、C 三项黑块和白块面积相等，而 D 项白块的面积大于黑块，与其他三项不同。故选 D。

2. B 图形拼合。寻找平行且等长边，拼合如下：

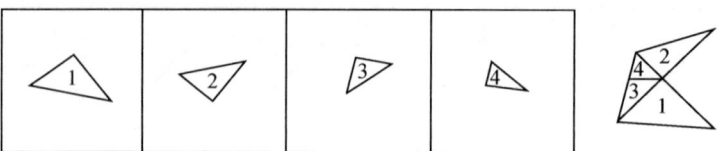

故选 B。

3. D 图形拼合。寻找平行且等长边，拼合如下：

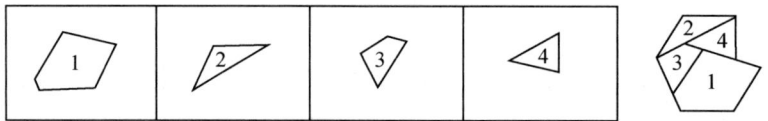

故选 D。

4. C 图形拼合。寻找平行且等长边，拼合如下：

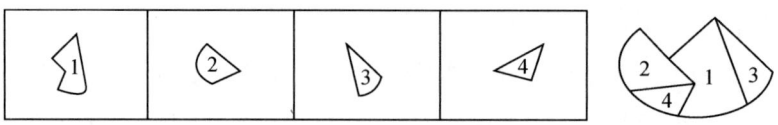

故选 C。

5. D 将左下角的小三角形剪掉后，图形的中心位置应为◇，而不是□，排除 A、B 两项。将小三角形的两个 45°角在连接处剪掉，故有一个 135°的角，那么剪裁后每个边都有一个直角，排除 C 选项。故选 D。

6. D 汉字部首。题干是汉字，观察发现不是封闭空间规律，也不是笔画数量规律。从字形上观察，第一组汉字中都有"日"，且"日"从左至右遵循着下方、中间、上方的规律。因此，第二组汉字也应当遵循此规律，即三个汉字中都含有"口"，且从左至右遵循下方、中间、上方的规律。故选 D。

7. A 汉字笔画。出现了"日""田"等，考虑封闭空间，从左至右数量分别为3、4、3、4，接下来可能是 3，但选项没有符合规律的。考虑笔画数，均为 7 笔画，因此问号处也应为 7 笔画，只有 A 项符合。故选 A。

8. C 笔画数。汉字类规律优先考虑笔画数。先看九宫格第一行汉字笔画数从左至右分别为 4、4、8；第二行汉字笔画数分别为 16、7、9，可知两个字的笔画数相加等于另一个汉字的笔画数；第三行汉字的笔画数分别为 4、11。因此问号处，要么是 7 笔画的汉字，要么是 15 笔画的汉字。选项中没有 15 笔画的汉字，选 7 笔画的汉字。故选 C。

9. B 交点的数量。第一组图形交点的数量从左至右分别为 2、3、4；第二组前两个图形交点的数量为 4、5，故问号处交点的数量应该为 6 个，只有 B 项符合。故选 B。

10. A 实虚属性。首先，观察每个图形的左侧，从左至右分别为实、虚、实、虚，因此问号处的左侧应为实，排除 B、C 两项；其次，每个图形都是一半实一半虚，排除 D 项。故选 A。

第二节　立体图形

1. C 立体折叠。把题干图形展开面标记序号，重要的公共点标记字母。如下图所示：

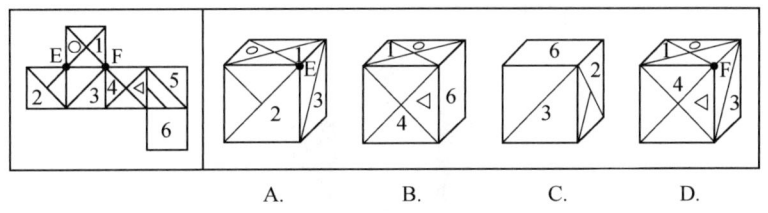

A 项，面 1、面 2、面 3 的公共点为 E 点，观察展开图，发现公共点 E 点引出的线条与展开图不一致，排除。B 项，面 1 与面 6 为相对面，在立体图形中，相对面不能同时出现，排除。C 项，观察立体图形与展开图形对应一致，当选。D 项，立体图形 F 点是面 1、面 3、面 4 的公共点，公共点在面 3 的对角线上，而立体图形里公共点不在面 3 的对角线上，排除。故选 C。

2. B 立体折叠。首先标记折叠图形如下：

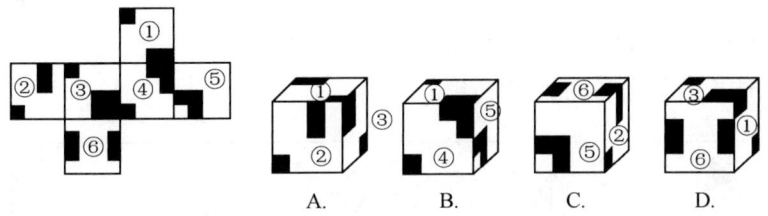

A 项，面②与面③的公共边与面③中的小正方形相接，但选项中却和面③中的大正方形相接，与展开图不一致，排除。B 项，面①、面④、面⑤与展开图对应一致，当选。C 项，面⑥与面②的公共边与面②的小正方形相邻，但选项中却与面②长方形相邻，与展开图不一致，排除。D 项，面①与面⑥是相对面，不可能同时出现，排除。故选 B。

3. D 立体折叠。如下图所示，可以用箭头法快速得出答案：

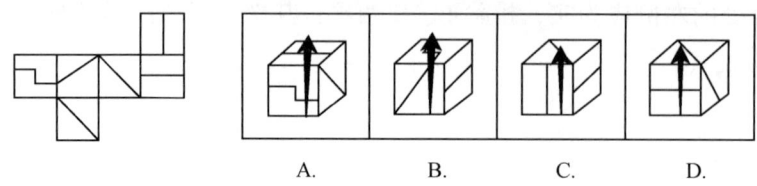

A 项，把上面单独的一个 ▯▯ 图形，滚动到 ⌐┘ 上面，然后按 A 项的方向画一个箭头，会发现箭头右边并不是 A 项的右视图。B 项，画一条从下到上的箭头，找到展开图对应的图形，在原图中，正面斜线在原图的右边，而立体图形中，在其左边。C 项，画一条从下向上的箭头，找到展开图对应的图形，会发现顶面对角线方面应当为左下到右上。故选 D。

4. A 立体折叠。将各面标记如下：

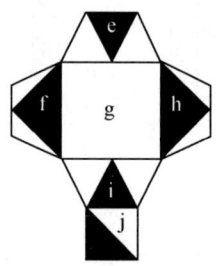

A 项与题干一致。B 项错误，右面黑色小三角形（是底边只有部分和四边形的边重合的三角形）所在的面在展开图中没有出现。C 项错误，选项中 e 和 i 同时出现，而 e 和 i 是相对面，不能同时出现。D 项错误，选项中 f 和 h 同时出现，而 f 和 h 是相对面，不能同时出现。故选 A。

5. D 立体折叠。2 和 4 对应 a、f，排除 A、C 两项；比较 B、D 两项，1234 是逆时针方向，对应 cabf，排除 B 项。故选 D。

6. C 立体折叠。对各面标记如下：

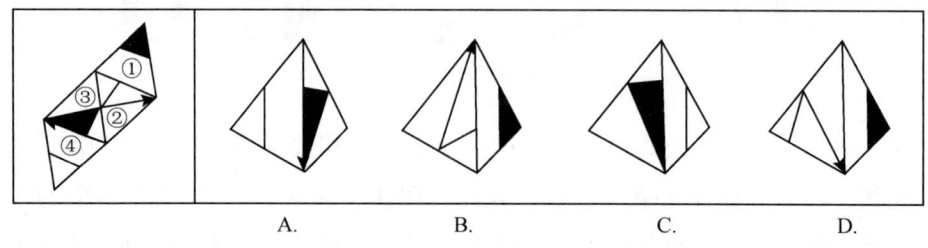

A 项，从选项右侧面中黑色直角三角形的短直角边向长直角边画箭头，方向为逆时针，但从展开图面③中的黑色直角三角形的短直角边向长直角边画箭头，方向为顺时针，因此不能折叠成。B 项，从选项左侧面中短线向长线画箭头，方向为顺时针，但从展开图面②中的短线向长线画箭头，方向为逆时针，因此不能折叠成。D 项，从选项左侧面中短线向长线画箭头，方向为逆时针，但从展开图面②中的短线向长线画箭头，方向为顺时针，因此不能折叠成。故选 C。

7. B 立体折叠。对各面标记如下：

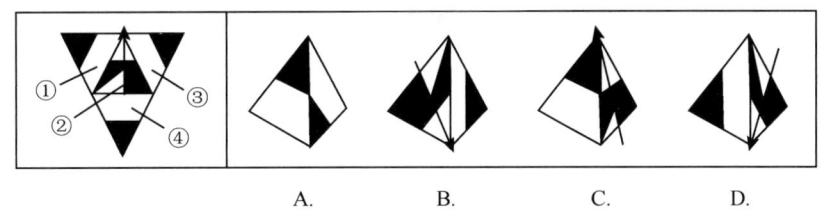

A 项，面①、面③和面④中的三个黑色三角形最终汇聚于一点，不可能在对角的位置出现，因此不能折叠成。C 项，题干展开图中箭头左方是面①，但面①和面②的公共边和面①中的黑色三角形不相连，因此不能折叠成。D 项，题干展开图中面②箭头左下方是白色直角三角形，而选项右侧面中箭头右下方是白色直角三角形，因此不能折叠成。故选 B。

8. C 立体折叠。对各面标记如下：

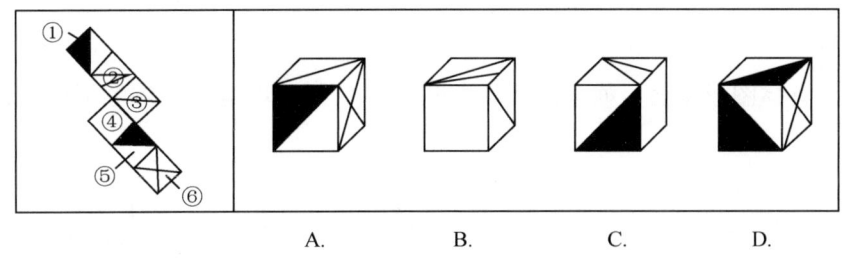

A 项，面①和面③是一组相对面，不可能同时出现，而选项中面③已经出现，因此正面只能假设是面⑤，展开图中面③、面⑤和面⑥的公共点引出两条直线，而选项中的公共点只引出了一条直线，因此不能折叠成。B 项，展开图中面②和面③的公共边没有引出直线，而选项中的右侧面和顶面的公共边引出了一条直线，因此不能折叠成。D 项，选项中的右侧面是面⑥，顶面和正面分别是面①和面⑤，选项中的面⑤和面⑥的公共边和面⑤中的白色三角形相邻，所以面⑤只能是选项中的正面。展开图中从面⑤和面⑥的相邻边到面⑤中白色三角形的另一直角边画箭头，方向为顺时针，而选项中从正面和右侧面的相邻边向正面中白色三角形的另一直角边画箭头,方向为逆时针,因此不能折叠成。故选 C。

9. D 立体折叠。A 项,将两点面、黑圆面、空白面移到一起,画箭头(见下图),平面展开图中黑圆在箭头左侧,选项中黑圆在箭头右侧,相对位置和题干不一致,因此不能折叠成。

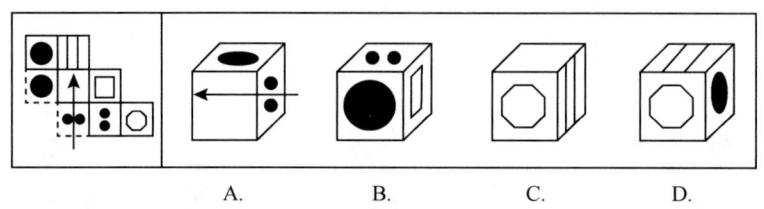

B 项,黑圆面与正方形面是 Z 字形两端,为相对面,因此不能折叠成。C 项,空白面与八边形面是 Z 字形两端,为相对面,因此不能折叠成。D 项,根据题干展开图的形式属于三胞胎类型,八边形面可以直接移动到与黑圆面相邻的位置(见下图),选项中三个面的相对位置和题干一致。

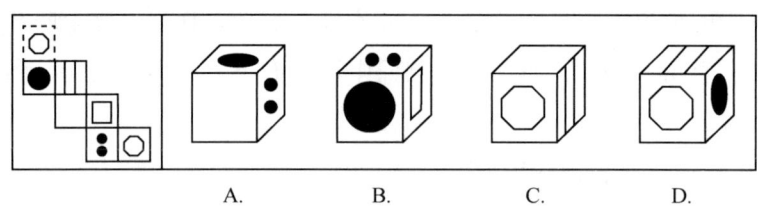

故选 D。

10. A 立体图形截面。如下图所示,B、C、D 三项均是该立体图形的截面。故选 A。

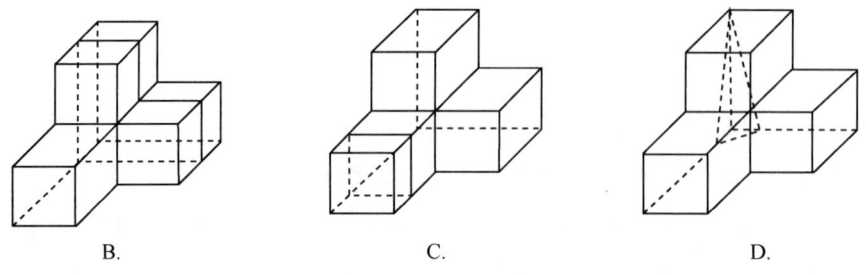

11. C 立体图形截面。观察选项和图形,立体图形为 9×3 的小正方体。选项为其可能的截面,如下图所示。C 项由于其有一列是黑色的,为了保证一列为黑色,可以尝试三种切法,无论用哪一种切法切开后,均不能得到 C 项的切面图。故选 C。

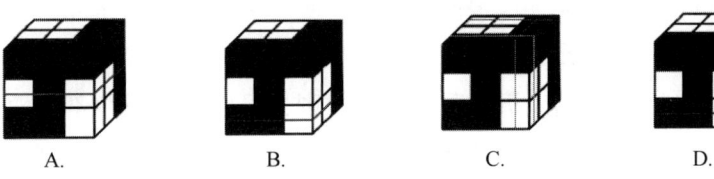

12. D 立体图形截面。截面如下图所示。最不可能的截面边数是 3。故选 D。

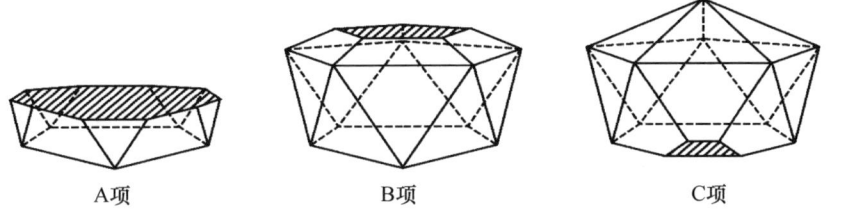

13. A 立体图形截面。A 项，椭圆和外部的矩形中心不可能重合，不能截出。B、C、D 三项均能截出，如下图所示。

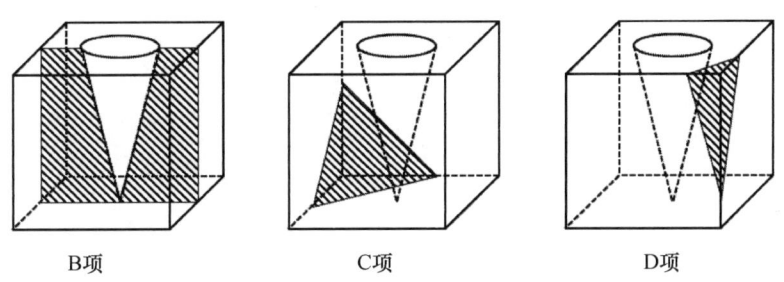

故选 A。

14. A 立体图形的视图。选项小方块数量相同，最大块优先拼接，如下图所示。

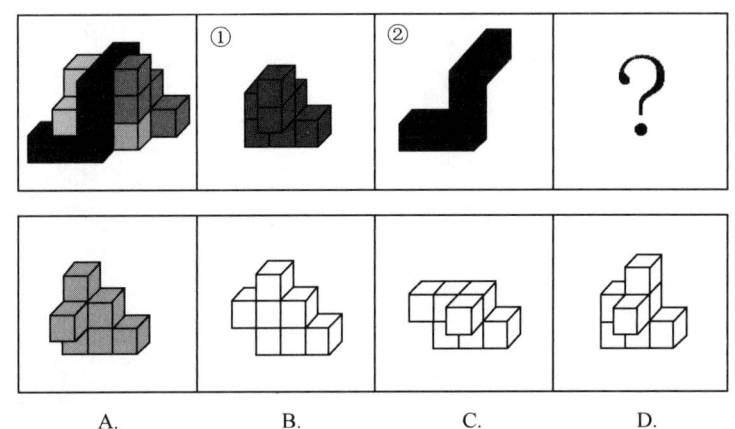

故选 A。

15. B　立体拼接。题干立体图形侧面有四个面，如果与该图形结合，首先得有四个面，因此排除D项。在图形中，白色面都是凹凸交叉分布，黑色面则中间是两个凹面，两个凸面分布在左右两端。根据凹凸对应规则，可以知道黑色部分对应的图形就是中间凸起来，四周凹下去，并且只有一个这样的面。A项有两个这样的面，排除。剩下B、C两项，仔细观察，只有B项折叠起来能与原图重合。故选B。

第二章 定义判断

第一节 单定义判断

1. D　单定义判断肯定。塔西佗陷阱的定义要点：政府部门或某一组织失去公信力时，无论说真话还是假话、做好事还是做坏事，都会被社会公众认为是说假话、做坏事。A项，商鞅属于个人，不符合政府部门或某一组织，与定义不符。B项，西斯家族是一个家族，不符合社会公众，与定义不符。C项，乙国是一个国家，不符合社会公众，与定义不符。D项，某公益组织符合政府部门或某一组织；为了回应老百姓普遍的质疑，聘请第三方对其接受捐赠的所有物品和去向进行了公示，但老百姓认为他们是在作秀，符合失去公信力时无论说真话还是假话、做好事还是坏事都会被社会公众认为是说假话、做坏事，与定义相符。故选D。

2. C　单定义判断肯定。狭义的同行评议定义要点：作者投稿以后，由刊物主编或纳稿编辑邀请具有丰富的专业知识或较高造诣的学者，评议论文的学术质量和文字质量，提出意见并作出判定，主编按评议的结果决定稿件是否适合在该刊发表。A项，没有体现出有刊物主编或者纳稿编辑邀请。B项，学术委员会不是刊物主编或者纳稿编辑。C项，期刊编辑符合刊物主编或者纳稿编辑，发给外科专家符合邀请具有专业知识或造诣的学者，专家们认为很有创新性符合提出意见或作出判定。D项，编辑认为该文不属于心理健康领域，却没有邀请具有专业知识或造诣的学者。故选C。

3. D　单定义判断肯定。微商的定义要点：一般是指以个人为单位的、利用Web 3.0时代所衍生的载体渠道，将传统方式与互联网结合，不存在区域限制，且可移动地实现销售渠道新突破的小型个体行为。A项，某大型化妆品公司不是以个人为单位，不属于微商。B项，眼镜店通过大力宣传吸引年轻的消费者，没有与互联网相结合，不属于微商。C项，李某为周边居民提供送外卖的服务，有区域限制，不属于

137

微商。D项，张某利用微信卖衣服，是以个体为单位，利用传统方式与互联网相结合，不限区域，属于微商。故选D。

4. D 单定义判断否定。商品差价的定义要点：同一商品，由于流通环节、购销地区、购销季节以及质量不同，形成价格差额。D项，苹果电脑和华硕电脑不是同一种商品，不符合定义要点。故选D。

5. B 单定义判断肯定。越权的定义要点：领导者插手管理超越职权范围的事情。A项，不存在越权行为。B项，上级领导插手处理应该由下级领导处理的事情，属于越权。C项，与会人员发生争执，没有提及职权范围。D项，A领导出国，由B代管A的分管工作，不属于越权。故选B。

6. D 单定义判断肯定。劳动争议的定义要点：在劳动者和劳动力使用者之间因劳动权利与义务发生分歧而引起的争议。A项，职工小周与当地劳动部门，不符合在劳动者和劳动力使用者之间。B项，小张和小李都属于企业职工，不符合在劳动者和劳动力使用者之间。C项，两个单位之间不符合在劳动者和劳动力使用者之间。D项，职工老王与工厂符合在劳动者和劳动力使用者之间，因工伤未能获得保险赔偿而争执符合因劳动权利与义务发生分歧而引起的争议。故选D。

7. C 单定义判断肯定。怜悯的定义要点：对他人的不幸表示关切、同情。A项，"不识庐山真面目，只缘身在此山中"寓意是看问题的出发点不同，对客观事物的认识难免有一定的片面性；要认识事物的真相与全貌，必须超越狭小的范围，摆脱主观成见，不符合定义。B项，"遥知兄弟登高处，遍插茱萸少一人"表达了对家人和故乡的思念，不符合定义。C项，"安得广厦千万间，大庇天下寒士俱欢颜"意思是如何能得到千万间宽敞高大的房子，普遍地庇护天下间贫寒的读书人，让他们开颜欢笑，表现了诗人忧国忧民的情怀，体现了对他人的不幸表示关切、同情，符合定义。D项，"先天下之忧而忧，后天下之乐而乐"主要表达了作者远大的政治抱负，不符合对他人的不幸表示关切、同情。故选C。

8. D 单定义判断肯定。产品召回的定义要点：生产商发现产品存在质量问题和缺陷，将已经流通到销售商、消费者的产品收回。A项，服装网店为消费者办理七天无理由退换货业务，其中，服装网店不属于服装生产商，且无理由退换货不代表产品有问题或缺陷，该项不属于产品召回，不符合定义。B项，超市是销售商而不是生产商，其做出的告知顾客退换货的公告不属于产品召回，不符合定义。C项，家具厂对因甲醛超标引起身体不适的消费者进行赔偿，而不是将产品收回，不属于产品召回，不符合定义。D项，汽车生产商要求4S店通知车主将车送回店里维修，是生产商对已经流通到销售商、消费者环节的存在质量问题和缺陷的商品收回，属于产品召回，符合定义。故选 D。

9. C　单定义判断肯定。赤潮：海洋中一种或多种微小浮游植物、原生动物或细菌，在一定的环境条件下突发性迅速增殖或聚集，引起一定海域范围在一段时间内变色的自然生态现象。A 项，长江中游不属于海洋，不符合定义。B 项，贝格纳斯湖不属于海洋，湖水变红不一定属于赤潮，不符合定义。C 项，濑户内海、有明海等水域属于海洋，且频繁发生水体变红，可能是赤潮，符合定义。D 项，美国密西西比河部分水域发生洪灾，水中含大量泥沙，不是生物灾害，不符合定义。故选 C。

10. B　单定义判断肯定。网络小说的定义要点：由作者创作并首次在网络上发表，并以连载模式形成的小说。A 项，小张发表的文章没有连载，不符合定义。B 项，小黄写的长篇灵异小说属于网络小说，符合由作者创作并首次在网络上发表，并以连载模式形成。C 项，小金发表的是连环画，且《西游记》不是小金首次创作的，不符合定义。D 项，小姜写的微小说不是以连载的形式发表的，不符合定义。故选 B。

11. D　单定义判断肯定。愧疚救赎心理定义要点：由于自己的过错造成对他人的伤害，认为被伤害的人也有责任，从而减轻自己的负罪感。A 项，没有涉及妈妈自己的过错，也没有涉及造成对他人的伤害，与定义不符。B 项，不少老人、儿童孤苦伶仃，不属于晓华自己的过错，没有涉及自己的过错，与定义不符。C 项，小陈和旁边插队的车辆撞在一起，两方都有错，不属于自己的过错造成对他人的伤害，不符合定义。D 项，小黄随手扔在路边的香蕉皮滑倒了路过的张大娘，属于自己的过错，小黄本想扶起她，但转念一想，张大娘摔倒都怪她自己走路不小心，属于认为被伤害的人也有责任，觉得自己没必要多管闲事符合减轻自己的负罪感，符合定义。故选 D。

12. C　单定义判断肯定。酝酿效应的定义要点：反复探索一个问题而毫无结果，把问题暂时搁置，由于某种机遇突然浮现出新想法，一下子便找到解决办法。A 项，阅读更多资料终于了解到了该现象产生的根本原因并没有体现由于某种机遇使新想法浮现出来，而是由于对知识的不断积累才解决问题。B 项，碰巧在旅行箱里发现了这本书并没有新的想法浮现出来。C 项，困扰很久说明反复探索过，看科普片联想到之前的困惑问题说明有新的想法浮现出来，茅塞顿开说明问题解决。D 项，课后也没有深入思考说明并没有反复探索。故选 C。

13. A　单定义判断肯定。隐性饥饿的定义要点：机体由于营养不平衡或者缺乏某种维生素及人体必需矿物质，同时又存在其他营养成分过度摄入，从而产生隐藏性营养需求的饥饿症状。A 项，小黑很胖说明其营养成分过度摄入，同时到医院检查时却被医生告知营养不良，符合定义机体由于营养不平衡或者缺乏某种维生素及人体必需矿物质，同时又存在其他营养成分过度摄入，从而产生隐藏性营养需求的饥饿症状，与题干意思符合。B项，只是说小白喜欢吃辣椒，但没有说营养不均衡或者缺乏维生素会导致口腔溃疡，不符合定义。C项，小李喜欢高糖、高热量的垃圾食品，年纪轻轻就出现了"三高"症状，只是说明营养成分过度摄入，没有说到缺乏某种维生素，不符合定义。D项，只是说其是饿晕在路上，没有说其缺乏营养的同时又有营养过度摄入，不符合定义。故选A。

14. A 单定义判断肯定。"跟随者"习惯的定义要点：习惯于固守原有的本能、习惯、经验等，无法破除尾随习惯而转变觅食方向。因跟随而导致失败的现象称为毛毛虫效应。A项，部分股民买涨不买跌，说明股民有跟涨跟跌的习惯，结果却是常常被套牢，符合因跟随而导致失败，与定义符合。B项，小林跟随免费试吃，没有导致因跟随而失败的结果。C项，小花买流行的衣服，小元却说她穿上并不好看，小元的评价不能说明小花买衣服失败，不符合因跟随而导致失败。D项，某企业领导者德高望重，拥有一大批坚定的"跟随者"，没有体现因跟随而导致失败的现象。故选A。

15. A 单定义判断否定。沉锚效应的定义要点：人们在对某人某事做出判断时，易受第一印象或第一信息支配，就像沉入海底的锚一样把人们的思想固定在某处。A项，主管发现小高做事虎头蛇尾，没有让他转正，说明主管对小高的判断没有受第一印象的支配，不符合定义。B项，小刘有意将饰品价格标注得略高于可接受的价格，然后主动给顾客打折，顾客认为这家店的饰品都很实惠，受到了第一印象的支配，符合定义。C项，学生认为张老师第二次讲课单调乏味是因为张老师当天状态不好，影响了发挥，属于受到了第一印象的支配，符合定义。D项，一家皮具制造商只在机场和高端百货商店开专卖店，且有意与世界名牌店比邻，让消费者受到第一印象的支配，符合定义。故选A。

16. B 单定义判断否定。自己人效应的定义要点：在人际交往中，如果双方关系良好，一方就更容易接受另一方的思想观念立场，甚至会对对方提出的难为情的要求也不好意思拒绝。A项，张青草觉得她亲切可信，从而对她的建议愿意听取采纳，符合双方关系良好，一方更容易接受另一方的思想观念立场。B项，教练对其劝慰，他表示自己不在意，其实情绪一直很低落，说明并没有接受另一方的思想观念立场。C项，竞选议员演讲时介绍自己与群众相似的经历形成认同感，是为了保持双方关系良好，他的观点也很快被群众接受，说明接受另一方的思想观念立场。D项，冯将军和士兵一样吃粗茶淡饭，士兵感到冯将军没有架子，保持双方良好关系，尊重他听他的话，符合接受另一方的思想观念立场。故选B。

17. B 单定义判断否定。信息影响法则定义要点：人们对极为熟悉的、形象生动的、特点鲜明的信息产生积极的心理反应，不仅对其表现得非常敏感，而且容易印象深刻。A项，葫芦形洗发水产品包装可爱，符合极为熟悉的、形象生动的、特点鲜明的信息，去超市买了洗发水，符合积极的心理反应，也符合不仅表现得非常敏感，而且容易印象深刻，符合定义。B项，同事推荐给小林一款颈椎按摩仪，他试用了一下，觉得效果不错，不符合极为熟悉的、形象生动的、特点鲜明的信息，不符合定义。C项，小朋友爱看某部动画片，商场里出现该动画片里相关人物的玩偶，符合极为熟悉的、形象生动的、特点鲜明的信息，小朋友们都会特别兴奋，也符合积极的心理反应，符合定义。D项，小李在阅读一本推理小说时，发现作者的写作手法和自己之前看过的小说完全不同，符合特点鲜明的信息，他对推理小说产生了更大的兴趣，符合积极的心理反应，也符合不仅表现得非常敏感，而且容易印象深刻，符合定义。故选B。

18. D 单定义判断肯定。诉诸无知定义公式：①因为尚未证明A假，所以A是真的；②因为尚未证明A真，所以A是假的。A项，圣经说上帝存在，没有证明A假或者A真，不符合定义。B项，因为尚未证明A是真的，所以A是假的，选项中说的是甲可能无罪，不符合定义。C项，相信托勒密的地心说没有体现证明A假或者A真，不符合定义。D项，未提到元明时期有寺庙，所以附近没有寺庙，符合尚未证明A真，所以A假。故选D。

19. C 单定义判断否定。瑕疵担保责任定义要点：若转移的财产（或权利）有瑕疵，则应向对方当事人承担相当的责任。A项，水箱钢板厚度偏薄，焊接质量较差，说明转移财产有瑕疵，需要承担瑕疵担保责任。B项，其中一个产品的版权属于丙公司，说明权利转移中有瑕疵。C项，乙公司是购买方，没有转移财产和权利，不需要承担无瑕疵担保责任。D项，乙公司交付给甲公司的工程，房屋大梁突然断裂，说明转移的财产有瑕疵。故选C。

20. C 单定义判断否定。自毁型的定义要点：①如果假定其是正确的，则可以推导出它自身是错误的；②如果假定其是错误的，却未必能得出它自身是正确的。A项，假设任何人都不能要求别人怎么样是正确的，那么这句话本身就是要求，就是错误的；假设任何人都不能要求别人怎么样是错误的，那么就意味着有人可以要求别人怎么样，也不能推导出它自身是正确的，符合定义。B项，假设不存在用十四字表达的汉语语句是正确的，可以推出不存在用十四字表达的汉语语句（违背常识）是错误的；假设不存在用十四字表达的汉语语句是错误的，那么难以推出它自身是正确的，符合定义。C项，假设你不让我安生，那么大家就都别想安生是正确的，无法推论出它错误，不符合定义。D项，假设所有的语句都是错误的是正确的，那么它本身也是错误的；假设所有的语句都是错误的为错误的，即有些语法是正确的，也未必能得出它自身是正确的，符合定义。故选C。

21. A 单定义判断肯定。物种入侵的定义要点：某种生物从外地进入本地后，对本地生态系统造成危害。A 项，红螺从日本海进入黑海后，对本地的牡蛎造成危害，使其几乎灭绝，属于物种入侵。B、C 两项属于物种的迁徙，没有提及对生态系统造成危害。D 项，没有指出赤眼蜂是不是外地的物种，而且赤眼蜂有益于生态系统。故选 A。

22. A 单定义判断否定。临终关怀的定义要点：为临终患者提供医疗、护理、心理、社会等多方位的关怀照顾，使每个临终患者的生命得到尊重，疾病症状得到缓解，生命质量得到提高。A 项，只是尽最大努力延长老赵的生命，不是提升其生活质量，不符合定义。B 项，对老王进行疼痛处理并同意其出院回乡，符合为临终患者提供医疗、护理、心理、社会等多方位的关怀照顾，使每个临终患者的生命得到尊重，症状得到缓解，生命质量得到提高。C 项，配合适当的绘画和音乐治疗，提高其生命质量，符合定义。D 项，大学组织志愿者每天陪胃癌晚期的老刘聊天，体现了为临终患者提供医疗、护理、心理、社会等多方位的关怀照顾。故选 A。

23. D 单定义判断肯定。空白效应的定义要点：作品留给读者想象和再创造的空间，读者可以凭借自身的文化素养展开思考，从而获得对作品更深层次的理解。A 项，"心有灵犀一点通"比喻恋爱着的男女双方心心相印，不符合作品留给读者想象和再创造的空间。B 项，"一片冰心在玉壶"意思是我的心依然像玉壶里的冰一样纯洁，未受功名利禄等的污染，不符合作品留给读者想象和再创造的空间。C 项，"道是无晴却有晴"运用双关的修辞法，以"晴"代"情"，暗指恋人看似无感情的表白却饱含着对意中人的一片深情，不符合作品留给读者想象和再创造的空间。D 项，"此时无声胜有声"指的是默默无声却比有声更感人，此时的无声留给了人无限的想象，符合作品留给读者想象和再创造的空间，读者可以凭借自身的文化素养展开思考，从而获得对作品更深层次的理解。故选 D。

24. B 单定义判断否定。兼语句的定义要点：①由兼语短语充当谓语或独立成句的句子；②谓语由动宾短语套接主谓短语构成，动宾短语的宾语兼做主谓短语的主语；③多有使令的意思，所以句中前一个谓语多由使令动词充当；④兼语的谓语是前面动作所要达到的目的或产生的结果，即兼语前后两个动词在语意上有一定联系。A 项，谓语是叫我告诉你这件事，其中"叫我"是动宾短语，"我告诉"是主谓短语，"我"既做宾语又做主语，符合谓语由动宾短语套接主谓短语构成，动宾短语的宾语兼做主谓短语的主语，符合定义。B 项，谓语是去图书馆借本书，其中"去图书馆"是动宾短语，图书馆不是借书的主语，"我"才是借书的主语，不符合动宾短语的宾语兼做主谓短语的主语，不符合定义。C 项，谓语是号召毕业生去支教，其中"号召毕业生"

是动宾短语，"毕业生去支教"是主谓短语，"毕业生"既做宾语又做主语，符合定义。D项，谓语是选小明当班长，其中"选小明"是动宾短语，"小明当班长"是主谓短语，"小明"既做宾语又做主语，符合定义。故选B。

25. A　单定义判断肯定。商业混同行为的定义要点：经营者采用欺骗手段从事市场交易，使自己经营的商品或服务与特定竞争对手的商品或服务相混淆，造成或足以使购买者误认误购的不正当竞争行为。A项，"白威"啤酒和知名品牌百威啤酒类似，容易使购买者误认误购，符合定义。B项，泰山旅游宣传和"泰山"牌香烟之间并不是竞争对手的关系，不符合定义。C项，某娱乐演艺公司经营的会所和其公司旗下艺人之间并不是竞争对手的关系，不符合定义。D项，某饼干生产厂家和知名动画片《小猪佩奇》之间并不是竞争对手的关系，不符合定义。故选A。

26. D　单定义判断否定。"互联网+政务"服务实现了以下目标：①部门间数据共享；②让居民和企业少跑腿、好办事，简除烦苛，禁察非法；③使人民群众有更平等的机会和更大的创造空间。注意此题为选非题。A项，办理农村合作医疗保险只需携带身份证，简化了流程，符合让居民和企业少跑腿、好办事。B项，跑一个窗口就将其所要办理的事情全部办好，符合让居民和企业少跑腿、好办事。C项，小明身在外地不需要回到户口所在地就可以补办身份证，简化了程序，方便了群众，符合让居民和企业少跑腿、好办事。D项，政府机构的服务比以前好多了，强调的是服务态度好，不符合部门间数据共享，让居民和企业少跑腿、好办事，简除烦苛，禁察非法，使人民群众有更平等的机会和更大的创造空间。故选D。

27. A　单定义判断肯定。缺点逆用法的定义要点：针对人或事物的缺点，将这些缺点进行转换，使之成为可被利用的优点，从而解决问题。A项，电流通过导体时会产生热量，如不进行散热则会损害电路元件是缺点，人们利用电流的这种特性将产生的热量传导到毛毯上生产出了电热毯，符合针对人或事物的缺点，将这些缺点进行转换，使之成为可被利用的优点，从而解决问题。B项，召回存在致癌物质的模具，不符合针对人或事物中的缺点，将这些缺点进行转换，使之成为可被利用的优点。C项，对司机重新进行业务培训并加重对拒载司机的处罚不符合将这些缺点进行转换，使之成为可被利用的优点。D项，小明含石子克服口吃的缺点，不符合将这些缺点进行转换，使之成为可被利用的优点。故选A。

28. D　单定义判断否定。贝勒定律定义要点：必须加更大的重量，才能感觉到差别。A项，800元比5元数额大很多，因此800元涨价10元人们都不会有很大感觉，但5角钱涨价1元会感觉很明显，符合必须加更大的重量才能感觉到差别，符合定义。B项，父母一直都比陌生人给我们的爱更多，因此对父母的宠爱并不会有很大的感觉，符合必须加更大的重量才能感觉到差别,符合定义。C项,亲密的朋友关系已经非常紧密,因此对朋友的关爱变化并不会有很大的感觉,符合必须加更大的重量才能感觉到差别,符合定义。D项,小明对比大学同学觉得自己没有那么优秀,体现了与他人的对比,但没有体现加更大的重量,不符合定义。故选D。

29. B 单定义判断否定。幸存者偏差谬误是统计学中的一种谬误,定义要点如下:①忽略;②已经不可能向我们显示的数据;③仅仅根据能够展现出的数据;④得出某种错误结论的谬误。A项,记者在高铁上调查乘客的买票情况,高铁上的乘客都是有票的,符合定义。B项,小张看到大多数人给予某部电影好评而决定去看,就是根据大数据整体评估后做出的决定,不符合忽略了那些已经不可能向我们显示的数据、仅仅根据能够向我们展现出的数据,从而得出某种错误结论。C项,小李读的传记只记录了展示给我们的成功的案例,没有提到失败者的案例,符合定义。D项,老王只看到老刘说A好,看不到那些说A不好的,符合定义。故选B。

30. B 单定义判断肯定。偶例谬误的定义要点:基于某个通则的存在,而否定例外的存在或正当性。A项,没有否定例外的存在。B项,超速是违法的符合基于某个通则的存在,救护车不应该超速符合否定例外的正当性。C项,海马也可以作战马,不是否定例外的存在。D项,住了七天,有三天下雨,不符合基于某个通则的存在。故选B。

31. C 单定义判断否定。绿色消费的定义要点:避免或减少对环境的破坏,崇尚自然和保护生态等为特征。A、B、D项都体现了减少对环境的破坏。C项,吃原生态野味是对野生动物的迫害,不属于崇尚自然、保护生态。故选C。

32. D 单定义判断否定。参照群体的定义要点:个体在进行某项决策时,用以比较、参考的个人或群体。A项,丽丽在穿衣方面模仿别人,是在做决定时参照了个体,该项中存在参照群体。B项,王可学高年级学长开始吸烟,高年级的学长是参照群体,该项中存在参照群体。C项,明星的同款晚礼服获得热销,该明星的晚礼服是参照群体,因此,该项中存在参照群体。D项,小沈因为空气质量而购买了郊区的房子,该项中没有作为参照的个人或群体。故选D。

33. A 单定义判断肯定。组织学习的定义要点:组织为了实现发展目标、提高核心竞争力而围绕信息或知识技能所采取的各种行动,是组织不断努力改变或重新设计自身以适应持续变化的环境的过程。A项,某大型国企派人学习科技课程,是为了实现发展目标、提高核心竞争力而围绕信息或知识技能所采取的活动,属于组织学习,符合定义。B项,李明去参加周末管理培训是个人为了实现自己的目标,而不是组织为了实现发展目标、提高核心竞争力而围绕信息或知识技能所采取的行动,不符合定义。C 项，某外企工作团队节假日去三亚度假属于休闲活动，而不是组织为了实现发展目标、提高核心竞争力而围绕信息或知识技能所采取的行动，不符合定义。D 项，某集团组织新进员工开展户外拓展是为了增强团队意识，而不是为了实现发展目标、提高核心竞争力而围绕信息或知识技能所采取的行动。故选 A。

34. B　单定义判断肯定。界限侵犯的定义要点：①咨询中，咨询师为了自己的性、情绪或经济方面的获益做出不符合专业标准的行为，也包括不当地利用咨询师和来访者之间的权力差异；②故意的有计划的行为。A 项，和题干没有关联，属于无关项。B 项，来访者为投资顾问，咨询师问其对当前持有股票的建议，属于经济方面的获益，而且属于有计划的行为，符合定义。C 项，没有做出不符合专业标准的行为。D 项，不是故意有计划的行为。故选 B。

35. A　单定义判断否定。黄金标准法则的定义要点：①为品牌设立一个可使之与同类品牌相比更加出色的说辞；②体现出该品牌的高出一等、胜人一筹。A 项，"鹤舞长山，我心飞翔"是宣传保健品本身的效果好，不是与同类品牌相比更加出色的说辞，没有应用黄金标准法则。故选 A。

36. C　单定义判断肯定。形象工程的定义要点：①某些领导干部为了个人或小团体的目的和利益；②不顾群众需要和当地实际，不惜利用手中权力而搞出的劳民伤财的工程；③有可能为自己和小团体标榜政绩。A 项，领导干部为农村儿童建立希望基金会是为了群众利益，不符合某些领导干部为了个人或小团体的目的和利益。B 项，某经理不属于领导干部。C 项，某领导以发展旅游为名在贫困乡建大型度假村，符合某些领导干部为了个人或小团体的目的和利益不顾群众需要和当地实际，利用自己手中权力搞出为自己和小团体标榜政绩的工程。D 项，某市领导决定对当地古建筑工程进行修复，没有不顾群众需要和当地实际。故选 C。

37. A　单定义判断肯定。情感营销的定义要点：在商品销售过程中，商家运用各种手段拉近与客户的情感距离，达到销售目的的营销策略。A 项，导购员看到有人走近，就笑脸相迎，并用亲属称谓拉进与客户的情感距离，推荐顾客体验、购买商品，符合定义。B 项，小刘为小丁的儿子购买了自己负责销售的儿童成长类保险产品，没有体现达到销售目的的营销策略，不符合定义。C 项，从赞助商那里为他们挑选合适的商品没有体现在商品销售过程中，不符合定义；D 项，没有体现达到销售目的的营销策略。故选 A。

38. A　单定义判断肯定。环境教育的定义要点：①以人类与环境的关系为核心；②以解决环境问题和实现可持续发展为目的；③以提高人们的环境意识和有效参与能力、普及环境保护知识与技能、培养环境保护人才为任务；④以教育为手段而展开的一种社会实践活动。A 项，倡导遵守保护环境的行为规范，目的是保护环境，符合定义。B 项，讲授与环境有关的自然科学知识，没有涉及实践活动。C 项，改造自然不符合以解决环境问题和实现可持续发展为目的。D 项，没有体现是否要保护环境、是否实现可持续发展。故选 A。

39. B　单定义判断肯定。隐性广告的定义要点：①方式：将产品或品牌及其代表性的视觉性符号甚至服务性内容策略性地融入电影、电视剧或其他电视节目及其他传播内容中（隐藏于载体并与载体融为一体）；②目的：使观众在接受传播内容的同时，不自觉地接受商品或品牌信息，继而达到广告主所期望的传播目的。A 项，播放广告，不属于隐藏载体并与载体融为一体。B 项，运动员的领奖服隐藏于载体并与载体融为一体的方式，达到了传播的目的。C 项，电影放映前播放该产品广告，不属于隐藏于载体并与载体融为一体的方式。D 项，参加亲戚的婚礼，不属于融入电影、电视剧或其他电视节目及其他传播内容中。故选 B。

40. D　单定义判断肯定。甜柠檬效应的定义要点：预期目标失败，为了冲淡自己内心的不安，百般提高现已实现目标的价值，从而达到心理平衡。A 项，成绩还没有出，不符合预期目标失败。B 项，乙科目二没考过，觉得自己没有发挥好，没有体现出乙百般提高现已实现目标的价值。C 项，丙考了第一名，不符合预期目标失败。D 项，丁在本月业绩排倒数第一，符合预期目标失败，他安慰自己业绩比上个月好，符合为了冲淡自己内心的不安，百般提高现已实现目标的价值，从而达到心理平衡。故选 D。

41. D　单定义判断否定。联边的定义要点：连用三个以上的联边字（偏旁部首相同的字）的修辞方式。A 项，"澎湃潮流沸海江"中的偏旁部首都是"氵"，符合连用三个以上的联边字（偏旁部首相同的字），符合定义。B 项，"波涛滚滚"四个字的偏旁部首都是"氵"，符合连用三个以上的联边字（偏旁部首相同的字），符合定义。C 项，"叽哩咕噜"中的偏旁部首都是"口"，符合连用三个以上的联边字（偏旁部首相同的字），符合定义。D 项，句中没有出现连用三个以上的联边字（偏旁部首相同的字），不符合定义。故选 D。

42. B　单定义判断肯定。直销的定义要点：销售人员以面对面说明的方式，把产品或服务直接销售或推广给最终消费者，并提取报酬的一种营销方式。A 项，某商场商品全部买一送一，没有说明是不是面对面销售，没有体现销售人员以面对面说明的方式，把产品或服务直接销售或推广给最终消费者，不符合定义。B 项，某商品业务员深入社区为居民讲解商品用途及效果并让居民免费体验，属于销售人员以面对面说明的方式，把产品或服务直接销售或推广给最终消费者，事后公司给他结算提成属于提取报酬，符合定义。C项，小赵暑期打工时老板要求小刘必须缴纳押金，不属于销售人员以面对面说明的方式，把产品或服务直接销售或推广给最终消费者并提取报酬。D项，所有购买指定产品的客户均可免费享受全年美容护理没有体现销售人员以面对面说明的方式，不符合定义。故选B。

43. B　单定义判断肯定。税收筹划的定义要点：在法律法规许可的范围内，通过对经营、投资、理财活动的事先筹划和安排，尽可能节税。A项，市场占有率降低，并不是企业本身为了降低税费而使市场占有率降低，不符合事先筹划和安排。B项，合理利用会计政策减少税费，符合通过对经营、投资、理财活动的事先筹划和安排，进行节税。C项，成本急剧上升而产生亏损并不是企业为了降低税费而使成本上升，不符合为了节税事先筹划和安排。D项，因突发地震进行捐款捐物，肯定不是事先的筹划和安排。故选B。

44. D　单定义判断否定。电信诈骗的定义要点：犯罪分子通过电话、网络和短信方式，发布虚假信息，设置骗局，对受害人实施远程、非接触式诈骗，诱使受害人给犯罪分子打款或转账，进行非法侵占他人财物的犯罪行为。A项，王某通过网上发布虚假信息，骗取顾客缴纳金的行为符合定义，属于电信诈骗。B项，李某盗用正在出差的张先生的微信头像，利用微信骗取张太太两万元的行为符合定义，属于电信诈骗。C项，张某谎称自己患上不治之症，伪造诊断书、编造假故事放在网上，通过众筹募集到三万元医药费的行为符合定义，属于电信诈骗。D项，家政公司派来的保洁员王某忽悠李老太太从王某丈夫的店里购买了数千元保健品，没有利用电话、网络和短信方式，并且是接触式的诈骗行为，不符合定义，不属于电信诈骗。故选D。

45. A　单定义判断否定。正向思维的定义要点：大脑在处理问题时沿着习惯性、常规性的方向展开思维，在一定范围内按照有一定顺序的、可预测的、程式化的方向进行思考。A项，"王侯将相，宁有种乎"为陈胜所说，这句话的意思是：那些称王侯拜将相的人，难道就比我们高贵吗？与当时的习惯性、常规性思维不一致，不符合定义。B项，"种瓜得瓜，种豆得豆"，符合大脑在处理问题时沿着习惯性、常规性的方向展开思维，并在一定范围内按照有一定顺序的、可预测的、程式化的方向进行思考，运用了正向思维。C项，"朝霞不出门，晚霞行千里"，这句话是一个民间的谚语，意思是早上有霞的时候不要出门，因为天气可能会不好，晚上有霞的时候第二天天气会很好，可以出行，是古代人民根据长期生活经验得来的智慧结晶，符合在一定范围内有一定顺序的、可预测的、程式化的方向进行思考。D项，"冬天来了，春天还会远吗"，冬去春来是自然规律，符合在一定范围内按照有一定顺序的、可预测的、程式化的方向进行思考。故选A。

46. B 单定义判断肯定。非爱行为的定义要点：以爱的名义，违背他人主观意愿，在精神与行为方面强制控制他人，迫使对方按照施控者的意愿去做事，这一行为往往发生在夫妻、恋人、父母与子女等最亲近的人之间。A 项，张某按照医嘱，要求女儿每三小时做一次牵引，是正常的治疗行为，不符合非爱行为定义。B 项，林某强迫儿子每天练琴三小时，"强迫"符合违背他人主观意愿，而且发生在父母与子女之间，属于以爱的名义对自己亲近的人进行非爱性的掠夺，符合定义。C 项，陈某的女儿有精神疾病，陈某作为女儿的监护人，此行为是正常的，故不符合定义。D 项，李某按照轮流陪护协议，要求儿子前往医院陪护患重病的母亲，不符合违背他人主观意愿，不符合定义。故选 B。

47. C 单定义判断否定。学习迁移的定义要点：一种学习对另一种学习的影响，已获得的知识经验、知识结构、动作技能、学习态度、策略和方法等对新知识、新技能产生的影响。A 项，利用弧长和圆心角的关系（已获得的知识）测算出地球半径（新知识），符合已获得的知识经验、知识结构、动作技能、学习态度、策略和方法等对新知识、新技能产生的影响。B 项，小芳拉二胡是已获得的知识，尝试拉小提琴是新知识，符合定义。C 项，小张看别人看书，自己也看书，是受旁人的影响，不符合一种学习对另一种学习的影响，不符合定义。D 项，小王跳民族舞是已经获得的知识，由于已经获得的知识而难以适应芭蕾舞的节奏，体现了一种学习对另一种学习的影响，符合定义。故选 C。

48. C 单定义判断否定。暗示效应的定义要点：用抽象诱导的间接方法对人们的心理和行为产生影响，从而诱导人们按照一定的方式去行动或接受意见，使其思想、行为与暗示者期望的目标相符合。A 项，经常在集体场合对一些学生好的行为进行表扬，符合在无对抗的条件下用抽象诱导的间接方法对人们的心理和行为产生影响，从而诱导人们按照一定的方式去行动或接受意见，使其思想、行为与暗示者期望的目标相符合。B 项，将自己生产的酒摆放在两种国际名酒之间，有向消费者暗示的意图，符合用抽象诱导的间接方法对人们的心理和行为产生影响。C 项，没有体现用抽象诱导的间接方法对人们的心理和行为产生影响。D 项，与直接回答"喜欢什么水果"相比，孩子们更倾向于从"喜欢橘子还是香蕉"中做选择，体现了用抽象诱导的间接方法对人们的心理和行为产生影响。故选 C。

49. C 单定义判断肯定。次级群体的定义要点：人们为了某种特定的目标集合在一起，通过明确的规章制度，结成正规关系的社会群体。A 项，大学里的老乡群，不是通过明确的规章制度结成的正规关系的社会群体。B 项，兼职学生小组，不符合通过明确的规章制度，结成正规关系的社会群体。C 项，九三学社，符合人们为了某种特定的目标集合在一起，通过明确的规章制度，结成正规关系的社会群体。D项，学生会不符合结成正规关系的社会群体。故选C。

50. A　单定义判断否定。符号的定义要点：人们根据规定或自行约定俗成的，用来表示一种对象的标志物。A项，洗衣机的使用手册是根据洗衣机的使用功能写成的，不是根据规定或自行约定俗成的，不符合定义。B项，国旗是国家的一种标志性旗帜，是国家的象征，符合定义。C项，公司的品牌logo，是公司自行设计的能够代表该公司的标志，符合定义。D项，限速60 km的路牌是用文字或符号传递引导、限制的信息，是限行的标志，符合定义。故选A。

51. A　单定义判断否定。质押的定义要点：债务人或第三人将其动产或者权利移交债权人占有，作为债权的担保；当债务人不履行债务时，债权人有权依法以其占有的财产优先受偿。A项，甲和乙并没有约定将乙生产的服装作为债权的担保，不属于质押。B项中甲用公司的一部分股权作为担保，C项中以笔记本作为担保，D项中以汽车作为担保，均符合定义。故选A。

52. D　单定义判断肯定。损失敏感效应的定义要点：人们对财富的损失比对财富的获得更敏感，财富减少产生的痛苦与等量财富增加给人带来的快乐不相等。A项，讲的是关注度，没有涉及财富的损失与获得。B项，没有体现等量财富下损失与获得的感受。C项，200元钱与100元钱不等量，不符合定义。D项，两者都是100元钱，符合等量，并且讨论到损失与获得，符合定义。故选D。

53. C　单定义判断肯定。社区居家养老的定义要点：以家庭为核心、社区为依托，居住在家，提供专业化、社会化服务，解决日常生活中各种实际困难。A项，住进街道办的托老所后，不符合定义居住在家中。B项，某社区联合一家养老企业推出适老化改造项目更多是企业参与改造工作，不符合以社区为依托，且改造工作是一种短期工程，不是长期养老服务，无法帮助老年人解决日常生活中各种实际困难，不符合定义。C项，社区养老服务中心依托社区，傍晚回家说明居住在家，定期体检说明提供了专业化的服务。D项，不符合居住在家中。故选C。

54. D　单定义判断否定。环境移民的定义要点：人类生存的自然环境和人居环境受到突发或渐进式的不利影响而产生的各种人口迁移行为，包括自愿的、非自愿的、事后被迫的、预先计划的，暂时的、永久性的，个体和家庭自发的、政府主导的移民类型。A项，切尔诺贝利核污染区域居民集体撤离家园，符合定义。B项，为了保护三江源地区而限制放牧后的生态移民，符合定义。C项，安史之乱时期中原人民大量南迁指战乱中人们居住环境发生变化，符合定义。D项，元朝定都大都之后大量牧民南迁是政治和经济条件导致的移民，不是自然环境和人居环境突发变化导致的移民，不符合定义。故选 D。

55. C　单定义判断肯定。根据题干中的信息，副驾驶法泛指旁观者根据个人经验指点他人完成操作过程的言行或心态。A 项，老李是被指点者，不符合定义。B 项，小张对其他司机水平加以评论，小张并没有指点他们完成驾驶操作，不符合定义。C 项，棋迷们根据自身的经验对对弈者的每步棋操作指点，符合定义。D 项，董事长交代几句，让冯经理拿回去修改，只是对他进行工作指导，不符合定义。故选 C。

56. C　单定义判断否定。网络犯罪的定义要点：针对和利用网络进行的犯罪，其本质特征是危害网络及其信息的安全与秩序。A 项，通过短信发送木马病毒，盗取钱财，符合危害网络及其信息的安全与秩序。B 项，通过 App 直播软件进行收费色情直播，符合危害网络及其信息的安全与秩序。C 项，上车见面后垂涎美色，将其强暴并杀害，并没有体现危害网络及其信息的安全与秩序。D 项，境外"线上老虎机"，符合危害网络及其信息的秩序。故选 C。

57. C　单定义判断否定。蝴蝶效应的定义要点：微小的变化能带来巨大的连锁反应。A 项，由世界杯外围赛比赛结果，引发球迷和媒体对骂，最终导致持续四天的战争，符合微小的变化带来巨大的连锁反应。B 项，由疑似疯牛病案例，引发牛肉大幅下滑，造成牛肉产业工人大规模失业，符合微小的变化带来巨大的连锁反应。C 项，巨石经过多年冲刷，表面非常光滑，并没有体现微小的变化带来巨大的连锁反应。D 项，从一个小钉子的缺失到国家的灭亡，符合微小的变化带来巨大的连锁反应。故选 C。

58. D　单定义判断否定。自恋型人格障碍的定义要点：对自我价值感的夸大，缺乏对他人的公感性，常有特权感，期望自己得到特殊待遇，友谊多从利益出发。A 项，总觉得自己是最优秀的人，理应获得所有荣誉，体现了对自我价值感的夸大。B 项，精心挑选的礼物随手一扔，懒得拆开，体现了缺乏对他人的公感性。C 项，喜欢指使他人，体现了自己常有特权感，期望自己获得特殊待遇。D 项，没有体现定义中的任何一点。故选 D。

59. B　单定义判断肯定。类似行为的定义要点：在他人和团体的影响下而表现出的、与他人和团体的要求期望相一致的行为。类似行为的出现基于三种原因：一是人们为了适应社会生活环境而遵守共同的社交规范；二是相似文化背景和社会化过程对人的行为塑造；三是人际交往中双方心理的相互影响。A 项，并没有体现在他人和团体影响下表现出与他人和团体要求期望相一致的行为。B 项，平常喜欢休闲服饰，但在面试中决定着正装、打领带，体现了为了适应社会生活环境而遵守共同的社交规范而表现出与他人或团体的要求期望相一致的行为。C 项，小王的室友都申请暑假兼职，小王也决定不回家，留校复习准备考研，而不是也申请兼职，并没有表现出与他人和团体的要求期望相一致的行为。D项，并没有表现出相一致的行为，只是说觉得很有道理。故选B。

60. B 单定义判断否定。无偿合同的定义要点：当事人一方只享有权利而不偿付任何代价的合同。换言之，该合同的一方当事人向对方给予某种利益，而对方取得该利益时无须偿付任何代价。A项，将房子赠与侄子，双方签订合同，在赠予合同中侄子没有付出任何代价。B项，任职满5年不是无须偿付任何代价。C项，将住宅交与王某，王某没有付出任何代价。D项，不需要缴纳使用费用，说明没有付出任何代价。故选B。

61. C 单定义判断肯定。懒蚂蚁效应的定义要点：一小部分蚂蚁总在四处张望和偷懒，当蚁窝被破坏或食物来源断绝时，这部分懒蚂蚁则通过平时侦察获知的消息，能带领蚁群找到新窝和食物来源。A项，小张不仅要完成自己的本职工作，还兼职了两份工作，小张没有偷懒，不符合定义。B项，林薰薰两年内换了三家公司，说明她丧失了工作方向，不符合定义。C项，销售业绩不佳的员工，符合偷懒，题干中的偷懒并不是真的偷懒，而是在侦查和研究，被辞退后，这批员工合资创立了一家新的保险公司且发展红火，符合带领蚁群找到新窝和食物来源，属于懒蚂蚁效应，符合定义。D项，小明虽然逃课，但是期末成绩很优秀，不属于懒蚂蚁，不符合定义。故选C。

62. C 单定义判断肯定。借势而为的定义要点：合理利用所处环境、地位，积极践行理想信念的进取心态。A项，意思是读书人不可以不宏大刚强而有毅力，因为他责任重大，讲的是一个人的德行和责任，没有涉及借势而为，不符合定义。B项，意思是不得志的时候就要管好自己的道德修养，得志的时候就要努力让天下人都能得到好处，没有体现积极践行理想信念的进取心态，不符合定义。C项，意思是在朝廷里做高官应当心系百姓，处在偏远的江湖间也不能忘记关注国家安危，强调不论是在朝廷做官还是居家为民都要积极利用环境、积极进取，符合合理利用所处环境、地位，积极践行理想信念的进取心态，符合定义。D项，天（自然）的运动刚强劲健，相应于此，君子处世应像天一样自我力求进步，刚毅坚卓、发奋图强、永不停息；大地的气势厚实和顺，君子应增厚美德、容载万物，强调的是君子的自我修养，没有涉及借势而为，不符合定义。故选C。

63. C 单定义判断肯定。市场补缺者战略定义要点：行业中相对弱小的企业为避免与实力强大的企业正面冲突，选择未被满足的细分市场，并向细分市场提供专门的产品或服务，以谋求生存与发展的战略。A项，小型饮料厂，符合相对弱小的企业，通过降低批发价、免费送货等方法来吸引批发商、销售商，只是改变方式，没有体现选择未被满足的细分市场并向细分市场提供专门的产品或服务，不符合定义，排除。B 项，某网商不确定是不是相对弱小的企业，把卡通形象印制在水杯上也不是针对某一细分市场，不符合选择未被满足的细分市场、向细分市场提供专门的产品或服务，不符合定义，排除。C 项，新成立的化妆品公司符合行业中相对弱小的企业，而且专门开发生产市场上较为稀缺的老年人护肤品，也符合选择未被满足的细分市场、向细分市场提供专门的产品或服务，符合定义，当选。D 项，小型服装生产企业符合相对弱小的企业，生产物美价廉的女装并没有体现针对某一细分市场上的消费者，不符合选择未被满足的细分市场、向细分市场提供专门的产品或服务，不符合定义，排除。故选 C。

64. D　单定义判断肯定。股权众筹的定义要点：创新创业者或小微企业通过股权众筹融资中介机构互联网平台公开募集股本的活动。A 项，没有通过股权众筹融资中介机构互联网平台入股。B 项，地方股权交易市场不是股权众筹融资中介机构互联网平台入股。C 项，自己制作的网站不是股权众筹融资中介机构互联网平台入股。D 项，通过某网络创投平台出资获得 5% 的股权，赵某投资的某小微企业通过股权众筹融资中介机构获得融资。故选 D。

65. B　单定义判断肯定。非职务发明定义要点：发明人利用自己的时间、资金、设备等物质条件或技术条件完成的发明创造。A 项，时装设计师，没有体现是利用自己的时间、资金完成发明创作。B 项，退休后，摸索出大棚种植灵芝的先进技术，属于利用自己的时间、资金完成发明创造。C 项，发现古城墙遗址，不属于发明。D 项，发现名贵菌株，不属于发明。故选 B。

66. D　单定义判断肯定。体象障碍的定义要点：强迫性地认为自己身体的某些部分有严重的缺陷，且通常是想象出来的，即便缺陷确实存在，它的严重性也是被夸大的，并采取特殊的方式来掩盖或"修复"。A 项，小王因爱美让摄影师修图，不符合强迫性地认为自己身体的某些部分有严重的缺陷，不符合定义。B 项，小李因爱干净花一个小时洗漱，不符合强迫性地认为自己身体的某些部分有严重的缺陷，不符合定义。C 项，外表不突出的小高宅在家中不参加社交，不符合通常是想象出来的缺陷，不符合定义。D 项，身高 170 cm 的张女士认为自己矮小，符合强迫性地认为自己身体的某些部分有严重的缺陷，缺陷通常是想象出来的，出门必穿高跟鞋符合采取特殊的方式来掩盖或"修复"，符合定义。故选 D。

67. A　单定义判断肯定。纯粹接触效应定义要点：个体接触一个刺激的次数越频繁，对该刺激就越喜欢。A 项，由于小秦穿颜色鲜艳的衣服，因此张教授经常能注意到她，属于接触刺激的次数频繁，最终在类似的学生中选择小秦，符合纯粹接触效应。

B项，没有体现接触刺激的次数频繁。C项，随着交往的深入，并不是接触刺激的次数频繁。D项，并不是接触刺激的次数频繁。故选A。

68. A 单定义判断肯定。涉他合同定义要点：合同双方当事人为第三人设定了合同权利，由第三人取得利益的合同；合同当事人的约定不得给第三人增加负担，双方当事人的约定不约束该第三人，当事人拒绝履行合同时由当时双方中的合同债务人负责履行。A项，双方为陈某的女朋友设定了合同权利，由陈某的女朋友取得利益，且没有给陈某的女朋友增加负担，也没有约束陈某的女朋友。B项，没有体现第三人。C项，通知好友帮其付款，体现给第三人增加负担。D项，进入摄制组担任演员，体现给第三人增加负担，约束第三人。故选A。

69. B 单定义判断否定。心理记账的定义要点：人们在心理上对结果进行分类、编码、估价和预算的过程，消费者在决策时可能根据不同的任务进行相应的心理记账。A项是在心理上对结果进行分类、编码、估价和预算，符合定义。B项，只是客观对比，不是心理上对结果进行分类、编码、估价和预算，不符合定义。C项也是从心理上对结果进行了估价，符合定义；D项体现了职工心理上对发实物与发购物卡的结果进行的分类、编码、估价和预算等的过程，符合定义。故选B。

70. A 单定义判断否定。逆向服务定义要点：在产品（服务）售后以后，企业向顾客提供实现产品（服务）使用价值的服务。A项，电信运营商推出存话费送手机的优惠活动，不属于售后以后的服务，与定义不符。B项，空调生产商为客户提供终身免费上门维修服务，符合在产品（服务）售后以后，企业向顾客提供实现产品（服务）使用价值的服务。C项，网店推出售后商品7天内可免费退、换货服务，符合在产品（服务）售后以后，企业向顾客提供实现产品（服务）使用价值的服务。D项，汽车4S店为客户提供二手车估价、转让服务，为购买车的客户提供了实现产品（服务）使用价值的服务，与定义相符。故选A。

71. D 单定义判断否定。化感作用定义要点：植物释放化学物质到环境中，产生对其他植物直接或间接的作用。A项，小麦氮吸收能力提高，说明大豆对小麦产生作用。B项，灌木产生的萜类化合物，有抑制植物种子萌发作用。C项，洋槐树向空中挥发有毒物质，有降低杂草存活率作用。D项，除草剂的化学物质不是植物释放的。故选D。

72. C 单定义判断肯定。自我构建的定义要点：个体通过行为表现，表明自己符合在他人心目中的已经建立起来的社会身份和社会形象。A项，欢欢经常模仿话剧演员的表演，希望自己以后也成为话剧演员，她本人还不是话剧演员，不符合已经建立起来的社会身份和社会形象。B项，某公司树立了热心于社会公益事业的良好形象，但某公司不是个体,不符合定义。C项,企业家经常穿着昂贵的西装、坐豪车,符合其身份,符合个体通过行为表现,表明自己符合在他人心目中的已经建立起来的社会身份和社会形象。D项,航空公司想让员工在旅客心中建立好的形象,说明其还没有形成一定的社会身份,不符合已经建立起来的社会身份和社会形象。故选C。

73. D 单定义判断肯定。心理契约定义要点:个体与组织之间隐含的、没有明文规定的双方各自的责任及对对方的期望。A项,每月业绩最好者能享受双薪,一般是有明文规定的,不符合没有明文规定的双方各自的责任及对对方的期望。B项,与优秀员工签订终身合同,一般是有明文规定的,不符合没有明文规定的双方各自的责任及对对方的期望。C项,承诺为员工提供购房免息贷款,"承诺"一般也是有明文规定的,不符合没有明文规定的双方各自的责任及对对方的期望。D项,为员工提供职业生涯设计,符合个体与组织之间隐含的、没有明文规定的双方各自的责任及对对方的期望。故选D。

74. C 单定义判断肯定。无效劳动合同的定义要点:当事人违反法律、行政法规的规定签订的,不具有法律效力。A、B、D三项均属于有效的劳动合同。C项中"无节假日"不符合相关法律规定,属于无效劳动合同。故选C。

75. B 单定义判断否定。视觉暂留定义要点:光信号传入大脑神经需经过一段短暂的时间,光的作用结束后,视神经的反应速度会造成视觉形象并不立即消失。A项,日光灯每秒大约熄灭100余次,但人们基本感受不到灯的闪动,说明光熄灭后人们没有感觉,光信号传入大脑神经,视神经的反应速度会造成视觉形象并不立即消失。B项,从早上到晚上,时间较长,不符合经过一段短暂的时间。C项,直视太阳数秒后,有黑色影子,符合光的作用结束后,视神经的反应速度会造成视觉形象并不立即消失。D项,风扇快速旋转时,只能看见一个旋转的圆盘,看不清单个的扇叶。说明当旋转停息的时候,视神经的反应速度会造成视觉形象并不立即消失,所以会只能看到旋转的圆盘而看不清单个的扇叶。故选B。

76. B 单定义判断否定。生物风化的定义要点:生物活动中对岩石、矿物产生的机械和化学的破坏。A项,"千里之堤,溃于蚁穴"的意思是很长的堤坝,因为小小蚁虫的啃噬最后被摧毁,体现了蚂蚁对大堤的破坏作用,属于生物风化,符合定义。B项,"蚍蜉撼大树,可笑不自量"的意思是蚂蚁想摇动大树,比喻力量很小而想动摇强大的事物,不自量力。该项中虽然有生物活动,但是没有对岩石、矿物产生的机械和化学的破坏,不属于生物风化,不符合定义。C项,"落红不是无情物,化作春泥更护花"的意思是花不是无情之物,落在泥土里成了肥,还可以哺育花。该项中落红虽然护花,但对矿物却产生了化学的破坏作用,属于生物风化,符合定义。D项,"咬定青山不放松,立根原在破岩中"的意思是竹子抓住青山一点也不放松,它的根牢牢地扎在岩石缝中。竹子扎根岩石,需要对岩石进行破坏,体现了生物对岩石的破坏作用,属于生物风化。故选 B。

77. C　单定义判断肯定。科技期刊的定义要点:具有固定刊名、刊期、年卷或年月顺序编号,印刷成册,以报道科学技术为主要内容的连续出版物。A 项,《中国首届砂石生产技术交流会论文集》是一本论文集,属一次性出版,没有固定的刊名、刊期、年卷或年月顺序编号等,不属于科技期刊。B 项,《青年文摘》是一本面向全国、以青少年为核心读者群的文摘类综合刊物,不以科学技术为主要内容,不符合定义。C 项,《哈尔滨工程大学学报》是一本由工业和信息化部主管、哈尔滨工程大学主办的国内外公开发行的理工科综合性学术期刊,是具有固定刊名、刊期、年卷或年月顺序编号,印刷成册,以报道科学技术为主要内容的连续出版物,符合定义。D 项,《汽车新型光源科技研讨会会议纪要》是一篇会议纪要,不是具有固定刊名、刊期、年卷或年月顺序编号,印刷成册,以报道科学技术为主要内容的连续出版物,不符合定义。故选 C。

78. D　单定义判断肯定。汽化的定义要点:物质从液体状态变为气体状态。A 项,冰棒属于固态,不符合物质从液体状态变为气体状态,不符合定义。B 项,冻住的衣服属于固态,不符合物质从液体状态变为气体状态,不符合定义。C 项,泡沫灭火器的工作原理是碳酸氢钠和硫酸铝两种溶液混合后发生化学反应,产生大量可以达到灭火目的的二氧化碳气体泡沫,不符合物质从液体状态变为气体状态。D 项,洒在地上的水不久后就蒸发消失了,符合物质从液体状态变为气体状态,符合定义。故选 D。

79. B　单定义判断否定。公共财物的定义要点:国有财物、劳动群众集体所有的财物、扶贫和其他社会公益事业的社会捐助或者专项基金的财物。A 项,公园的健身器材,属于国有财物、劳动群众集体所有的财物。B 项,公务员缴纳的社保,属于其个人的财物,不符合国有财物、劳动群众集体所有的财物。C 项,农村的自留地属于村集体所有,符合国有财物、劳动群众集体所有的财物。D 项,孤寡老人的慰问品,符合扶贫和其他社会公益事业的社会捐助或者专项基金的财物。故选 B。

80. C　单定义判断肯定。错构的定义要点:回忆自己亲身经历过的事件时,对地点尤其是时间的记忆出现错误或混淆。A 项说的是讨论某热播剧,不属于回忆自己亲身经历的事件。B 项,小光说他记得自己交了作业,实际他没有交作业,不符合回忆自己亲身经历的事件。C 项,小刘和小亮聊起童年趣事,符合回忆自己亲身经历的事件,错把小学发生的事说成是在中学发生的符合对地点尤其是时间的记忆出现错误或混淆的现象。D 项,小丽谎称自己在家学习业务知识,实际没有做,不符合回忆自己亲身经历的事件。故选 C。

第二节　多定义判断

1. A　多定义判断否定。演绎作品的定义要点：在已有作品的基础上，经过改编、翻译、注释、整理等创造性劳动而产生的作品。改编，是指改变作品，创作出具有独创性的新作品；翻译，是指作品从一种语言文字转换成为另一种语言文字；注释，是指对文字作品中的字、词、句进行解释；整理，是指对内容零散、层次不清的已有文字作品或材料进行条理化、系统化的加工。A项，《〈红楼梦〉经典诗句评析》只是对其中诗句进行评析，不是在《红楼梦》基础上的改编、翻译、注释、整理，不符合演绎作品的定义。B项，《哈利·波特》中文版是翻译作品，符合演绎作品的定义。C项，《夏至未至》剧本符合改编的定义，具有独创性。D项，《〈论语〉难点词汇释义》符合注释定义，属于演绎作品。故选A。

2. A　多定义判断肯定。条件反射的定义要点：对外界和内部刺激进行规律性应答，为适应复杂环境的变化，通过学习建立起来的反射。A项，学生听到铃声去上课，铃声是外界的刺激，学生听到后去上课是对外界刺激进行的规律性应答，听到铃声去上课并不是先天就有的，而是通过后天学习得到的，为条件反射。B项，针刺是外界刺激，手缩回是对外界刺激进行的规律性应答，但是这个不是后天学习到的，而是人先天就会对这种刺激作出反应，为非条件反射。C、D项同理，都不是后天学习的，都是非条件反射。故选A。

3. D　多定义判断否定。正反馈定义要点：输出与输入相似、系统震荡；负反馈定义要点：输出与输入相反、系统稳定。A项，输出为体温恢复，输入为体温上升，输出与输入相反，体温稳定，为负反馈。B项，输出为成绩更差，输入为成绩差，输出与输入相同，小明成绩更差，系统震荡，为正反馈。C项，输出为温度下降达到设定温度，输入为室内气温上升，输出与输入相反，温度稳定，为负反馈。D项，输出为子宫收缩，输入也为子宫收缩，输出与输入相同，为正反馈。故选D。

4. B　多定义判断否定。融资性租赁定义要点：出租人根据承租人对出卖人（供货商）的选择，向出卖人购买租赁物将租赁物给承租人使用，承租人支付租金。A项，经设备供应商推荐，与租赁公司签订合同，医院支付部分保证金，并在租赁期内按月向甲支付租金，符合定义。B项，向远洋运输公司租赁配备有操作人员的船舶，这件事没有体现承租人对出卖人的选择，故不为融资性租赁。C、D项中都体现对出卖人的选择，将租赁物给承租人使用，承租人支付租金。故选B。

5. D　多定义判断肯定。环境污染定义要点：人类直接或间接向环境排放超过自净能力的物质或能量，使环境质量恶化。A、B、C三项都没有体现向环境中排放物质和能量。D项，汽车排出的碳氧化合物是人类排出物质和能量，生成有害的浅蓝色烟雾，说明超过环境自净能力，破坏了人们的生存环境。故选D。

6. B　多定义判断肯定。反木桶原理定义要点：木桶最长的一根木板决定了其特色与优势。与木桶原理求稳固的思想不同，反木桶原理提倡特色凸显。A项没有体现小菲的特色和优势。B项能够及时发现问题、解决问题，体现了小微的特色和优势。C、D项都没有体现相应的特色与优势。故选B。

7. A　多定义判断肯定。"搭便车"定义要点：个体在没有做任何事情的情况下，还从群体其他成员那里获益；吸管效应定义要点：个体发现群体有些成员享受"搭便车"的时候，个体就会减少努力的现象。A项，小张主动打扫卫生，别的成员属于"搭便车"，后来别的成员即使发现宿舍卫生不干净，也不愿意打扫，属于个体发现别的成员"搭便车"，于是个体减少努力。B项，没有体现有成员"搭便车"。C项，有一名成员完成很慢，不属于"搭便车"，只是能力有限。D项，只是不能署名自己，不属于有群体其他成员"搭便车"。故选A。

8. D　多定义判断肯定。被动求医定义要点：病人的家属或他人做出求医的决定，病人配合就医。A项，老张赶紧去医院挂号，是自己去的，属于主动求医。B项，小张是自己做出的决定，属于主动求医。C项，刘阿姨不愿去，她的丈夫和儿女硬带她去，属于强制求医。D项，妈妈决定带小梅去，属于由病人家属或他人做出决定，病人配合，属于被动求医。故选D。

9. C　多定义判断肯定。实证表述定义要点：只是如实做出关于世界是什么样子。规范表述定义要点：做出好坏或应该与否的判断。A项，"提高汇率会减少通货膨胀是错误的"作出了应该与否的判断，为规范表述。B项，"政府立法禁止在公共场合吸烟是正确的"作出了应该与否的判断，为规范表述。C项，"汽油税的分担对于驾驶员来说太不公平了"做出了好坏的判断，为规范表述。D项，陈述事实，属于实证表述的。故选C。

10. B　多定义判断肯定。战略思维能力的定义要点：统揽全局，把握总体趋势。历史思维能力定义要点：知古鉴今，运用历史眼光认识发展规律、把握前进方向、指导现实工作。辩证思维能力定义要点：承认矛盾、分析矛盾、解决矛盾，抓住关键、

157

找准重点，洞察事物发展规律的能力。逐一分析事件：①观察事物、分析问题、解决问题，符合承认矛盾、分析矛盾、解决矛盾，属于辩证思维能力；②判断形势、在解决突出问题中实现关键突破，在把握全局中推进各项工作符合统揽全局，把握总体趋势，属于战略思维能力；③研究社会发展规律、对未来作出准确预判，符合知古鉴今，运用历史眼光认识发展规律、把握前进方向、指导现实工作，属于历史思维能力。故选B。

第三章 类比推理

第一节 两词型

1. C 并列关系。飞机与汽车都是交通工具，其动力源都是发动机，两者是并列关系。A 项，电瓶车的动力源是电，自行车的动力源是人力，与题干逻辑不一致。B 项，脚踏三轮车的动力源是人力，摩托车的动力源是发动机，与题干逻辑不一致。C 项，高铁的动力源是电动机，有轨电车的动力源也是电动机，且两者是并列关系，与题干逻辑一致。D 项，轮船的动力源是涡轮机与动力机，皮划艇的动力源是人力，与题干逻辑关系不一致。故选 C。

2. A 交叉关系。有的平板版画是铜板版画，有的铜板版画为平板版画，两者是交叉关系。A 项，有的单色版画为佛教版画，有的佛教版画为单色版画，两者是交叉关系，与题干逻辑一致。B 项，石板版画与木板版画为并列关系中的反对关系，与题干逻辑不一致。C 项，现代版画与传统版画为并列中的反对关系，与题干逻辑不一致。D 项，凹版版画与凸版版画为并列中的反对关系，与题干逻辑不一致。故选 A。

3. C 交叉关系。有的保温杯是玻璃杯，有的保温杯不是玻璃杯；有的玻璃杯是保温杯，有的玻璃杯不是保温杯，是交叉关系。并且，保温杯是按照功能命名的，玻璃杯是按照其材质命名的。A 项，望远镜和显微镜是并列关系，与题干逻辑关系不一致。B 项，有的自行车是三轮车，有的自行车不是三轮车，有的三轮车是自行车，有的三轮车不是自行车。两者是交叉关系。C 项，有的睡裙是真丝裙，有的睡裙不是真丝裙；有的真丝裙是睡裙，有的真丝裙不是睡裙，两者是交叉关系，与题干逻辑关系一致。D 项，白炽灯与 LED 灯在发光原理、材料属性上都不同，两者之间无交叉，是并列关系，与题干逻辑关系不一致。比较 B、C 两项，B 项自行车不是按照功能命名的，三轮车不是按照材质命名的，而睡裙是按照功能命名的，真丝裙是按照材质命名的，即 C 项与题干逻辑更为一致。故选 C。

4. D 对应关系。从茶树上采摘的树叶经加工后变成茶叶,二者为原材料来源的对应关系。A项,棉花糖因为外形像棉花得名,二者为命名方式的对应关系,与题干逻辑关系不一致。B项,面粉是由小麦磨制而成,与水稻无明显逻辑关系。C项,老婆饼与老婆,二者无明显逻辑关系。D项,从螃蟹中取出蟹黄加工后变成蟹黄包,二者为原材料来源的对应关系,与题干逻辑关系一致。故选D。

5. A 种属关系。舞蹈是一种艺术,两者是种属关系。A项,抢劫是一种犯罪,两者是种属关系。B项,世界史属于历史,两者是种属关系,但是词项前后位置颠倒了。C、D两项,犯人在监狱服刑、教师在教室里上课都是人物和特定场所的关系。故选A。

6. B 种属关系。股票是一种证券,两者是种属关系。A项,语文与数学是并列关系,逻辑与题干不一致。B项,高考是一种考试,两者是种属关系。C项,有些玉石是古董,有些古董是玉石,两者是交叉关系,与题干逻辑不一致。D项,理财才有收益,两者有一定的因果关系,但与题干逻辑不一致。故选B。

7. D 因果关系。伤心会导致哭泣,伤心是因,哭泣是果,两者是因果关系。A项,舒适和舒服为近义词关系。B项,跑步和快走并不存在因果关系。C项,门铃不是导致开门的原因。D项,下雨会导致潮湿,下雨是因,潮湿是果,与题干逻辑关系一致。故选D。

8. A 组成关系。细胞膜属于细胞的一部分,同时又覆盖于细胞表面,两者是组成关系。A项,皮肤属于肌体的一部分,而且覆盖在肌体表面,与题干逻辑关系一致。B项,盔甲并不是身体的一部分。C项,植被生长在土地上,并不是土地的一部分。D项,土壤属于地球的一部分,同时也覆盖于地球表面,但题干中是生物体之间的联系,与题干逻辑不一致。故选A。

9. D 时间关系。先构思,最后才能定稿,两者体现时间顺序。A、B、C三项不存在这种严格的时间先后顺序。D项,先起跑然后冲线,体现了时间顺序。故选D。

10. D 并列关系。甘蔗可以制糖,甜菜也可以制糖,两者是并列关系。A项,桃花能产花蜜,两者不是并列关系。B项,钢管和钢架都是钢做成的,原料相同,但两者不是并列关系。C项,水稻可以制成大米,两者不是并列关系。D项,油菜籽可以榨油,花生也可以榨油,两者是并列关系。故选D。

11. C 包含关系。大学教师里面包含教授,两者是包含关系。A项,幼师在幼儿园工作,不是包含关系。B项,羽毛球是体育馆里的项目,可以在体育馆打羽毛球,不是包含关系。C项,有包含关系,有价证券就是指的股票、债券、基金等,D项,计算机和平板电视都是电子产品,并列关系。故选C。

12. D　种属关系。海角是凸出于海中的狭长形陆地，是海洋的一部分，两者是包含关系中的种属关系。A项，我国古代用桑梓代指家乡，与家产不是包含关系，与题干关系不一致。B项，题中嫦娥指我国的嫦娥工程系列卫星，其对月球进行探测，并向地球发回了传真，两者不是包含关系，与题干关系不一致。C项，阡陌指田间的小路，纵横指横一条竖一条，两者是偏正结构，与题干关系不一致。D项，翡翠是玉石的一种，两者是包含关系中的种属关系。故选D。

13. C　交叉关系。有的党员是学生，有的党员不是学生，两者为交叉关系。A项，排球和篮球为反对关系，所有的排球都不是篮球，所有的篮球都不是排球。B项，轮船与货轮为种属关系，即所有的货轮都属于轮船。C项，演员与歌手为交叉关系，即有的演员是歌手，有的演员不是歌手。D项，照相需要使用胶卷，二者为对应关系。故选C。

14. D　近义关系。正误与是非都是指事情的对与错，两者是近义关系。正与误、是与非是反义关系。A项，优劣用来表示一件事物的好坏，贵贱是富贵与贫贱，二者不是近义关系，与题干逻辑关系不一致。B项，爱憎指爱和恨，情仇指因爱生恨，两者不是近义关系。C项，卑微一指衰落、微弱，二指低微、渺小，三指谦卑，四指谦称自己；渺小指非常微小或无关紧要，并且常指同类事物相比时较卑贱，两者是近义关系，但是卑与微、渺与小不是反义关系，与题干逻辑关系不一致。D项，成败指成功与失败，胜负可直接理解为胜利或失败，也可理解为结果、结局，两者是近义关系，且成与败、胜与负是反义关系，与题干逻辑关系一致。故选D。

15. C　对应关系。射箭的对象是靶心，两者是对象对应关系。A项，购买与卖家没有明显的逻辑关系，与题干逻辑不一致。B项，在法庭上进行审判，两者是地点的对应关系，与题干逻辑关系不一致。C项，投标的对象是项目，两者是对象对应关系，与题干逻辑关系一致。D项，从起点出发，起点是出发的位置，两者是地点对应关系，与题干逻辑关系不一致。故选C。

16. B　反义关系。欣欣向荣形容草木长得茂盛，比喻事业蓬勃发展，与萧条为反义关系。A项，墨守成规指思想保守，强调一成不变；而激进的意思为急于变革和进取，强调的是变革的速度，两者不是反义关系，与题干逻辑关系不一致。B项，以偏概全指用片面的观点看待整体问题，与全面是反义关系，与题干逻辑关系一致。C项，心照不宣指彼此心里明白，而不公开说出来，与默契是近义关系，与题干逻辑关系不一致。D项，众叛亲离意思是不得人心，陷入完全孤立，强调的是个人的孤独；统一指的往往不是个人，两者主体不一致，不是反义关系，与题干逻辑关系不一致。故选B。

17. A 近义词关系。雪中送炭是指在下雪天给别人送炭取暖，比喻在别人急需时给予物质上或精神上的帮助，与支援是近义关系。A项，洞若观火指清楚得就像看火一样，形容观察事物非常清楚，与了解是近义关系，与题干逻辑关系一致。B项，祸起萧墙是指祸乱发生在自己家里，比喻内部发生祸乱或由身边的人带来灾祸，与打击不是近义关系，与题干逻辑关系不一致。C项，天生丽质是指生来容貌姣好美丽，与打扮不是近义关系，与题干逻辑关系不一致。D项，锦上添花是指在锦缎上面绣花，比喻使美好的事物更加美好，与配合不是近义关系，与题干逻辑关系不一致。故选A。

18. A 对应关系。教育可以改变无知，且无知是贬义词，两者是对应关系。A项，与时俱进可以改变落后，且落后是贬义词，与题干逻辑关系一致。B项，解放思想可以改变保守，但保守是中性词，与题干逻辑关系不一致。C项，反腐倡廉和经济没有必然联系，与题干逻辑关系不一致。D项，改革开放和温饱没有必然联系，与题干逻辑关系不一致。故选A。

19. C 对应关系。沧海桑田比喻人世间事物变化极大，形容时间久；而手表是测量时间的工具，两者均与时间对应。A项，凿壁借光原指凿穿墙壁引邻舍之烛光读书，后用来形容家贫而读书刻苦；电灯能产生光线，但电灯不是测量光线的工具，与题干逻辑关系不一致。B项，一言九鼎形容说话分量大，能起决定作用，与质量无关；电子秤是测量质量的工具，与题干逻辑关系不一致。C项，遥不可及指非常遥远而不可到达，形容距离远；卷尺是测量距离的工具，二者均与距离对应，与题干逻辑关系一致。D项，一曝十寒指即使是最容易生长的植物，采用晒一天、冻十天的方法也不能生长，比喻学习或工作一时勤奋、一时又懒散；温度计是测量温度的工具，与题干逻辑关系不一致。故选C。

20. C 相反关系。飞船是在天上，潜水器是在水里，两者是相反关系。A项，插头和插座是互补关系。B项，麻将机和麻将是互补关系。C项，加湿器的作用是加湿，电吹风的作用是吹干，两者是相反关系，符合题意。D项，空调既可以制冷也可以制暖，冰箱的作用是制冷。故选C。

21. D 反义关系。缺月与满月是月亮的两种相反形态，缺与满是反义关系。A项，春与秋不是反义关系。B项，夕与落不是反义关系。C项，金星比太阳落得晚，所以叫长庚星；又因为它升起比太阳早，所以又叫启明星，长与启不是反义关系。D项，朝霞与晚霞，朝与晚是相反概念，并且都是霞这一相同事物。故选D。

22. D 作者/人物和作品的关系。《女神》是郭沫若写的，是作品和作者的对应关系。A项，《子夜》原名《夕阳》，作者是茅盾。B项，《桃花扇》是孔尚任写的。C项，《论语》是儒家学派的经典著作之一，由孔子的弟子及其再传弟子编撰而成。D

项，《牡丹亭》是汤显祖最著名的剧作。故选 D。

23. D　名词和单位的对应关系。能量的单位是焦耳，这是为了纪念英国著名物理学家詹姆斯·普雷斯科特·焦耳而命名的，能量与焦耳是对应关系。A 项，质量的基本单位是千克。B 项，长度的基本单位是米。C 项，体积的基本单位是立方米。D 项，电流的基本单位是安培，安培是国际单位制中表示电流的基本单位，简称安，为纪念法国物理学家安培而命名，和能量单位的命名类似。故选 D。

24. B　事物与其所属空间的关系。田野是禾苗生长的场地。A 项，大海是轮船航行的场地，但词语位置与题目不对应。B 项，天空是苍鹰翱翔的场地。C 项，雨水不是花朵的场地。D 项，教师也不是学生的场地。故选 B。

25. D　动宾关系。猎物是名词，捕捉是动作。连在一起是捕捉猎物，构成动宾短语。A 项，手电筒具有照亮功能，不构成动宾关系。B 项，导航可以到达目的地，不构成动宾关系。C 项，鱼竿是进行垂钓的工具，不构成动宾关系。D 项，记录纪要，与捕捉猎物相对应，构成动宾关系。故选 D。

26. D　近义关系。相敬如宾与举案齐眉是近义关系。A 项，雪中送炭指在下雪天给人送炭取暖，比喻在别人急需时给予物质上或精神上的帮助；雪上加霜比喻接连遭受灾难，损害愈加严重，两者是反义关系。B 项，美轮美奂是形容房屋高大华丽；色彩缤纷指有许多颜色在一起，十分美丽，两者不是近义关系。C 项，天长地久是指跟天和地存在的时间一样长，形容时间悠久，也形容永远不变（多指爱情）；表里如一指表面和内心都一样，形容言行和品质完全一致，两者之间没有明显的逻辑关系。D 项，巧夺天工是指人工的精巧胜过天然，形容技艺十分巧妙；鬼斧神工形容建筑、雕塑等艺术技巧高超，像是鬼神制作出来的，形容建筑、雕塑等技艺的精巧，两词是近义关系，与题干逻辑关系一致。故选 D。

27. D　节日和特定习俗的关系。端午节有吃粽子的习俗。A 项，清明节祭祀先烈。B 项，儿童节主要是让儿童感到快乐。C 项，情人节营造浪漫的气氛。D 项，重阳节有插茱萸的习俗。故选 D。

28. C　修饰关系。大步流星是形容人走路很快，是对应的修饰关系，与之逻辑关系最相似的是 C 项，奋笔疾书形容书写很快。A 项，指手画脚形容说话放肆。B 项，歌舞升平形容太平盛世。D 项，闻鸡起舞形容报国之志。故选 C。

29. D　典故和时间的关系。程门立雪发生在北宋时期。A 项，暗度陈仓发生在楚汉之争年代。B 项，退避三舍发生在春秋时期。C 项，草木皆兵发生在东晋时期。D 项，卧薪尝胆发生在春秋时期。故选 D。

30. C　节日和特定习俗的关系。上元节即元宵节，元宵节有赏花灯的习俗。A 项，七夕节，也有人称之为乞巧节或女儿节，传说这一天，牛郎织女鹊桥相会，民间习俗是进行乞巧活动，与题干逻辑关系不一致。B项，端午节的习俗是划龙舟、吃粽子，与题干逻辑关系不一致。C项，重阳节的主要习俗是登高，与题干对应关系一致。D项，中秋节的风俗是赏月，与题干对应关系不一致。故选C。

31. B 对应关系。朗朗是对笑声的描述，属对应关系里的描述关系。A项，逃跑是小偷的动作，与题干逻辑不一致。B项，匆忙是对脚步的描述，与题干逻辑关系一致。C项，步行是走路的一种方式，与题干逻辑不一致。D项，假日里去旅行，假日是旅行的时间，与题干逻辑关系不一致。故选B。

32. B 对应关系。笔杆子代指写作，是对应关系里的代指关系。A项，马大哈代指粗心，不是细心。B项，夜猫子代指熬夜。C项，铁饭碗不一定代指公务员。D项，旱鸭子代指不会游泳的人。故选B。

33. D 事物和其所属空间对应关系。大雁在天空中飞翔，两者是事物和其所属空间的对应关系。A项，飞机停在机场，但两者的前后顺序颠倒，与题干关系不符。B项，诉讼在法庭上进行，但诉讼不是具体的事物，而是一种程序，与题干关系不一致。C项，卫星发射向星空，是被动在星空里的，与题干关系不一致。D项，鲸鱼在海洋里生存，与题干关系一致。故选D。

34. C 成语和人物的对应关系。图穷匕见出自荆轲刺秦王的故事，意为形迹败露，指事情发展到最后，真相或本意才显露出来，两者是成语与其人物的对应关系。A项，围魏救赵是指战国时期齐军围攻魏国的方法，主要人物是孙膑和庞涓，与题干关系不一致。B项，一诺千金是比喻说话算数，该成语出自"得黄金百斤，不如得季布一诺"，其主人公是季布，与题干关系不一致。C项，孺子可教是形容年轻人有出息，可以造就，此成语讲的是张良的故事，与题干关系一致。D项，背水一战是比喻在极其艰难的情况下跟敌人决一死战，此成语讲的是韩信背水一战的故事，与题干关系不一致。故选C。

35. A 词性关系。淡泊名利意为轻视在外的名声与利益，是用来形容人的处事态度；神采奕奕是形容精力旺盛，容光焕发，是形容人的精神面貌。A项，锱铢必较比喻气量狭小，很小的事也要计较，形容的是处事态度；如坐针毡形容心神不定，坐立不安，形容人的精神状态，与题干逻辑关系一致。B项，与世无争是指不跟社会上的人发生争执，这是消极的回避矛盾的处世态度；一事无成指什么事情都做不成，形容毫无成就，与题干逻辑关系不一致。C项，装腔作势指拿腔拿调，故意做作，想引人注意或吓唬人；惹是生非指招惹是非，引起争端，与题干逻辑关系不一致。D项，宽宏大量是形容度量大，能容人；海阔天空是形容大自然的广阔，比喻言谈议论等漫无边际，没有中心，与题干逻辑关系不一致。故选 A。

36. C　对应关系。运动员踢足球，是主体和对象的对应关系。A 项，有驾照的驾驶员才能驾驶汽车，与题干逻辑关系不一致。B 项，厨房是厨师工作的场所，与题干逻辑关系不一致。C 项，工人操作机器是主体和对象的对应关系，与题干关系一致。D 项，教师教导学生，与题干逻辑关系不一致。故选 C。

37. B　作品和作者/人物的对应关系。《悲惨世界》是法国作家雨果的长篇小说，两者是作品与作者的对应关系。A 项，《傲慢与偏见》的作者是英国作家简·奥斯汀，与题干逻辑关系不一致。B 项，《基督山伯爵》是法国作家大仲马的作品，与题干逻辑关系一致。C 项，《子夜》是茅盾所作的中国现代长篇小说，与题干逻辑关系不一致。D 项，《围城》是钱钟书的代表作，与题干逻辑关系不一致。故选 B。

38. B　近义关系。第一个成语和第二个成语的 1 和 3 位置上都是数字，第一个成语和第二个成语的 2 和 4 位置都是近义关系。A 项，第二个成语的 2 和 4 位置是数字，与题干逻辑不一致。B 项，符合题干逻辑。C 项，第一个成语的 2 和 4 位置是数字，与题干逻辑不一致。D 项，第一个成语的 2 和 4 位置是数字，与题干逻辑不一致。故选 B。

39. C　近义关系。门可罗雀形容为官者休官失势后门庭冷落、车马稀少，或形容事业由盛而衰、宾客稀少之况；无人问津用来形容受冷落，没有人再来尝试或过问某件事、某种东西，两者为近义关系。A 项，大相径庭比喻相差很远，大不相同；不相上下形容水平相当，两者为反义关系。B 项，众说纷纭指人多嘴杂，各有各的说法；异口同声的意思是不同的人说同样的话，形容意见一致，两者为反义词。C 项，指鹿为马比喻故意颠倒黑白，混淆是非；张冠李戴比喻认错了对象，弄错了事实，两者为近义词。D 项，发人深省指启发人深刻思考，有所醒悟；执迷不悟形容坚持错误而不觉悟，两者为反义词。故选 C。

40. A　对应关系。猫和老鼠为对应关系里的敌对关系。A 项，警察和小偷为敌对关系。B、C、D 三项中均不存在敌对关系。故选 A。

第二节 三词型

1. D 对应关系。机密通过保密可以获得安全,三者属于对应关系。A 项,肥胖通过健身可以获得健康,而非成长。B 项,无知(的人)通过学习可以获得知识、进步,而非追赶。C 项,乐观与笑话无明显逻辑关系。D 项,落后通过努力可以获得进步,三者属于对应关系,与题干逻辑关系一致。故选 D。

2. D 对应关系。物资匮乏需要补给,前两个词表达了一种现状,第三个词表达了一种需求。A 项,知识渊博不需要传授,与题干逻辑不一致。B 项,政府廉洁了,就不需要监督了,与题干逻辑关系不一致。C 项,本金乘以利率等于利息,与题干逻辑关系不一致。D 项,走私猖獗需要打击,与题干逻辑关系一致。故选 D。

3. C 种属关系。交警与特警都是警察的一种,前两者与第三个词是种属关系。A 项,幼师是教师的一种,属于种属关系,但有的教授是教师,有的教授不是教师,两者是交叉关系,与题干逻辑不一致。B 项,读者是阅读书刊的人,记者是新闻媒体机构中担任采访、新闻写作的专业人员,编者是编写的人,这三种属于交叉关系,与题干逻辑不一致。C 项,瓷碗、陶碗都属于碗盏,两者与第三个词碗盏属于种属关系,与题干逻辑一致。D 项,竹凳是竹器的一种,属于种属关系,蓑衣是用草编织的,与竹器不属于种属关系,与题干逻辑不一致。故选 C。

4. D 对应关系。灾害会带来损失,损失是灾害的结果;灾害与预警,可呈主谓关系。A 项,鼓舞士气是动宾关系,官宣与鼓舞、士气没有明显联系,与题干逻辑不一致。B 项,美化作品是动宾关系,修订作品,也是动宾关系,与题干逻辑不一致。C 项,总结经验、总结教训,都属于动宾关系,与题干逻辑不一致。D 项,危机会带来风险,风险是危机的结果,危机与公关,可呈主谓关系,与题干逻辑一致。故选 D。

5. C 对应关系。朱门、相思豆、赤字,三个词语中都有红色的意义。A 项,热水器与暖气片是一种设备,前两个词语与第三个词语是种属关系,与题干逻辑不一致。B 项,三个词语没有明显关系。C 项,红袖、巾帼、蛾眉都有女子的含义,与题干逻辑一致。D 项,教室、答题卡、蓝天,三个词语没有明显关系。故选 C。

6. A 交叉关系与对应关系。有的大暴雨是雷阵雨,有的大暴雨不是雷阵雨,前两者属于交叉关系,且都是雨的一种,而流星雨虽然带雨字但不属于雨。A 项,有的观赏花是食用花,有的观赏花不是食用花,两者属于交叉关系,且两者都是花的一种,交际花指的是一种人,不是花,与题干逻辑关系一致。B 项,标志灯和指示灯两者是全同的关系,与题干逻辑关系不一致。C 项,有的内陆湖是淡水湖,有的内陆湖不是淡水湖,两者是交叉关系,且两者都是湖的一种,但人工湖也是湖的一种,与题干逻辑关系不一致。D 项,捕鱼船与太空船两者是并列关系,与题干逻辑关系不一致。故选 A。

7. A 并列关系与词性关系。弓箭与枪炮都是战争中使用的武器,是并列关系,并且弓箭的出现时间要早于枪炮,战争是名词。A 项,毛笔与钢笔都是书法中所要用到的工具,是并列关系,并且毛笔的出现时间早于钢笔,书法为名词,与题干逻辑关系一致。B 项,马车与汽车都可以运输,并且马车出现的时间早于汽车,但运输是动词,与题干逻辑关系不一致。C 项,电脑与书籍是并列关系,都是学习工具,但学习是动词,与题干逻辑关系不一致。D 项,广播与电视是并列关系,都可以作为宣传的工具,但宣传是动词,与题干逻辑关系不一致。故选 A。

8. A 先后关系和对应关系。先侵犯别人,再受到指责,两者具有先后关系,同时第三个词语可以修饰第二个词语,愤怒地指责可构成偏正短语。A 项,先赞赏别人,后得到别人真诚的感谢,与题干逻辑关系一致。B 项,帮助与道歉没有明显的先后顺序,并且谅解不能修饰道歉,与题干逻辑关系不一致。C 项,先误解后解释,两者可以形成先后关系,但是无意不能修饰解释,与题干逻辑关系不一致。D 项,先抢劫后反抗,但犯罪不能修饰反抗,与题干逻辑关系不一致。故选 A。

9. B 并列关系与种属关系。洗衣机与冰箱都是白色家电,前两个词属于并列关系,前两个词与第三个词是种属关系。A 项,空调属于白色家电,音响可能属于米色家电,与题干逻辑不一致。B 项,电视机与影碟机都是黑色家电,两者属于并列关系,与题干逻辑一致。C 项,电脑可能是米色家电,微波炉大多是白色家电,与题干逻辑不一致。D 项,电饭煲与饮水机大多是白色家电,与题干逻辑不一致。故选 B。

10. C 并列关系与组成关系。开封与郑州都是城市,两者属于并列关系,它们都是河南的组成部分,属于组成关系,且郑州是河南的省会。A 项,成都与重庆都是城市,两者属于并列关系,成都是四川的一个城市,两者属于组成关系,但重庆是直辖市,不属于四川。B 项,天津与石家庄都是城市,属于并列关系。石家庄属于河北,天津是直辖市,不属于河北。C 项,安庆与合肥都是城市,两者属于并列关系,都是安徽的组成部分,且合肥是安徽的省会,与题干逻辑一致。D 项,南宁与桂林都是城市,两者属于并列关系,虽然南宁是广西的省会,但组词语顺序与题干不一致。故选 C。

11. A 对应关系。年号是我国历代封建王朝用来纪年的一种名号，历法是推算年、月、日的方法，两者都有计时的功能。A项，股票、基金都是一种投资方式，股票、基金都有投资的功能，与题干逻辑关系一致。B项，水坝有防洪的功能，但城墙没有防洪的功能，与题干逻辑关系不一致。C项，火把有照明的功能，但流星没有照明的功能，与题干逻辑关系不一致。D项，手机、信函有通信的功能，但与洽谈不对应，与题干逻辑关系不一致。故选A。

12. D 种属关系。糖尿病是一种常见病，也是一种慢性病，中间的词语与两边词语形成种属关系。A项，火箭和滑翔机都是飞行器，顺序与题干不同，与题干逻辑关系不一致。B项，地球和金星都是银河系的组成部分，属于组成关系，与题干逻辑关系不一致。C项，科幻片和历史剧都是影视作品，顺序与题干不同，与题干逻辑关系不一致。D项，二氧化硫是氧化物，也是污染物，中间的词语分别与两边词语属于种属关系，顺序与题干一致。故选D。

13. C 种属关系与并列关系。芦荟和胡杨树均是耐旱的植物，具有耐旱的属性，芦荟与胡杨树两者是并列的关系。A项，钝化液有防锈的功能，机油泵与防锈无关，与题干逻辑不一致。B项，抗生素与感冒药是交叉关系，不是并列关系，与题干逻辑不一致。C项，保温壶与羽绒服是并列关系，都有保暖的功能，与题干逻辑关系一致。D项，北极光的本质是放电过程，但流星雨是流星体和地球大气层摩擦的结果，与题干逻辑关系不一致。故选C。

14. B 种属关系与对应关系。皮肤是一种器官，两者为种属关系；皮肤能调节体温，两者是功能对应关系。A项，税票是一种凭证，为种属关系，但税收的功能不是分配收入而是调节收入。B项，酒店是一种场所，为种属关系，酒店有接待宾客的功能，是功能对应关系。C项，引擎是汽车的组成部分，两者是组成关系，与题干关系不一致。D项，在医院做手术，两者是场所对应关系，与题干逻辑不一致。故选B。

15. A 种属关系与对应关系。龋齿发生在口腔内，龋齿是一种疾病，前两者是对应关系，后两者是种属关系。A项，视觉发生在眼睛内，视觉是一种感觉，前两者是对应关系，后两者是种属关系，与题干逻辑关系一致。B项，子弹和手枪是配套的对应关系，与题干逻辑关系不一致。C项，温室效应发生在大气层，但温室效应不是地球的一种。D项，光合作用发生在叶绿体内，但光合作用不属于植物。故选A。

16. B 并列关系与种属关系。土地和资本是并列关系，都是生产要素的一种，后两个词语分别与第一个词语构成种属关系。A项，彩虹属于自然现象，沙漠是地貌，沙漠与自然现象不构成种属关系。B项，社保是一种社会福利，工资里有一部分属于社会福利。C项，花生是油料作物，但水稻是粮食作物，与题干逻辑关系不一致。D

项，产品是市场调查的对象，与题干关系不一致。故选B。

17. C 位置关系。电脑桌上有计算机，办公室里有电脑桌。A项，仪器和小白鼠都在实验室里，前两组词不是位置关系，与题干逻辑关系不一致。B项，门上有窗户，家具与门窗是并列关系，与题干逻辑关系不一致。C项，炒锅里可以炒芹菜，食堂里有炒锅，与题干逻辑关系一致。D项，牛、马是并列关系，大草原上有牛有马，前两个词的关系与题干逻辑关系不一致。故选C。

18. D 物品和原材料的关系与种属关系。白银是银元的原材料，银元属于货币，后两者为种属关系。A项，竹子是竹筏的原材料，竹筏与木舟是并列关系，与题干逻辑关系不符。B项，泥土是瓦片的原材料，瓦片是屋顶的组成部分，是组成关系，与题干逻辑关系不一致。C项，木材是琵琶的原材料，琵琶是弦乐器的一种，不是弦乐的一种，与题干逻辑关系不一致。D项，金属是齿轮的原材料，齿轮是机械的一种，是种属关系。故选D。

19. B 反义词关系与对应关系。舍生忘死与贪生怕死是反义词，舍生忘死表现了一种气节。A项，前两个词语是近义词关系，三人成虎指的是三个人谎报城市里有老虎，听的人就信以为真，比喻说的人多了，就能使人们把谣言当作事实；众口铄金形容舆论力量大，连金属都能熔化，众口一词可以混淆是非。B项，博学多闻是指学识广博、见闻丰富；孤陋寡闻指的是形容学识浅陋、见闻不广，前两个词语是反义词，且博学多闻就是表现一个人的学识，与题干逻辑关系一致。C项，一言九鼎形容说话分量大；朝令夕改用于政策的变更，形容政令时常更改，使人不知道怎么办，一言九鼎不能用于表现政令，与题干逻辑关系不一致。D项，众矢之的是众箭所射的靶子，比喻大家攻击的对象；无的放矢是指没有目标乱射箭，比喻说话做事没有明确目的，或不切合实际，两个词不是反义关系。故选B。

20. C 对应关系。用砖头堆砌成建筑，可以用于居住，并且词性分别为名词、动词、动词。A项，筷子为名词，与题干逻辑不一致。B项，用闹钟定时，可以起到提醒作用，与题干顺序不一致。C项，用花生压榨出花生油，可以用于烹饪。D项，清凉是形容词，与题干词性不一致。故选C。

21. D 对应关系。古琴可以用来弹奏乐曲。A项，文物先被修复然后用来展示，不符合。B项，细胞可造血，但不是所有的细胞都能造血。C项，相机可拍摄美景，但是词语对应的位置错了。D项，轮船用来运输货物，符合。故选D。

22. C 对应关系。根据考试的成绩，判断是否录取。A项，能否得到奖牌的判断标准不是训练勤奋与否，与题干逻辑关系不一致。B项，公司经营好坏并不能作为公司的盈利标准，与题干逻辑不一致。C项，可以根据检验数据判断是否达标，与题干逻辑关系一致。D项，军队编制不能判断是否和平，与题干逻辑关系不一致。故选C。

23. A 对应关系。裁缝和理发师都需要用到剪刀，其中，裁缝和理发师都是职业。A项，歌手和演员都是职业，且都需要用到话筒，该项与题干逻辑关系一致。B项，教授是职称，校长是职务，并且不一定都使用眼镜，该项与题干逻辑关系不一致。C项，教师是职业，需要使用到课本，该项与题干逻辑关系不一致。D项，导演用相机进行记录，与题干关系不一致。故选A。

24. D 作者/人物与作品的关系。莎士比亚是英国人，《李尔王》是其作品。A、B、C三项中，唐朝、现代、战国都是一个时期或朝代，不是国家。D项，梵·高是荷兰人，《向日葵》是他的画作。故选D。

25. D 种属关系与反对关系。反对关系是类比推理中的基础概念，是指对于同一事物关于同一方面的描述，不只存在两种情况，还存在其他情况，我们就称这两种情况是反对关系。比如，茶水和咖啡都属于饮品，但饮品还有其他种类。A项，误解和理解属于反义词，和题干逻辑不一致。B项，有的谣言是谎言，所以并不是反对关系，而是一种交叉关系。C项，考核和考验为近义词。D项，晋商和徽商都是商人，晋商和徽商也是反对关系。故选D。

26. B 矛盾关系与组成关系。有理数与无理数组成实数，且有理数与无理数为矛盾关系。A项，洋房是楼房的一种，为种属关系，不为矛盾关系。B项，阴刻与阳刻为雕刻的两种基本的刻制技法，是独特的雕刻方式，二者为矛盾关系且组成雕刻。C项，西汉与东汉并不是矛盾关系，汉朝还包括玄汉、蜀汉等，不为矛盾关系。D项，欧洲除了东欧、西欧，还有南欧、北欧、中欧，不为矛盾关系。故选B。

27. D 时间关系。春耕、秋收、冬藏是按照时间顺序来进行排列的，春耕是进行秋收的必要条件，秋收又是冬藏的必要条件。A项，立功、表彰、晋级存在一定的时间顺序，但是立功并不是表彰的必要条件，接受表彰的条件有很多，立功只是其中一种。B项，偷盗、受罚、悔恨也有一定的时间顺序，偷盗不是受罚的必要条件。C项，勤奋、致富、捐款并不存在时间关系。D项，报名、参赛、夺冠是按照时间顺序进行的，报名是参赛的必要条件，而参赛又是夺冠的必要条件。故选D。

28. C 交叉关系。旱田作物、粮食作物、高产作物三者为交叉关系。A项，工业酒精、食用酒精、医用酒精三者为并列关系。B项，人民日报、光明日报、解放日报三者为并列关系。C项，领军人物、新闻人物、公众人物三者为交叉关系。D项，哺乳动物是脊椎动物的一种，二者为从属关系。故选C。

29. A 对应关系。桑叶、蚕、蚕丝逻辑关系为蚕吃桑叶吐出蚕丝。A项，蜜蜂采花粉酿造蜂蜜，与题干逻辑关系一致。B项，绵羊只能产出羊毛并不能直接产出毛线。

C项，鸡产出鸡蛋并不是产出茶叶蛋。D项，树木生长在土地上，土地并不是树木的食物。故选A。

30. C　并列关系。汽油、煤油、柴油都属于石油的一种，并且各不相同，为并列关系。A项，黍米和糙米在未加工时都为生米，与题干逻辑关系不一致。B项，酸奶可以由牛奶或者羊奶发酵而成。C项，步兵、骑兵、伞兵各不相同，同属于兵，为并列关系，与题干逻辑关系一致。D项，小工包含的种类比较多，和瓦工、电工之间不是并列关系。故选C。

31. D　对应关系。蜻蜓在湖泊产卵，三者是主体、地点、行为的对应关系。A项，笼子是宠物生存的场所，生病不是宠物的行为，与题干逻辑关系不一致。B项，用钢笔在本子上写字，钢笔是工具，不是主体，与题干逻辑关系不一致。C项，火山爆发，爆发是一种状态，不是行为。D项，游客在公园跳舞，三者是主体、地点、行为的对应关系。故选D。

第三节　填空型

1. C　种属关系。A项，鞋子有大小，架子鼓有轻重，但是词语顺序不一致。B项，鞋子的作用是保暖，架子鼓会发出声响，词语顺序不一致。C项，木屐是鞋子的一种，架子鼓是乐器的一种，均为种属关系，两组词语对应一致。D项，鞋子可以走路，架子鼓可以敲打，但词语顺序对应不一致。故选C。

2. B　位置关系。A项，亲人送别，运动员在操场跑步，前后两者逻辑不一致。B项，在站台上送别，在操场上跑步，两者都是位置关系。C项，送别时流下泪水，在操场跑步流下汗水，第二组词语中"操场"是位置，第一组词语没有与其对应词语。D项，两组词语没有对应关系。故选B。

3. C　反义关系。左顾右盼中，左和右是反义关系；七上八下中，上和下是反义关系。因此，第一括号的成语中第一个字和第三个字是反义关系，第二个括号的成语中第二个字和第四个字是反义关系，将选项代入，只有C项符合。故选C。

4. A　对应关系。A项，黄果树瀑布是贵州的，恒山是山西的。两者是景点与省份的对应关系，前后逻辑一致。B项，喀斯特地貌是贵州的地貌特征，恒山却属于山区，

171

前后对应不一致。C项，贵阳是贵州省省会，北岳指的就是恒山，两者是全同关系，前后逻辑不一致。D项，四川与贵州都是省份，两者是并列关系；天峰岭隶属于恒山主峰，是恒山的组成部分，前后逻辑不一致。故选A。

5. C 对应关系。A项，奋斗需要朋友，但不能说金钱需要婚姻。B项，战友泛指在一起战斗过的人，也包括一起参军的人，与朋友为种属关系，同学与婚姻没有明显的逻辑关系。C项，真诚是朋友的基础，爱情是婚姻的基础。D项，友善用来形容朋友间关系，而勤奋与婚姻无明显逻辑关系。故选C。

6. B 对应关系。清除指全部去掉、扫除干净；拔除指连根去掉。A项，清除之于垃圾相当于拔除之于暗堡，其搭配合理。B项，清除之于腐败相当于拔除之于毒瘤，清除腐败相当于拔除了一个毒瘤，其搭配合理，而且逻辑上联系更紧密。C项，清除之于路障相当于拔除之于青苗，拔除青苗其搭配不是很合理，而且逻辑联系上不如B选项。D项中，清除之于积弊相当于拔除之于垂柳，拔除垂柳其搭配不是很合理，而且逻辑联系不如B项。故选B。

7. A 对应关系。A项，考古学研究遗迹，仿生学研究生物，两者逻辑关系一致。B项，壁画是遗迹，与仿生学研究动物，两二者逻辑关系不一致。C项，痕迹可能为遗迹，仿生学包含于学科，两者逻辑关系不一致。D项，遗迹是历史，但雷达是仿生学研究成果之一。故选A。

8. C 对应关系。A项，指南针是磁针制作的，农历用来计时，两者逻辑关系不一致。B项，指南针和沙漏为并列关系，但方位和计时并无明显联系。C项，指南针用于航海，钟表用于计时，两者逻辑关系一致。D项，指南针需要磁场工作，但是星相和计时并无明显联系。故选C。

9. A 对应关系。A项，沙漏和钟表都可以用来计时，火把和灯泡都可以用来照明。B项，沙漏和日晷都是计时工具，火把是一种工具，两者为种属关系。C项，沙漏是用玻璃制作的，火把可以在黑夜使用，逻辑关系不一致。D项，沙漏和葫芦无必然联系，火把可能造成火灾。故选A。

10. B 对应关系。A项，教案与课件是对应关系，书本是学生的学习工具，两者对应关系不一致。B项，老师编写教案，学生写作业，两者属于主宾关系，两者逻辑一致。C项，教案要写提纲，提纲是教案的一部分，而老师教学生，两者是主宾关系，两组词逻辑关系不一致。D项，教案对授课有指导作用，学生学习属于主谓关系，逻辑不一致。故选B。

11. B 对应关系。东家是受聘或雇佣的人对雇佣者的称呼，夫子是旧时对学者的尊称。佃户是旧时租种土地的农户，为土地出租者的佃户，雇工是受雇佣的劳动者。

A项，夫子与东家并无明显逻辑联系，学生与员工也无明显逻辑联系。B项，东家雇佣佃户，老板雇佣员工。C项，东家雇佣雇工，但学长与员工并不是雇佣关系。D项，东家与徒弟，师父与员工都没有明显的逻辑联系。故选B。

12. C　组成关系。情节是小说的组成部分，琴弦是竖琴的组成部分，两者均为组成关系。故选C。

13. C　组成关系。A项，茶壶是展示茶艺的工具，桃花是桃红色，前后逻辑关系不一致。B项，茶壶的作用是冲泡茶叶，桃仁是桃子内部的核，前后逻辑关系不一致。C项，壶嘴是茶壶的组成部分，桃花是桃树的组成部分，前后逻辑关系一致。D项，茶馆中有茶壶，桃园中有桃花，前后位置错误。故选C。

14. A　对应关系。A项，管道输送燃气，语言传递信息，前后逻辑关系一致。B项，火源可以点燃燃气，用语言来表演，前后逻辑关系不一致。C项，燃气配合灶具进行使用，文字与语言为并列关系。D项，沼气是燃气的一种，语言并不是交际的一种。故选A。

15. B　对应关系。"大漠沙如雪，燕山月似钩"的意思是月光照在沙上像雪一样，燕山的月亮像钩一样，这里运用了比喻的修辞。B项，"危楼高百尺，手可摘星辰"运用了夸张的修辞手法。故选B。

16. A　交叉关系。A项，北风和微风为交叉关系，合唱歌曲与民歌为交叉关系。B项，北风和飓风为交叉关系，陕北民歌为民歌的一种，两者为种属关系。C项，北风和南风为反对关系，民歌是音乐体裁的一种，两者为种属关系。D项，北风是从北方吹来的风，与风向为对应关系。儿童歌曲与民歌为交叉关系。故选A。

17. B　对应关系。A项，诗歌与小说是两种不同的体裁，为反对关系；硬件与软件为矛盾关系。B项，作家编写小说，工程师编写软件，属于对应关系。C项，创作小说为动宾关系，应用软件此处既可以指动宾关系，也可以指软件本身。D项，小说需要素材，计算机需要使用软件，但前后对应位置错误。故选B。

18. C　对应关系。A项，清洁工的工作地点不仅是在马路上，医生的工作地点一般是在医院里，不符合。B项，清扫车是工具，手术台是工作地点，前后逻辑关系不一致。C项，清洁工的职责是保洁，医生的职责是治病，前后逻辑关系一致。D项，工作服是清洁工的工服，听诊器是医生使用的工具，前后逻辑关系不一致。故选C。

19. B　组成关系。恒星是宇宙的组成部分，花朵是花丛的组成部分。故选B。

20. C　对应关系。编剧编写剧本，编辑编撰报纸。故选C。

21. A　因果关系。A项，一氧化碳会导致中毒，海啸会导致灾难，两者均为因果关系。B项，二氧化碳与一氧化碳为并列关系，季风与海啸并无明显逻辑关系。C项，

173

口罩与一氧化碳并无明显逻辑关系，潜水艇与海啸并无明显逻辑关系。D项，尾气和一氧化碳为组成关系，地震和海啸为因果关系。故选A。

22. D 象征关系。A项，白鸽和杜鹃都是鸟类，帝王拥有权力，前后逻辑关系不一致。B项，白鸽和橄榄枝都象征和平，政治与权力并无必然逻辑关系，前后逻辑关系不一致。C项，白鸽和好运无必然逻辑关系，宪法可以规定权力，前后逻辑关系不一致。D项，白鸽象征和平，权杖象征权力，前后逻辑关系一致。故选D。

23. D 对应关系。改革的目的是发展。A项，文字是语言的组成元素，语言不是目的。B项，学习与研究是并列关系。C项，成长的过程有挫折，挫折不是目的。D项，表达的目的是沟通。故选D。

24. A 对应关系。此题考功能对应关系。A项，法院的功能是审判，植树的功能是绿化，逻辑关系一致。B项，法院是法官的办公场所，园林绿化属于主谓关系，逻辑关系不一致。C项，诉讼一般在法院进行，绿化需要灌溉，逻辑关系不一致。D项，法院的主要功能是维护正义，绿化是环保的一种方式，逻辑关系不一致。故选A。

25. B 对应关系。国画是用水墨画成的，油画是用颜料画成的，是原料对应关系，B项合适。迷惑项是C项，国画的特点是散点透视，西方画的特点是焦点透视。故选B。

26. D 对应关系。鸿蒙OS是华为公司研发的系统，安卓是谷歌公司研发的系统，D项合适。代入A、B、C三项，均不合适。故选D。

27. D 对应关系。A项，养尊处优指生活在富贵优裕的环境中，强调的是主观享乐，艰苦强调的是客观条件差，两者不是反义词；穷困潦倒形容生活贫困、失意颓丧，它与富裕是反义词，前后逻辑关系不一致。B项，卧薪尝胆形容一个人忍辱负重，发奋图强，最终苦尽甘来，它与艰苦没有必然逻辑关系；穷困潦倒形容生活贫困，失意颓丧，它与失意是近义词，前后逻辑关系不一致。C项，夙兴夜寐形容非常勤奋，它与艰苦没有必然的逻辑关系；穷困潦倒形容生活贫困，它与厄运是近义词，前后逻辑关系不一致。D项，风餐露宿形容旅途或野外工作的辛苦，它与艰苦是近义词；穷困潦倒形容生活贫困，失意颓丧，它与落魄是近义词，前后逻辑关系一致。故选D。

28. C 动宾关系。A项，理解知识是动宾短语，攀登与挑战没有明显关系，前后逻辑关系不一致。B项，学识指学术上的知识与修养，但理论与挑战没有明显的逻辑关系，前后逻辑关系不一致。C项，学习知识是动宾短语，挑战极限也是动宾短语，前后逻辑关系一致。D项，文化与知识无明显逻辑关系，迎接挑战是动宾短语，前后逻辑关系不一致。故选C。

29. D 组成关系。A项，编辑部可以联系作者投稿，学校与校园是全同关系，前后逻辑关系不一致。B项，编辑部与档案处是两个不同的部门，属于并列关系；学生处是学校的组成部分，是组成关系，前后逻辑关系不一致。C项，编辑部编辑期刊，两者是工作内容上的对应关系；学生在学校，两者是地点上的对应关系，前后逻辑关系不一致。D项，编辑部是出版社的一部分，教务处是学校的一部分，两者都是组成关系，前后逻辑关系一致。故选D。

参考答案与解析

第四章 逻辑判断

第一节 削弱质疑型

1. C 削弱论点。论点：社区养老机构带来噪声污染，影响居民正常生活。论据：无。A项，该项只是说明花园小区的噪声污染严重，并未提及设立社区养老机构对居民的影响，属于无关项，无法削弱。B项，部分居民对社区养老机构因为不了解而存在误会，而老王对社区养老机构有意见，此项无法确定部分居民是否包括老王，属于不明确选项，无法削弱。C项，老人们开展娱乐活动时的噪声低于日常生活的噪声，表明设立社区养老机构不会影响居民正常生活，削弱论点。D项，该项只是说明噪声污染是花园小区一直存在的问题，并未涉及设立社区养老机构是否会对居民正常生活产生影响，属于无关项，无法削弱。故选C。

2. A 削弱论点。论点：人们在社交媒体上花的时间越多，在现实世界中与人交流的时间就越少，因此越容易感到孤独。论据：研究发现，人们在社交媒体上花费的时间越长，越容易感到孤独。研究人员招募了1 787名19~32岁的成年人，让他们完成一份问卷。调查发现，在社交媒体上每天花费时间超过120分钟的人感受到的孤独，大约是那些每天费时少于30分钟的人的两倍。A项，该项说的是越容易感到孤独的人越喜欢用社交媒体，而题中讨论的是人们在社交媒体上花费时间越长越容易感到孤独，属于因果倒置，可以削弱。B项，该项说的是对生活的满意度，论点讨论的是人们在社交媒体上花费时间越长越容易感到孤独，与话题不一致，无法削弱。C项，该项说的是人们喜欢用社交媒体来了解其他人的生活，论点讨论的是人们在社交媒体上花费时间越长越容易感到孤独，与话题不一致，无法削弱。D项，该项说的是在社交媒体上接收积极经历信息的人容易心态失衡，但心态失衡是否会使人容易感到孤独并没有说明，属于不明确项。故选A。

3. D 削弱论点。论点：生活在树上或水中这种三维环境中的蛇，毒性低于二维环境（地面）中的蛇。研究人员推测，这是因为生活在三维环境中的蛇能遇到更多东西，所以遇到猎物的频率也更高，不需要毒性很强的毒液来确保每次捕猎都能成功。论据：无。A项，该项说不同的毒液毒性差别大，与论点讨论的不同环境中毒蛇的毒性差异大无关，属于无关项。B项，三维环境中的动物比二维环境中的动物灵活，强调的是灵活，但如果足够多，就算灵活，遇到猎物的频率依旧高，也不需要很强的毒素，无法削弱。C项，同一种毒蛇在不同季节分泌的毒液，毒性成分并不完全相同，与题干论点讨论的不同环境中毒蛇的毒性差异大无关，属于无关项，不能削弱。D项，树上或水中遇到的猎物比地面上遇到的小很多，蛇需要捕食更多猎物才能果腹，说明即便是遇到猎物的频率更高，由于猎物小也需要很强的毒性，可以削弱论点。故选D。

4. D 削弱论点。论点：这种人造牛肉将会在未来取代真正的牛肉，人类可以停止对肉牛乃至其他牲畜的养殖。论据：荷兰研究人员培育出了一种人造牛肉。从牛的肌肉组织中分离出干细胞，放入营养液中，促进细胞生长和繁衍，进而合成人造牛肉。A项，该项说的是人造牛肉的制作成本话题，而论点讨论的是未来人造牛肉取代真牛肉和人类停止牲畜养殖话题，话题不一致，无法削弱。B项，该项说的是人造牛肉的口感话题，与论点话题不一致，属于无关项，无法削弱。C项，该项说的是人造牛肉的作用，与论点不一致，无法削弱。D项，该项指出制作人造牛肉离不开圈养牛，因此意味着人类不能停止对肉牛乃至其他牲畜的养殖，直接否定论点，可以削弱。故选D。

5. D 削弱论点。论点：月球导航很快即可实现。论据：为登上月球，有科学家开始进行"月球导航"的验证，他们表示目前地球轨道上的GPS卫星发射的信号，在月球上可以接收使用，定位精度能达到200~300 m。A项，说明了各国采用的导航方式，并没有说明月球导航不会很快实现，属于无关选项，不能削弱。B项，说明了月球航天器可计算出自己的轨道，并没有说明月球导航不会很快实现，属于无关选项，不能削弱。C项，说明了月球导航最有效的途径，并没有说明月球导航不会很快实现，属于无关选项，不能削弱。D项，说明了月球航天器一项技术暂时无法破解，说明月球导航不会很快实现，削弱论点。故选D。

6. B 削弱论点。论点：全球市场的天然钻石价格将大幅下降。论据：有研究团队研发出新的人造钻石培育技术，在实验室环境下，一星期就可以"培育"出一颗1克拉大小的钻石，人造钻石和天然钻石在成分和结构上并无差别，但其成本只有天然钻石市场价格的1/6。A项，人造钻石凝结的劳动价值远高于天然钻石，根据价值决定价格，可知人造钻石价格比天然钻石的价格高，对天然钻石是有利的，人们更倾向于买天然钻石，需求增加会导致天然钻石的价格上升，否定了论点，可以质疑上述预测，保留。B项，消费者认为人造钻石不是值得购买的"真正的钻石"，那么就会导致人造钻石的需求下降，从而增加对天然钻石的需求，使天然钻石的价格上升，可以质疑上述预测，保留。C项，钻石需求量有所下降，不清楚是哪种钻石，属于不明确项。D项，人造钻石需求量大，天然钻石的需求量就少，天然钻石的价格会下降，支持了上述论点。比较A、B两项，B项直接从消费者的角度，说明天然钻石不会因为人造钻石的成本低而丧失市场需求，给未来全球市场的天然钻石价格不会大幅下降提供了有力的证据。故选B。

7. B　削弱论点。论点：草原面积大量增长使得最善于站立的祖先更有可能存活，他们的基因得以传承下来。论据：气候变化是人类双足行走的主要驱动力。几百万年前，非洲森林的面积开始缩减，草原面积大量增长。在树木很少的环境中，双足行走的意义很明显：站起来，能让人类祖先的视线越过生长丰茂的草，看到捕食者和猎物。A项，题干论述的是人类行走与草原环境之间的关系，而选项中说的是身体结构的变化，该项与题干不一致。B项，在发现双足行走的化石的时候还发现大量同时代的森林动植物化石，说明双足行走与森林环境有关，并不是仅与草原环境有关，削弱了论点。C项，选项讨论的是人类的居住方式，与题干论题不一致。D项，膝关节相似，与题干论点不一致。故选B。

8. A　削弱论点。论点：续航时间并非顾客的首要考虑因素。论据：某手机厂商推出一款手机的新款，与旧款相比，除续航能力大大提升以外，新款手机的其他样式与配置均未发生变化。在旧款手机与新款手机同时销售的三个月内，旧款手机的销量超过了新款手机。A项，旧版的续航时间足以满足消费者需要，这意味着续航时间是顾客的首要考虑因素，但是这种需要被旧款手机满足了，可以削弱论点。B项，充电宝可以满足续航时间，但该项没有说明续航时间是不是消费者首要考虑的，属于不明确项。C项，消费者不了解两款手机续航时间的差别，无从得知其是不是消费者首要考虑因素，属于不明确项。D项，提高了手机销售价格，说明可能是由于价格高导致了新手机销售量低，说明续航时间不是消费者考虑的首要因素，而价格是首要因素，具有加强作用。故选A。

9. B　削弱论点。论点：宋代女性并未被闭锁在属于"私领域"的家庭生活中，而是拥有多种权利和自由，和男性一起承担家庭和社会的各种责任。论据：近来有学者发现，宋代福建地区大户人家的女性已能乘轿出行，打破儒家伦理对她们的许多禁锢，拥有了自己应有的社会活动空间。论据讨论的是大户人家女性的社会活动空间，论点讨论的是女性有没有拥有多种权利和自由。论点与论据不一致。A项，说的是社会地位决定女性权利与自由，话题说的是女性拥有权利与自由，话题不一致。B项，强调精英女性在公共生活中的活跃程度,不能证明女性这一群体的普遍权利和自由,切断了论点与论据的联系,可以削弱。C项,该项肯定了宋代女性拥有权利与自由,加强了论点。D项,该项说的是儒家礼仪并未被当成死板的教条,加强了论据,有加强作用。故选B。

10. A 削弱论据。论点:当代大学生对军事的关注程度并没有提高,甚至有所下降。论据:为了解当下大学生对军事的关注程度,某教授列举了20种军事装备,请30位大学生识别。结果显示,极少数人识别出15种以上,多数人只识别出2~6种装备,甚至有人全部都不能识别。其中"海鸥战斗机"的识别率最高,30人中有19人识别正确;"舰载式战斗机"所有人都未能识别。20种军事装备的整体识别错误率超过75%。A项,认为教授选取的军事装备不具有代表性,认为其实验样本选择不合理,是对论据的削弱。B项,认为选取的30位大学生不是军事院校的学生,但此项研究是针对当代大学生的,至于是不是军事院校的学生不重要,只要是大学生即可,故不能削弱。C项,"舰载式战斗机"有些军事迷也未能识别,认为其中一种军事武器选择不合理、没有代表性,有削弱的意思。D项,认为选取的样本有50%对军事不感兴趣,50%对军事感兴趣,证明了样本选择的多样性,不能削弱。再比较A与C,A项说的是20种军事装备没有代表性,C项说的是一种军事装备没有代表性,A项的削弱力度更强。故选A。

11. C 削弱论点。论点:乐观派们认为AI接管医院只是时间问题,然而从实验室到医院的这段路,依然困难重重。论据:无。A项,认为目前AI不能自行下达判断,支持了AI从实验室到医院的这段路依然困难重重。B项,提出有的病变本身也十分罕见,现在还无法像训练一个真正的医生一样训练AI,这支持了AI从实验室到医院的这段路依然困难重重的论点,加强论点。C项,AI技术诊断糖尿病人的眼底病变已经得以实现,该项举出成功例子说明AI可以走通从实验室到医院的这段路,侧面说明了AI从实验室到医院的这段路不是依然困难重重,可以削弱论点。D项,人和机器的决策方式并不相同,机器超出规则就无能为力了,没有涉及AI技术,属于无关项。故选C。

12. D 削弱论点。论点:一旦认为自己有网瘾,上网时间就会变长。论据:调查发现,认同自己有网瘾的同学,上网时间明显高于否认有网瘾的同学,他们平均每周上网时间为13.3小时,比后者多5.4小时。A项,学生有网瘾后家长管不住,可能造成上网时间变长,有加强作用,无法削弱。B项,强调网瘾与学生学习时间的关系,与题干论点不一致。C项,不认为自己有网瘾,自制力强,反面说明认为自己有网瘾的是自制力差一些,加强了论点。D项,强调的是上网时间长的同学认为自己有网瘾,而题干观点是有网瘾导致的上网时间长，倒置了因果，削弱了论点。故选D。

13. B 削弱论点。论点：全民阅读没什么效果。论据：2016年国家开始推广全民阅读，调查发现，2017年我国成年国民人均纸质图书阅读量为4.66本，较2016年的4.65本略有增长。论点强调的是全民阅读没有效果，论据强调的是推广全民阅读后，纸质图书阅读量只是略有增长，论点与论据不一致。A项，读书活动吸引了很多人参加，但与阅读量没有关系，属于无关项。B项，电子书阅读率提高，说明推广阅读还是有效的，削弱了论点。C项，日本的人均纸质阅读量，与我国的阅读量没有什么关系，属于无关项。D项，人均接触手机的时长与阅读量无关，属于无关项。故选B。

14. A 削弱论点。论点：在明火或炭上经常烧烤或烹饪食物给人们带来的危害不亚于香烟。论据：一项研究表明，明火、煤炉和烧烤炉的烟雾中含有大量的致癌物质、一氧化碳等有害物质。在明火或炭上经常烧烤或烹饪食物会使患肺炎、哮喘和其他肺部疾病的可能性增加40%~60%。A项，通过对比，说明吸烟致癌的人数更多，削弱了题干中在明火或炭上经常烧烤或烹饪食物给人们带来的危害不亚于香烟的论点。B项，与火灾经常接触的消防人员，其血液中致癌物质浓度比普通人高，加强了论点。C项，近年来香烟生产商降低了香烟对人身体的危害，与题干讨论的使用明火或者炭火的危害无关。D项，我国40%的家庭使用木材和煤炭做饭和取暖，与题干无关。故选A。

15. C 削弱论点。论点：网络语言的盛行使得语言表达更加丰富，人们之间的沟通变得新奇、简单、幽默，彰显个性，符合现代社会的多元化特点。论据：现在不仅年轻人热衷于使用网络语言，不少网络流行语也从网络蔓延到传统媒体，成为大众熟悉的语言。论点强调的是网络语言对人们表达的积极意义。A项强调的是网络流行语对语言习得带来的不利影响，不是网络流行语给人们沟通带来的影响。B项说的是语境与网络语言的关系，与论点不一致。C项强调了网络流行语与表达的关系，且导致表达方式趋同化，组织语言能力下降，保留。D项仅提及网络语言与语法的关系，与论点不一致。故选C。

16. B 削弱论点。论点：饮用塑料瓶装水对身体健康有害。论据：研究者对某国多个知名品牌的250瓶塑料瓶装水进行检测，发现仅17瓶水中没有塑料微粒。塑料微粒是持久性有机污染物等有毒有害化学物质的载体。A项，赞助该研究的组织与实验结果无关，不能削弱。B项，保质期内的塑料瓶装水中塑料微粒含量远低于安全标准，因此是安全的，对健康没有危害，可以削弱。C项，说明塑料瓶装水的其他危害，起加强作用。D项，该研究发表在哪里与实验结果无关，不能削弱。故选B。

17. C 削弱论点。论点：再过若干年，制造传统手表的工厂最终会倒闭。论据：

正因为智能手表的这些优点，越来越多的人购买智能手表。A项，"一些消费者"的范围不明确，可能人数很少很少，无法削弱。B项，如果只是极少数人坚持戴传统手表，那么制造传统手表的工厂依然可能倒闭，无法削弱。C项，大多数传统手表生产商不仅生产传统手表也生产智能手表，那么未来无论智能手表和传统手表谁卖得更好，制造传统手表的工厂都不会倒闭，可以削弱。D项，传统手表和智能手表谁更受欢迎不明确，无法削弱。故选C。

18. A 削弱论点。论点：素食是聪明人的选择，素食让你我更有智慧。论据：10岁时智商越高，30岁时成为素食者的可能性就越大。另一项针对几万名高智商人群的饮食调查显示，这些人多半是素食爱好者。A项，社会地位和经济状况无法决定天然智商，属于无关选项，不能质疑。B项，不吃荤会影响智力发育，可以削弱。C项，不吃荤会影响大脑发育，可以削弱。D项，否定了论据和结论之间的联系，属于拆桥项，可以削弱。故选A。

19. B 削弱论点。论点：政府预防和扑灭火灾的努力取得了显著效果。论据：去年火灾次数与过火面积的增加比例明显低于往年。A项，该项只是指出去年该国用以预防和扑灭亚马逊热带雨林火灾的投入比往年低，但投入高低与效果之间的关系并不确定，属于不明确项。B项，该项指出亚马逊雨林火灾次数减少的原因是大面积持续降雨，属于另有他因，可以削弱。C项，该项说的是其他国家的雨林，主体不一致，无法削弱。D项，该项说的是投入费用的比例，话题不一致，无法削弱。故选B。

20. C 削弱论点。论点：社交软件的使用有利于基层工作人员的健康。论据：使用社交软件的基层工作人员罹患糖尿病、精神疾病、缺血性心脏疾病的概率均显著低于不使用社交软件的。A项，使用电脑或者手机和题干中使用社交软件是不同的话题，不能削弱。B项，没有提到社交软件，不能削弱。C项，指出是身心健康的人才在工作之余使用社交软件，而不是使用社交软件才身心健康，因果倒置，可以削弱。D项，企业基层工作人员的年龄不是题干讨论的话题，不能削弱。故选C。

第二节　加强支持型

1. B 加强支持型。论点：准父亲的饮食状况会影响后代的健康。论据：一项对准父亲饮食状况对后代影响的追踪研究发现，作为准父亲的男性，如果在有下一代之前，因饮食过量出现了肥胖症，那么他的孩子更容易出现肥胖症，而这一概率与母亲的体重关系不大；而当准父亲饮食匮乏并经历了饥饿的威胁时，那么他的孩子更容易出现心血管疾病。A项，该项未涉及准父亲的饮食状况是否会影响后代的健康，属于无关项，无法加强。B项，该项说的是父亲的营养状况塑造其传递的生殖细胞的信息，这会影响孩子的生理机能，说明父亲的营养状况与饮食状况有关，孩子的生理机能与健康有关，解释了为什么准父亲的饮食状况会影响后代的健康，补充论据，可以加强。C项，该项未涉及准父亲的饮食状况是否会影响后代的健康，属于无关项，无法加强。D项，该项未涉及准父亲的饮食状况是否会影响后代的健康，属于无关项，无法加强。故选B。

2. B　加强支持型。论点：研究人员认为"快速戒烟"组成功率比"逐步戒烟"组高。论据：研究人员招募了697名想要戒烟的吸烟者，把他们分为两组。第一组为"快速戒烟"组，即在戒烟当天让他们停止吸烟；第二组为"逐步戒烟"组，即设定一个停止吸烟的日期，在一个月内逐渐减少他们的吸烟量。一个月后，"快速戒烟"组戒烟成功的比率为49%，而"逐步戒烟"组为39%。A项，强调快速戒烟对心脏的损害更小，而本题论点在说"快速戒烟"组成功率比"逐步戒烟"组高，话题不一致，无法加强。B项，该项说戒烟半年后，"快速戒烟"组仍想吸烟的欲望比"逐步戒烟"组低，补充了一个半年以后的试验结果，说明"快速戒烟"成功率比"逐步戒烟"高，补充论据，可以加强。C项，强调的是精神压力，但精神压力大小与戒烟成功率高低的具体关系不明确，属于不明确选项，无法加强。D项，强调的是"快速戒烟"组中风的风险低，说明"快速戒烟"的好处，与"快速戒烟"和"逐步戒烟"的成功率无关，无法加强。故选B。

3. D　加强支持型。论点：酒精浓度越高，消毒效果不一定越好。论据：一般消毒用的酒精浓度为70%~75%，此浓度的酒精渗透性最好，杀毒效果也最好，浓度更高的话，反而达不到消毒作用。A项，该项说明浓度较低的酒精也有杀菌效果，但题干论点在说酒精浓度越高，消毒效果不一定越好，与论点话题不一致，无法加强。B项，该项是对酒精的杀菌原理进行的阐述，与论点话题不一致，无法加强。C项，该项是对高浓度酒精的坏处进行的阐述，与论点话题不一致，无法加强。D项，浓度为95%的酒精可在病毒表面形成一层防止酒精渗透的保护壳，举例说明了95%的酒精高浓度反而起不到杀灭病毒的作用，可以进一步证明酒精浓度越高消毒效果不一定越好，补充论据，可以加强。故选D。

4. C　加强支持型。论点：很多人认为大飞机比小飞机更安全。论据：大飞机飞得很平稳，而小飞机常常会有颠簸。A项，指出引起颠簸的真正原因，拆断颠簸与安全之间的联系，为拆桥项。B项，说明的是准点率问题，与安全与否无关，属于无关项，无法加强。C项，指出小飞机颠簸剧烈的原因，证明确实小飞机常常会有颠簸，补充论据，可以加强。D项，指出安全与设备之间有关系，和飞机大小无关，拆断安全与颠簸之间的联系，为拆桥项。故选C。

5. B 加强支持型。论据：经常食用诸如麦片、糙米、玉米和藜麦等粗粮的志愿者生病和死亡比例比不食用者低。论点：食用粗粮有助于身体健康。A项，举例指出粗粮是运动员与减肥人士的最佳早餐，可以加强粗粮有助于身体健康的论点。B项，粗粮是世界上很多国家老百姓的主食，不能说明其有助于身体健康，属于无关项。C项，指出医学典籍中，有食用粗粮治病的记载，可以加强食用粗粮有助于身体健康。D项，指出经常食用粗粮有助于降低罹患肥胖症的风险，说明其确实对身体健康有好处，可以加强。故选B。

6. C 加强支持型。论点：服用高剂量维生素B_6易导致老年女性髋关节骨折风险升高。论据：服用高剂量维生素B_6（每日35毫克以上）的人，相比较于服用低剂量或不服用的人，髋关节骨折的风险高出近50%。A项，该项讨论的是服用高剂量维生素B_6会对神经系统产生毒性，而论据讨论的是服用高剂量维生素B_6易导致老年女性髋关节骨折的风险，未在毒性、跌倒、老年女性髋关节骨折风险升高之间建立联系，话题不一致，无法加强。B项，该项说的是维生素不足的原因，与题干论点不一致，属于无关选项。C项，维生素B_6会降低雌激素水平，使髋关节部位骨质疏松，从而更易骨折，加强了论点，可以加强。D项，该项说的是50~60岁的女性中有一部分人需要额外补充维生素B_6，与题干论点不一致。故选C。

7. A 加强支持型。论点：造成这一现象的深层次根源在于，全社会整体的择业意愿与社会需求的背离程度正在不断加深。论据：目前劳动力市场呈现出以体力劳动为主的技工、普工同时紧俏，与此同时，不少高校毕业生仍在为一份工作发愁。这种强烈的对比，将劳动力市场的结构性供需矛盾以一种超出人们惯常认知的方式展现在世人面前。A项，该项说的是有择业意愿但是没有相关的技能，论点讨论的是择业意愿与社会需求的背离程度在加深，话题不一致，无法加强。B项，高等教育强化了更多人选择从事脑力劳动的志向，但社会现在对脑力劳动者的需求不高，体现了择业意愿与社会需求的背离，可以加强。C项，让孩子跻身脑力劳动领域，但现在劳动力市场对脑力劳动者的需求不高，可以体现择业意愿与社会需求的背离，可以加强。D项，愿意从事技工和普工的劳动者数量减少得更快，现在对以体力劳动为主的技工、普工的需求减少得不是很快，体现了择业意愿与社会需求的背离，可以加强。故选A。

8. D 加强支持型。论点：共享雨伞行业正在逐渐强大，拥有广阔的市场前景。论据：无。A项，从国家政策层面给予支持，补充了论据，说明了共享雨伞行业正在逐渐强大，加强论证。B项，用户出于遮阳目的也愿意为共享雨伞付费，扩大了消费群体，加强论证。C项，信用免押，容易被用户接受，说明其方式便捷，为其广阔的发展前景提供了理由，加强论证。D项，有竞争不能说明是否有前景，属于不明确项，不能加强。故选D。

9. D 加强支持型。论点：很多科学家相信，在宇宙的遥远之处有大范围的反物质星系区存在，那里的宇宙射线主要由反质子和反氦四组成。论据：无。A项，该项说的是没有在地球上发现，论点讨论的是宇宙的遥远之处，与论题不一致。B项，该项主要说物质与反物质的作用，与论点中说的反物质存不存在无关。C项，科学家陆续制造出反质子、反中子、反氘核甚至反氦四等反物质，但都不是遥远的宇宙存在的。D项，地球大气层之外的阿尔法磁谱仪从宇宙射线中观测到了反氦四粒子，补充了论据，证明了反物质的存在，加强论证。故选D。

10. C 加强支持型。论点：猕猴不能说出数千个单词和完整的句子，是因为它们的大脑和人类存在差异。论据：研究人员用X射线拍摄猕猴进食、打哈欠以及相互嘶吼时发出各种声音的影像。结果显示，猕猴很容易就能发出许多不同的声音，包括英语字母中最基本的5个元音。论点强调的是，由于猕猴大脑与人类存在差异，猕猴不能说出数千个单词与完整的句子。论据强调的是猕猴很容易发出许多不同的声音。论据与论点不一致，优先考虑搭桥。A项强调的是声带，与题干论点不一致。B项，鹦鹉的例子与题干话题不一致。C项，说明了语言能力来源于大脑中高度发达的语言功能区，加强了论点。说明了猕猴能发出不同声音，却不能说数千个单词与完整的句子的原因，支持了研究人员的推测。D项，电脑模拟猕猴讲完整的句子，与题干不一致。故选C。

11. C 加强支持型。论点：文学作品常常赋予植物许多象征意义的做法让植物的象征意义压抑了植物的自然意义，严重干扰了人们对于植物自然属性的认识。论据：无。A项，该项只是说《诗经》写了很多植物，但并没有说到是否有很多象征意义，也没有说到是否干扰人们对植物自然属性的认识。B项，该项说的是一些农作物很少受到人们的称赞，与题干话题不一致。C项，举例说明竹被文人称赞，但实际上竹鞭却到处侵占其他植物的生存空间，补充了论证，加强作用。D项，该项说的是俄罗斯文学作品可以让读者客观认识到植物的自然属性和美，与我国情况没有关系。故选C。

12. B 加强支持型。论点：学校会谨慎甚至限制使用人脸识别技术，这项技术不会有较大的校园市场。论据：无。题中只有论点，没有相应的论据，可以考虑补充论据的方式。A 项，该项说的是学生、老师和家长重视课堂教学效果，与学校会不会谨慎使用人脸识别技术无关。B 项，该项说的是人脸识别技术应用侵犯学生的隐私权，所以学校可能会因为保护学生的隐私权而谨慎使用，可以加强。C 项，该项说的是人脸识别只用于监控，所以学校也有可能谨慎使用，可以加强。D 项，该项说的是目前存在安全隐患，论点讨论的是未来，未来有没有安全隐患不确定。比较 B、C 两项，B 项侵犯学生的隐私权，更具有加强作用。故选 B。

13. B 加强支持型。论点：常喝咖啡对我们的身体健康具有一定的积极意义。论据：喝咖啡能明显降低心血管病人的死亡风险。论点讨论的是喝咖啡和身体健康之间的关系。A 项，强调咖啡和记忆之间的关系，与题干论点不一致。B 项，强调喝咖啡与全因死亡率降低有关，有一定的积极作用，具有加强作用。C 项，说明咖啡因对小鼠有益，与人的关系不确定，与题干无关。D 项，说明咖啡因确实能增强人的心脏细胞的功能，确实有助于人的健康。比较 B 项与 D 项，D 项仅仅讨论的是心脏，B 项讨论得更全面，B 项的加强作用明显。故选 B。

14. A 加强支持型。论点：下丘脑特定部位的损伤是导致小鼠肥胖的原因。论据：研究人员给一群实验用的小鼠提供相同的食物，这些小鼠中有部分小鼠的下丘脑部位有不可恢复的损伤，而另一些则没有。一段时间后，研究人员发现那些下丘脑部位有损伤的小鼠出现了肥胖症状。A 项，给出下丘脑未损伤的小白鼠没有肥胖症状，用对比的方式支持了下丘脑特定部位损伤是导致小白鼠肥胖的原因，具有加强作用。B 项，只是说明有相当多的研究人员研究此类问题，并没有提到相关结论，属于无关选项。C 项，题干论述的是下丘脑与肥胖之间的关系，而该项给的是下丘脑与糖尿病之间的关系，与论点不一致。D 项，"程度相当"并没有证明下丘脑损伤是否与肥胖有关。故选 A。

15. C 加强支持型。论点：光感刺激有助于早期阿尔茨海默病的治疗。论据：对患有早期阿尔茨海默病的小白鼠大脑进行光感刺激能够帮其找回失去的记忆。论点与论据一致。A 项，说明光照时间长不容易犯病，与题干讨论的光感刺激有助于早期阿尔茨海默病的治疗的论点无关。B 项，接受过光感刺激的小白鼠患上了早期阿尔茨海默病，说明光感刺激不一定有助于早期阿尔茨海默病的治疗，削弱了论点。C 项，如果终止光感刺激，患早期阿尔茨海默病的小白鼠的症状会加重，说明光感刺激对治疗阿尔茨海默病的小白鼠有效，加强了论点。D 项说的是没有接受光感刺激的小白鼠早期患阿尔茨海默病比例的高低，与题干论点的治疗效果话题不一致。故选 C。

16. A 加强支持型。论点：睡眠质量不佳与现代科技的众多产物，比如长明的路灯、电视、计算机和手机等有关。论据：人造光源和电子设备产生的光扰乱了睡眠，让人们难以入睡。A项说明了当人暴露在灯光下时，会造成睡眠困难，加强了论点。B项，说明睡眠质量不佳是由于人的昼夜节律被工作和时差打乱，不仅仅是电子设备和人造光源，另有他因，削弱了论点。C项，"很可能"本身就不明确，属于不确定项。D项，说的是农村人与城市人的睡眠质量问题，与论题不一致。故选A。

17. B　加强支持型。结论：应在6：00—9：00 am与5：00—8：00 pm间禁止大货车通行，这样能极大缓解交通拥堵状况。论据：无。A项，该项讨论的是大货车车速，题干没有涉及车速与交通拥堵的关系，不能加强。B项，这两个时间段里该地区行驶的车辆以大货车为主，因此在该时间段内禁止大货车通行可以缓解交通拥堵，属于补充论据，可以支持。C项，该项没有告知大货车的数量，不能支持。D项，该项讨论的是大货车司机的安全意识，与交通拥堵的关系未知，不能支持。故选B。

18. D　加强支持型。结论：大脑神经细胞和其他组织器官一样，越用越能保持其充沛的活力；总不用的话，人可能会变得越来越笨。论据：人的大脑聪明与否不仅是天生的，我们后天的行为也会对大脑产生深刻的影响。"用进废退"的生物科学原则，同样适用于人脑。A项，用脑疲劳问题不是题干讨论的话题，不能加强。B项，神经元衰减与聪明的关系未知，不能加强。C项，该项讨论的是完成任务之后的大脑变化，与聪明的关系未知，不能加强。D项，"学习新的语言"属于用脑，"促使脑区之间建立更高效灵活的沟通模式"说明大脑变得更灵活、更聪明，可以加强。故选D。

19. B　加强支持型。结论：应该考虑把这种耳垂折痕加入"典型的中风风险因素清单"。论据：研究者观察了241名中风患者，其中88位全身中风患者中，有78人的耳垂上出现了特定的折痕，153名暂时性缺血中风（通常所说的微卒中/小中风）患者中有112人出现同样的现象。A项，健康风险范围比较大，不明确到底包含不包含中风风险，不能加强。B项，小动脉堵塞→头颈部的血液循环变差→耳垂折痕→增加了中风的风险，可以加强。C项，提到了很多种病，但没有提到中风，不能加强。D项，出现耳垂折痕的原因是皮肤的血液循环变慢、耳垂皮肤弹性降低，即不一定是因为存在中风风险，属于他因削弱。故选B。

20. B　加强支持型。结论：在分工日益明确的时代，富有合作精神的人比其他人有更多的生存和繁衍机会，"最友好者生存"是导致人类大脑不断缩小的重要原因。论据：当代成人的脑容量平均为1 349毫升，相比中石器时代人类的脑容量，男性减少了10%，女性减少了17%。A项说的是"脑容量更小会使得人类更富有合作精神"，而结论是合作精神导致人类大脑不断缩小，因果倒置，削弱了结论。B项，合作→减少攻击性→使身体变轻、脑容量减少，在论据和结论之间建立了联系，可以加强。C项说的是大脑缩小的原因是"人们对体重的要求降低，身体的缩小"，而不是合作精神，属于他因削弱。D 项说的是大脑缩小的原因是"外部信息存储介质的出现减轻了大脑的记忆负担"，而不是合作精神，属于他因削弱。故选 B。

第三节　前提假设型

1. C　前提假设型。论点：你开始说真话时，我就开始相信你。论据：你经常撒谎，我不能相信你。A 项，该项说的是妈妈从来不相信儿子说真话，论点中说的意思是，你开始说真话，我就开始相信你，该项与论点意思相反。B 项，儿子知不知道说谎和妈妈认不认定没有关系，是无关选项。C 项，只有妈妈知道儿子哪句话是真话，才能在儿子说真话的时候相信他，是妈妈言论中所隐藏的前提。D 项，该项不能解释妈妈能否正确辨别儿子是否在说真话，是无关选项。故选 C。

2. C　前提假设型。论点：久坐会对人的记忆力产生影响。论据：一项实验中，研究者对被测人员进行了身体活动水平的调查，分析了他们平均每天坐着的时间。结果显示，每天坐的时长与大脑内侧颞叶缩小密切相关。即使其他时间身体达到了很高的活动水平，但坐的时间超过 5 小时，也无法改变内侧颞叶缩小的趋势。论点强调的是久坐与人的记忆力之间的关系，论据强调的是久坐会导致大脑内侧颞叶缩小。论据与论点不一致，考虑搭桥，建立论据与论点的联系。故排除 A、D 两项。B 项说的是大部分帕金森患者，主体不一致；C 项说明了大脑内侧颞叶区域包含海马回，与记忆相关，可以作为补充的前提。故选 C。

3. D　前提假设型。论点：在前寒武纪到寒武纪的转折时期，足迹化石显得尤为重要。论据：足迹化石虽然不能像实体化石那样保存生物完整的形态，但从足迹化石中，我们可以分析出生物大概的形态特征和行为学特征。也就是说，当直接证据缺失的时候，我们只能通过间接证据——足迹化石来推测当时的环境，反推是哪些动物留下的足迹，它们有没有复杂的动物行为等。论点讲的是，在前寒武纪到寒武纪的转折时期，足迹化石显得尤为重要。论据强调的是，直接证据缺失的时候，我们只能通过间接证据——足迹化石来推测当时的环境。前后论点、论据不一致，考虑搭桥。分析得知需要建立的联系是，在前寒武纪到寒武纪的转折时期，直接证据缺失。分析选项，D 项最贴近。故选 D。

4. B 前提假设型。论点：白花比红花香味更浓郁。论据：有科学家通过对植物花青素含量以及花瓣油细胞数量的研究发现，红花的花瓣油细胞的数量只有白花的一半。A项，黄花不是题目讨论的问题，是无关选项。B项，"植物的花瓣油细胞的数量与植物的芳香程度呈正相关"，建立了论据中花瓣油细胞的数量与论点中香味的联系，可以作为结论的前提。C项，红花可用作节日庆典、表达心意等用途，与题干讨论的花瓣油细胞的数量与香味无关。D项说明了花瓣油细胞数量与耐晒的关系，没有涉及香味，不能证明论点。故选B。

5. C 前提假设型。论点：该项法律能够推动儿童创新思维的培养。论据：某教育学家指出我们应该用立法的方式来限定儿童的最大学业负担，以此来保证儿童的自由活动时间。论据强调的是立法限定儿童最大学业负担，保证儿童自由活动时间，论点强调的是，该项法律能推动儿童创新思维的培养。论点与论据不一致，需要建立儿童自由活动时间与儿童创新思维的关系。A项，说的是立法的目的，与题干论题不一致。B项，说的是创新思维的重要性，与题干论点无关；C项，强调自由活动时间与创新思维的关系，起到了搭桥作用。D项，很多儿童因为学业负担太重而没有充足的活动时间，与立法是否能推动学生创新思维无关。故选C。

6. D 前提假设型。论点：应该在我国的中小学中大力推广这一教学模式，以便提高教学效果。论据：翻转课堂是随着信息技术的发展出现的一种新的教学模式，在这种模式下，重新调整了课堂内外的时间，学生在上课前完成对教学视频等学习资源的观看和学习，师生在课堂上一起完成作业答疑、协作探究和互动交流等活动。A项，若教学技能无法快速应用，则无法迅速推广翻转课堂并保证教学效果，这是论据所依赖的假设。B项，若学生没有主动在课前学习相关内容，就无法在上课前完成对教学资源的观看，这是论据所依赖的假设。C项，若学校无法协调课堂内外的教与学，则无法调整课堂内外的时间，就无法推广教学模式，这是论据所依赖的假设。D项，即使相关软件和系统无法很好地替代板书，也可以采用传统板书讲解，其并不影响教学模式的大力推广。故选D。

7. D 前提假设型。论点：该单位里一些参加短跑项目的成员是长期长跑锻炼者。论据：甲科室的所有成员都参加了五十米或者一百米的短跑项目，该科室的一些年轻成员还参加了一万米的长跑项目。D项，所有参加了一万米长跑项目的成员都是长期长跑锻炼者，同时由题干可知甲科室的部分成员同时参加了长跑和短跑两个项目，因此甲科室部分同时参加两个项目的成员是长期长跑锻炼者，在参加短跑项目的成员和长期长跑锻炼者之间建立了联系，这是前提条件。故选D。

8. C 前提假设型。"怎么又迟到了？"意思是又一次迟到。A项错误，喜欢上舞蹈课与迟到之间没有关系。B项错误，紫梦迟到是有意的，是对主观上的判断，与客观事实没有关系。C项正确，如果以前上舞蹈课学生紫梦没迟到过，老师就不会问"又迟到了"，所以以前上舞蹈课紫梦也迟到过，是该教师提问的前提。D项错误，其他同学迟到与紫梦又一次迟到无关。故选C。

9. C　前提假设型。论点：这届委员会是近年来工作最没有影响力的一届。论据：大多数教师根本叫不出委员会成员的姓名。论点讨论的是这届委员会的影响力，论据讨论的是教师能否叫出委员会成员姓名。两者话题不一致，优先考虑搭桥。A项，教师对职称评定委员会的工作不感兴趣与这届委员会的影响力无关，话题不一致。B项，谁有资格评价委员会工作是否具有影响力与这届委员会的影响力无关，话题不一致。C项，教师对职称评定委员会人员组成的熟悉程度（能否叫出委员会成员姓名），是评价委员会工作是否具有影响力的一个重要指标，这在结论和论据之间建立了联系，为搭桥项。D项，遴选职称评定委员会成员的条件与这届委员会的影响力无关，话题不一致。故选C。

10. D　前提假设型。论点："熊家长"要求原谅"熊孩子"。论据："熊家长"以"他还是个孩子"来护短辩解。论据和结论之间缺少"孩子"和"原谅"之间的关系，需要搭桥，只有D项"孩子犯错误应当被原谅"符合，因此"熊家长"会以"他还是个孩子"来护短辩解，要求原谅。故选D。

第四节　翻译推理

1. D　翻译推理。题干可翻译成：①经济稳健增长→该国采取大刀阔斧的举措来根治经济的顽疾；②没有经济稳健增长→公共债务就会不断攀升。根据①②得：公共债务就会不断攀升→经济稳健增长→该国采取大刀阔斧的举措来根治经济的顽疾。观察选项，D项符合。故选D。

2. B　翻译推理。题干可翻译成：①小白、小黑和小花报名→小红报名；②小白报名→小黑报名；③小黑报名→小灰报名；④小红没报名；⑤小灰报名了。由④①知小白、小黑和小花至少有一个没报名，否后否前；由③⑤知，小灰报名了则小黑报名了，否后否前；再由②与小黑报名了知小白报名了，否后否前；由小白、小黑和小花至少有一个没报名,而小黑、小白报名了,可知小花没报名。故选B。

3. B 翻译推理。题干信息可翻译成:①没有底线思维→不能做到严格自律;②始终保持底线思维→不忘初心;③不忘初心→始终坚守理想信念。A项,领导干部不能做到严格自律,肯定了①的后件,不能得到确定的结论。B项,根据①的逆否命题,能做到严格自律→有底线思维。由②可推出,有底线思维→不忘初心,该选项推理正确。C项,始终坚持理想信念,肯定了③的后件,得不到确定的结论。D项,不忘初心只能推出始终坚持理想信念,其他均不能得出。故选B。

4. A 翻译推理。题干可翻译成:甲爱看越剧或乙不爱看越剧→丙爱看越剧,要想推出乙爱看越剧,则利用否后否前的规则可以知道,丙不爱看越剧→甲不爱看越剧且乙爱看越剧,可以推出乙爱看越剧。故选A。

5. C 翻译推理。对题干信息进行翻译,如下:①有资格申报国家重点实验室→有教师发表论文;②甲实验室有教师发表论文;③乙实验室有资格申报国家重点实验室。A项,②是对①后件的肯定,得不出必然结论。B项,"有的是"不能推出"有的不是"。C项,③是对①前件的肯定,可以推出肯定的后件,该校乙实验室有教师在国际期刊上发表论文,该选项推理正确。D项,可以推出该校乙实验室有教师在国际期刊上发表论文,不能推出有教师没有在国际期刊上发表过论文。故选C。

6. D 翻译推理。论点:受到大家尊敬→重视解决民生问题的领导干部。论据:关心老百姓利益的领导干部→受到大家尊敬,关心老百姓利益的领导干部→重视民生问题。A项,看病、养老等问题越来越突出与题干话题不一致,不是前提。B项,重视解决民生问题的领导干部→受到大家尊敬,无法得出论点,不是前提。C项,民生问题是最为突出的问题与题干话题不一致,不是前提。D项,受到大家尊敬→关心老百姓利益的领导干部,将其补充到论据,可以得到:受到大家尊敬→关心老百姓利益的领导干部→解决民生问题,是前提。故选D。

7. A 翻译推理。题干结论可以翻译为:有效防止在开发利用自然上走弯路→尊重自然规律。A项翻译为:尊重自然规律→有效防止在开发利用自然上走弯路,是题干推理的逆否等价命题。B项翻译为:尊重自然规律→有效防止在开发利用自然上走弯路,尊重自然规律是对题干的肯后,肯后得不到必然性的结论。C项,人与自然共生关系与尊重自然规律的关系题干未提及,无法推出。D项,人因自然而生和开发利用自然的关系题干未提及,无法推出。故选A。

8. D 翻译推理。总经理的意思是:(欧洲线或北美线)且南美线。董事长表示反对,因此董事长的意思为总经理命题的否命题,可以表示为:(欧洲线或北美线)或南美线。A项翻译为:(欧洲线且北美线)且南美线,无法推出。B项翻译为:(欧洲线且北美线）且南美线，无法推出。C项翻译为：（欧洲线或北美线）且南美线，无法推出。D项翻译为：南美线→欧洲线且北美线，为"（欧洲线或北美线）或南美线"的否一推一，可以推出。故选D。

9. **D** 翻译推理。题干可以翻译为：①23岁以上且身高超过1.83米→参与正式阅兵。A项，23岁以下是对①的否前，否前不确定，无法推出。B项，23岁以上的人在所有人中的比例未知，无法推出。C项，23岁以下是对①的否前，否前不确定，无法推出。D项，未参加阅兵是对①的否后，否后必否前，可以得出未参加者不包括23岁以上且身高超过1.83米的队员，可以推出。故选D。

10. **A** 翻译推理。对题干条件进行翻译：①不从政治上认识问题、解决问题→陷入"头痛医头、脚痛医脚"的被动局面；②从政治上认识问题、解决问题→从根本上解决问题；③看清本质→从政治上分析问题；④抓住根本→从政治上解决问题。A项翻译为：从根本上解决问题→从政治上认识问题、解决问题，和②为逆否等价命题，可以推出。B项翻译为：从政治上分析问题、解决问题→提高政治能力，而题干只提到了"提高政治能力，很重要的一条就是要善于从政治上分析问题、解决问题"，两者没有推出关系，不能推出。C项翻译为：陷入"头痛医头、脚痛医脚"的被动局面→无法从根本上解决问题，肯定①的后件推不出必然结论，不能推出。D项翻译为：看清本质、抓住根本→从政治上分析问题、解决问题，没有看清本质、抓住根本，否定了③④的前件，推不出确定的结论。故选A。

11. **B** 翻译推理。题干可翻译为：①被恶意和仇恨蒙住眼睛→见到表面的东西；②弘扬正义→敏锐的观察力且善意和爱；③探到人心和社会的深处→敏锐的观察力且善意和爱。A项，题干中并没有提到"大都"，无法推出，排除。B项，敏锐的观察力→真正弘扬正义，其中，"没有敏锐的观察力"是对②后件的否定，否后必然推出否前，敏锐的观察力或善意和爱→真正弘扬正义，可以推出，保留。C项，善意和爱相结合→能探知人心和社会的深处，善意和爱是对③后件的肯定，肯后不能推出必然的结论。D项，被恶意和仇恨蒙住眼睛→不能具有敏锐的观察力，"被恶意和仇恨蒙住眼睛"是对①前半部分的肯定，肯前必肯后，推出的是"见到表面的东西"。故选B。

12. **C** 翻译推理。题干可翻译为：学校的财务部门没有人上班→支票就不能入账，肯后，因此，肯前。A项，太阳神队主场是在雨中与对手激战→就一定会赢，否后，因此，否前，与题干推理结构不一致。B项，太阳晒得很厉害→李明就不会去游泳，肯前，因此，肯后，与题干推理结构不一致。C项，妈妈做的菜→菜里面就一定会放红辣椒，肯后，因此，肯前，与题干推理结构一致。D项，不可以参加比赛→没有通过测试，肯前，因此，肯后，与题干推理结构不一致。故选C。

13. A 翻译推理。题干的推断方式：要么改进工艺，要么压缩成本。压缩成本→改进工艺。A项，加大处罚力度或提高个人素质，个人素质高→加大处罚力度，与题干推断方式相似。B项，扩大市场占有率→加大广告投入且提高生产合格率，市场占有率低可能是因为广告效果不理想，与题干推断方式不一致。C项，货币汇率的影响因素一是经济增长速度的变化，二是经济规模比重的变化，所以汇率长期升值是经济长期增长造成的，与题干推断方式不一致。D项，无法翻译，与题干推断方式不一致。需要注意的是，题干两件事的逻辑关系为"要么A要么B"的形式，但选项都不是该形式，因此只能找和"要么A要么B"最相似和一致的逻辑关联词，即A项的"或者A或者B"。故选A。

14. C 翻译推理。根据题干可得出：①有的成功演员→表演系毕业；②有的演员→草根；③成功→努力提升自己演艺水平。A项可以翻译为：草根→努力提升自己演艺水平，草根与努力之间不构成推出关系，排除。B项可以翻译为：不成功→不努力去提升自己演艺水平，是对③的肯后，肯后得不出必然性的结论，排除。C项可以翻译为：越努力提升自己演艺水平→越可能获得成功，是对③的肯后，肯后得不出必然性的结论，但可以得出或然性的结论，选项中说的是可能，保留。D项可以翻译为：表演系专业→努力提升自己演艺水平，是对①的肯后，肯后得不到必然性的结论。故选C。

15. A 翻译推理。记者说他采访过的人中，有的人有钱，有的人幸福，多数人并不同时具备这两者。换言之，同时有钱并幸福的人并不多，只有少数人既有钱又幸福，A项正确，B、C、D三项无法推出。故选A。

第五节 真假推理

1. B 真假推理。甲和丙的话是矛盾关系，必有一真一假，则乙和丁的话均为真，因此，小张没有及格，甲猜错了。故选B。

2. A 真假推理。"①有嘉宾会跳交谊舞"和"②有嘉宾不会跳交谊舞"是一对下反对关系，必有一真。已知题干三个命题中只有一个是真的，那么③一定是假的。根据③为假可知，所有的嘉宾都会跳交谊舞，即32人都会跳交谊舞。故选A。

3. D　真假推理。第一个柜子和第四个柜子里写的话是一对矛盾关系，两者必然一真一假。又只有一个柜子里的描述是真的，因此第二个柜子和第三个柜子里的描述都是假的。根据第三个柜子里的话为假，可知第三个柜子里有食品。故选 D。

4. D　真假推理。假设代入。先假设老大前半句为真，则第三个蛋是生的；那么老二后半句话为假，前半句为真，第二个蛋是熟的；由此得出老三的话全部为真，和题干矛盾。因此老大前半句话为假，第一个蛋是熟的，第三个蛋也是熟的。由老二的后半句话为真，可得第二个蛋是生的。老三前半句话为假，后半句话为真，与题意相符合。故选 D。

5. A　真假推理。乙、丙二人说话相矛盾，必有一真一假，那么甲说话为假，即 A 和 B 两个品牌没有质量问题为假，也就是说 A 或 B 有质量问题为真，那么 A 和 B 至少有一个品牌存在质量问题。故选 A。

6. D　真假推理。题干信息可翻译如下。王教授：建设教育科学且建设自然地理学。赵教授：建设自然地理学→建设计算机信息工程。李教授：建设教育科学和自然地理学→建设计算机信息工程。三者之间不存在矛盾关系和反对关系。因此可使用代入法解题。代入 A 项，重点建设计算机信息工程和自然地理学，但是不建设教育科学，此时王教授的说法为假，赵教授的说法为真，李教授的说法也为真，与题干论断不符。代入 B 项，重点建设教育科学和计算机信息工程，但是不建设自然地理学。此时王教授的说法为假，赵教授和李教授的说法均为真，与题干论断不符。代入 C 项，重点建设计算机信息工程，但是不建设教育科学和自然地理学。此时，王教授的说法为假，赵教授的说法为真，李教授的说法也为真，与题干论断不符。代入 D 项，重点建设自然地理学和教育科学，但是不建设计算机信息工程。此时，王教授的说法为真，赵教授和李教授的说法均为假，符合题干条件，当选。故选 D。

7. A　真假推理。根据题干可得出：①甲：全部参加；②乙：陈→张；③丙：陈参加；④丁：有人不参加。观察发现，①和④为矛盾关系，必有一真一假。而题干指出只有一个人的建议没有被采纳，即②和③均被采纳了。③被采纳，即陈参加；②被采纳，即张不参加，换言之，有人不参加，即①没有被采纳，④被采纳。因此甲的建议没有被采纳，老张没有参加此次会议。故选 A。

8. C　真假推理。找出题干矛盾关系。根据题干可得出：①小张：不是小张捐的；②小黄：是小胡捐的；③小郑：是小黄捐的；④小胡：我没有捐。矛盾项：②④，故②④是一真一假；由于题干中说有两人说的是假话，有两人说的是真话，则可知①③也是一真一假。A 项，如果小黄是捐赠者，那么小张就不是捐赠者。如果答案正确，则①③都为真，不符合题干一真一假。B 项，如果捐赠者不是小张，那就一定是小黄，那么①③都为真,与题干一真一假矛盾。C项,捐赠棉被的是小郑和小胡,则可知①为真③为假;②为真,④为假,符合题干要求。D项,捐赠棉被的是小郑和小黄,可知①为真,③为真,与题干矛盾,故排除。故选C。

9. D 真假推理。已知四种情况两种为真,两种为假。观察题干,发现①④是矛盾关系,则①④必为一真一假,②③必为一真一假。再分析,发现假设②为真,则③为真,故可以得出②为假,推出丁企业进行了捐赠。故选D。

10. D 真假推理。由题可知,甲、丙两人说的话相矛盾,必有一真一假,题干中说四人中只有一人说的是真话,那么乙和丁说的必定是假话,即硬币不在甲、乙、丙三人的手中,那么硬币肯定在丁的手中。故选D。

第六节 分析推理

1. A 分析推理。根据题干得知:①甲在初一值班→乙和丁都在初二值班;②己不在初三值班→戊在初二值班;③丙在初二值班→丁不在初二值班;④丙和戊至少有一人不在初二值班。已知丙在初二值班,可以推出戊不在初二值班,根据②否后否前,可推知己在初三值班。故选A。

2. D 分析推理。根据题干得知:①甲在初一值班→乙和丁都在初二值班;②己不在初三值班→戊在初二值班;③丙在初二值班→丁不在初二值班;④丙和戊至少有一人不在初二值班;⑤甲和丁在同一天值班;⑥乙在初二值班。根据⑥⑤①与条件每天需要2人值班,每个人只能安排值班一天。可以推出,甲不在初一值班,甲和丁只能在初三值班,排除B项。根据②知己不在初三,根据肯前肯后,可知戊在初二值班,排除A项。再结合④知,或条件,否一推一,丙不在初二,则丙必在初一值班。故选D。

3. B 分析推理。根据题干得知:①小红说:"我没有买,小丽也没有买。"②小丽说:"我没有买,小明也没有买。"③小明说:"我没有买,是她们两人共同买的。"④他们三人每人说的话都是一半对,一半错。题干信息不确定,可以考虑代入法。代入A项,如果礼物是小红买的,则①前半句错,后半句对;②前半句对,后半句也对;与④矛盾,排除。代入B项,如果礼物是小丽买的,则①前半句对,后半句错;②前半句错,后半句对;③前半句对,后半句错;与④一致,保留。代入C项,如果礼物是小明买的，则①前半句对，后半句对；与④矛盾，排除。代入 D 项，如果礼物是三个人共同买的，则①前半句错，后半句错，与④矛盾，排除。故选 B。

4. D 分析推理。整理已知条件得知：①小天说："小亮是李村的，或者是江村的。"②小亮说："小星是王村的。"③小星也说了话。④三人中只有家在李村的小朋友说了真话。题干信息不确定，代入选项。假设 A 项正确，则根据④因为小亮在李村，所以小亮的话为真话，则可知小星在王村，则小天在江村；根据①知小天说的话也为真，与④矛盾，排除。假设 B 项正确，根据④可知小星的话为正确的，小天与小亮的话都是错误的，则①为假，说明小亮既不在李村也不在江村，则小亮在王村，与选项中对应的小亮在江村矛盾，排除。假设 C 项正确，根据④可知小天说的话为真话，小亮说的话为假话，则小星不在王村，与选项中对应的小星在王村矛盾，排除。根据④知小星是正确的，小天与小亮都是错误的；根据①知小亮既不在李村也不在江村，则知小亮在王村，小天在江村，与题干一致，当选。故选 D。

5. A 分析推理。已知条件如下：①每幅图案都是一个正六边形，由 6 个正三角形构成；②每个三角形各栽种红、白、黄三种莲花中的一种；③每个三角形与其他三角形要么相邻，要么相对，要么既不相邻又不相对；④每种莲花均在六边形中出现两次，但彼此并不相邻；⑤栽种红莲的两个三角形中间只隔着一个三角形，这个三角形中栽种了黄莲。画出辅助图形如下。

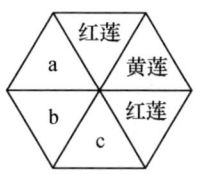

根据④可知，a、b、c 只能是两个白色莲花和一个黄色莲花。又因为④中说，每种莲花彼此不相邻，因此两个白色莲花中间必须是黄色莲花。因此 a 和 c 应当是白莲，b 应当是黄莲。故选 A。

6. B 分析推理。已知条件如下：①张军选择去北山村，赵新选择去南江村；②东坡村和南江村，钱芳至少选择一个；③王刚去西河村→朱海也去西河村；④钱芳去东坡村→程明去西河村；⑤中年人：张军、王刚、李伟、蒋松；青年人：赵新、钱芳、朱海、程明；⑥中青搭配，各选一村。观察已知条件，发现题干中钱芳的信息比较多。根据①知赵新选择去南江村，说明钱芳没有去南江村；根据②可知钱芳选择的是东坡村；根据④肯前可推肯后，可知程明去西河村，因此朱海去了北山村。如下：

	东坡村	南江村	西河村	北山村
赵新		√		
钱芳	√			
朱海				√
程明			√	

再分析，朱海去了北山村，说明朱海没有去西河村，根据③否后可以推出否前，可知王刚没有去西河村，王刚不可能和程明在一起。故选 B。

7. C 分析推理。由①知 D 项错误；由②知马峰的女儿是小花；由③知马峰、陈静、小花是一家人，排除 A、B 项。故选 C。

8. D 分析推理。对题干信息进行整理，如下：

	张老师	王老师	李老师
研究	古代文学	词汇学、古文字学	句法学、词汇学
学生		小峰、小刚	小华

此题可以考虑代入法。代入 A 项，小明对词汇学感兴趣可以分配给李老师，小强对古代文学感兴趣只能分配给张老师，满足题干所有条件。代入 B 项，小明对句法学感兴趣只能分配给李老师，小强对古代文学感兴趣只能分配给张老师，满足题干所有条件。代入 C 项，小明对古代文学感兴趣只能分配给张老师，小强对句法学感兴趣只能分配给李老师，满足题干所有条件。代入 D 项，小明对古代文学感兴趣只能分配给张老师，小强对古文字学感兴趣只能分配给王老师，此时王老师共指导了三个学生，与每位指导老师最多可指导两人矛盾，不符合题干要求。故选 D。

9. C 分析推理。直接代入。A 项，小刘完全正确，小赵也完全正确，与题干不符。B 项，小赵完全正确，小刘也完全正确，与题干不符。C 项，小刘对一半，小赵全错，小李完全正确，与题干相符。D 项，小刘对一半，小赵也对一半，与题干不符。故选 C。

10. D 分析推理。A、B、C、D 四项一一代入，如下：

	张红	李梅	王芹
A	2 对、1 错		
B	1 对、2 错	2 对、1 错	
C	3 错		
D	1 对、2 错	1 对、2 错	1 对、2 错

故选 D。

第七节 直接推论型

1. B 直接推论型。2016年全国乡村教学点有8.68万个，远不及1995年时19.36万个教学点的一半。A项，人口流失导致乡村教学点少，可以解释。B项，农村师资待遇差，师资力量弱，与乡村教学点多少没有关系，排除。C项，撤并农村学校可造成乡村教学点减少，可以解释。D项，乡村教学点搬到城市，造成教学点减少，可以解释。故选B。

2. A 直接推论型。结论：禁止疲劳驾驶方面作的宣传工作要比禁止酒驾方面作的宣传工作要好。论据：去年全年某地区因驾驶员酒驾导致的交通事故数量是因驾驶员疲劳驾驶导致的交通事故数量的两倍。A项，交通事故的数量是否与交通安全方面的宣传工作有直接关系？这是在强调论据与结论之间是否有直接关系，这关系到论证的结论是否成立，因此能够对题干结论作出评价。B项，下一个年度中因疲劳驾驶而导致的交通事故数量未知，不能对题干结论作出评价。C项，题干论据是在比较驾驶员酒驾导致的交通事故数量和驾驶员疲劳驾驶导致的交通事故数量，而不是在讨论是否所有疲劳驾驶的驾驶员都会出交通事故，与题干论据无关，不能对题干结论作出评价。D项，题干讨论的是禁止疲劳驾驶方面作的宣传工作是否要比禁止酒驾方面作的宣传工作要好，而该项只涉及禁止酒驾的宣传力度，不能对题干结论作出评价。故选A。

3. A 直接推论型。A项，由题干可知，较低的社会经济状况与低水平的血清素之间存在关联，进而增加患抑郁症的风险，而抑郁症属于一种精神疾病，因此，该项可以推出。B项，题干中没有提到经济地位高的人患抑郁症的风险的大小，该项不能推出。C项，题干中说的是这种基因变化会传递给后代，而不是将贫穷和疾病多代延续，该项不能推出。D项，题干中没有提到杏仁核和血清素的关系，该项不能推出。故选A。

4. D 直接推论型。A项，最初独立电影只是好莱坞电影的专有名词，表明现在已经不限制于好莱坞电影了，该项不能推出。B项，独立电影由创作者自己筹资拍摄，不等于钱就是由创作者自己出，该项不能推出。C项，独立电影不以盈利为第一目的，不代表它不需要考虑盈利，该项不能推出。D项，根据题干信息可知，独立电影的共同点在于创作者在摄制过程中拥有最高的创作操控权力，该项可以推出。故选D。

5. A 直接推论型。A项，现在流行音乐的典型特征是由音乐工业的要求决定的，该项可以推出。B项，题干中只说音乐工业强调标准化和一致性，但没有说明它对标准化和一致性的要求是否与其他工业相同，该项不能推出。C项，在现代音乐制作领域中音乐创作被冷落，并不表明音乐创作在现在已经完全消失了，该项不能推出。D项，音乐工业强调音乐的标准化和一致性，因而彰显出流行音乐最典型的特征——朗朗上口的曲调、副歌以及标准化节奏（一节四拍），但这不表示流行音乐就应该具备这样的特征，该项不能推出。故选A。

6. A 直接推论型。A项，南极洲人类活动较少，但二氧化碳浓度仍达到了400 mg/kg这一标杆值，说明人类活动对地球的影响已经深入到极地，该项可以推出。B项，题干中只提到南极洲二氧化碳浓度达到了400 mg/kg这一标杆值，没有提到二氧化碳浓度升高是否对地貌有影响，该项不能推出。C项，题干中没有提到南极洲二氧化碳浓度是否会再降到400 mg/kg以下，该项不能推出。D项，题干中提到的是北半球大气中的二氧化碳浓度在2013年已达到400 mg/kg这一标杆水平，没有提到北极是否达到这一平均数，该项不能推出。故选A。

7. D 直接推论型。A项，农业结构战略性调整的深入推进是我国农业进入新阶段的原因，该项无法推出。B项，主要农产品生产向优势产区集中，没有体现"逐渐"，且这是国家补贴和价格政策的支持和引导的结果，B项错误。C项，大宗农产品生产仍主要以分散的农户为主体，但根据题干，无法得出是在今后一定时期内，C项错误。D项说法正确。故选D。

8. B 直接推论型。A项，题干指出在各种社会人际关系中，民族和宗教关系特别重要，但并没有说这两种关系是最复杂的，排除。B项，民族与宗教经常结合在一起，蕴藏巨大的精神力量，也可以转化为巨大的物质力量，正确。C项，题干只说民族关系对社会生活时刻产生影响，但不能推出时刻对社会生活产生影响的只有民族关系，因为其他的情况未知，排除。D项，宗教是属于深入内心、惯性极强的一种精神文化，往往处在民族文化的核心位置，并不等于宗教就是民族文化的核心，排除。故选B。

9. C 直接推论型。根据题目得出关键信息：①中国要真正成为世界大国中的执牛耳者，首先就要向海洋要发展空间；②大国崛起离不开海洋；③当今世界上的超级大国之一的美国，不能容忍一个意识形态和自己不同的国家崛起于太平洋的另外一端，从而取代自己积累两百年的霸主地位；④在现实中，美国和某些国家串联起来，创造出旨在围堵中国的"太平洋岛链"，这成了中国暂时难以摆脱的海路桎梏。A项，根据

①②可知，中国要真正成为世界大国中的执牛耳者，首先就要向海洋要发展空间，所以海洋空间对中国具有重要意义。B 项，根据③④可知，③句中所说的国家就是中国，故可以得出中美两国意识形态完全不同。C 项，根据④可知，美国的发展不利于中国的发展，该项无法推出。D 项，根据③可知，美国的"小九九"就是阻碍中国的发展。故选 C。

10. D　直接推论型。根据题干可知：①某种意义上说，公开发表论文的确是个人研究水平的一种证明；②20 世纪有人主张把发表论文列为职称评审的依据之一，初衷固然不错；③此制度在一段时期内也确实有积极的作用；④旧的制度不可能永远管用，新的体系必须随着现实情况而建立，否则我们就得为因循守旧付出代价。A 项，根据①可以推出。B 项，根据④可以推出。C 项，根据②③可以推出。D 项，题干中并未提到我国现行职称评审制度设计不合理，无法推出。故选 D。

综合测试一

1. A 平移。图形元素组成相同,优先考虑位置规律。最外圈阴影部分的线条与最中间阴影部分线条的方向从左到右依次是平行、垂直、平行、垂直、平行,排除 B、C 两项。黑色三角形每次逆时针平移 3 格,排除 D 项。故选 A。

2. B 部分数。题干出现经典图形,小黑块又是分组图形,可以考虑对称或者数量。观察题干图形无对称规律,考虑部分数,发现①②⑥白色部分被黑色部分划分成 2 部分,③④⑤白色部分被黑色部分划分为 3 部分。故选 B。

3. C 直角的数量。从左往右看,第一幅图形的直角为 0 个,第二幅图形直角为 1 个,第三幅图形直角为 2 个,第四幅图形直角为 3 个,第五幅图形直角为 4 个,故问号处直角数量为 5 个。故选 C。

4. A 对称轴。从左往右看,第一行均只有 1 条对称轴,第三行均只有 4 条对称轴,第二行前两个图形均只有 2 条对称轴,故问号处应该也该含有 2 条对称轴,排除 B、D 两项。我们发现第二行的两条对称轴一条是横着的,另一条是竖着的,排除 C 项。故选 A。

5. C 交点数量。第一行三幅图形交点数量分别为 4、9、2,第三行三幅图形交点数量为 8、1、6,两行交点和均为 15,故第二行的交点和应该也是 15,其第一幅图形交点数量为 3,第三幅图形交点数量为 7,故问号处图形交点数量应该为 5。故选 C。

6. B 封闭空间的数量。①④⑤均含有 5 个封闭空间,②③⑥均含有 6 个封闭空间。故选 B。

7. B 对称性。观察图形,从左往右三幅图形均为轴对称图形,故问号处的图形应该也为轴对称图形。故选 B。

8. C 图形位置关系。图形中的箭头都指向同一个方向,故排除 B、D 两项。观察图形，前五个图形中没有很明显的对齐关系。故选 C。

9. B　图形拼接。其组成图如下图所示。故选 B。

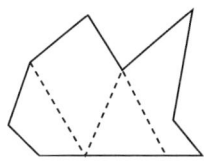

10. D　空间折叠。A 项，假设图形正面和上面正确，则右侧面图形不正确。B 项，假设正面和右侧面图形正确，则上面图形位置错误。C 项，假设正面和上面图形正确，则右侧面图形黑方块位置错误。D 项可以折叠成。故选 D。

11. C　单定义判断肯定。反对关系的定义要点：①外延上具有全异关系；②都包含于同一属概念；③两概念的外延和小于其属概念的全部外延。A 项，成年人和未成年人在外延上有全异关系，都包含于人这一属概念，但是其两概念之和等于其属概念的全部外延，即未成年人+成年人=人，而不是未成年人+成年人<人，该项不正确。B 项，父与子的关系是相对的，并不是全异关系，该项不正确。C 项，机动车与自行车具有全异关系，即所有的机动车都不是自行车；其次，它们都包含于车这个概念中，机动车+自行车<车，该项正确。D 项，国务院和行政机关是包含关系，该项不正确。故选 C。

12. D　单定义判断肯定。信息传播的定义要点：①个人、组织和团体；②通过符号和媒介交流信息；③向其他个人或团体传递信息、观念、态度，以期发生相应变化的活动。A 项，蜜蜂跳舞传递食物的位置信息不符合个人、组织和团体这个主体，不符合定义。B 项，爱迪生经历数千次失败后最终发明了电灯，没有体现通过符号和媒介交流信息，向其他个人或团体传递信息、观念、态度，以期发生相应变化的活动，不符合定义。C 项，地面建筑物不符合个人、组织和团体。D 项，学校通过校园广播每天播报最新时讯符合个人、组织和团体通过符号和媒介交流信息，向其他个人或团体传递信息、观念、态度，以期发生相应变化的活动，符合定义。故选 D。

13. A　单定义判断肯定。人才逆流动定义要点：①原本工作在大城市的专业人士；②主动选择到中小城市工作。A 项，小赵在北京某研究部门工作，主动选择到县城工作，符合定义。B 项小韩是由于力不从心选择回乡创业，并不是主动选择，不符合定义。C 项，小黄并没有在大城市的工作背景，故不符合定义。D 项，小李跳槽后依然在上海工作，并不是到中小城市，不符合定义。故选 A。

14. C　单定义判断否定。物权请求权，指物权受到侵害时，权利人请求损害赔偿的权利。A 项，甲在乙周围建造别墅，导致乙菜地终日不见阳光，菜地不见阳光，乙的权利受到侵害，乙要求甲恢复原样，符合定义。B项，乙使用甲电脑期间将电脑损坏，甲权利受到侵害，要求修理，符合定义。C项，乙发现甲骑的自行车与自己丢失的相似，并不能说明甲骑的自行车是乙丢失的那辆，不符合定义。D项，乙将甲的雨伞损坏，甲要求乙赔偿，符合定义。故选C。

15. D 单定义判断否定。知觉恒常性的定义要点：知觉条件在一定范围内改变时，人们对事物的知觉印象却可以保持相对稳定不变。A项，五楼体现高度和距离发生改变，而不觉得对方身高变矮，说明对事物的知觉印象没有发生改变。B项，将一匹黑布一半置于亮处，一半置于暗处，说明亮度在一定范围内改变，即知觉条件在一定范围内改变；个体仍认为它是一匹黑布，则体现了对事物的知觉印象没有发生改变。C项，一面红旗在红光与黄光下照射，说明知觉条件在一定范围内改变；人们都会认为它是红色的，说明事物的知觉印象没有发生改变。D项，结婚三十年，并不是知觉条件改变。故选D。

16. B 单定义判断肯定。语言融合的定义要点：①完全不自觉；②频繁交流；③口音逐渐趋同。A项，只是两人用家乡话聊了一夜，不符合定义。B项，在日常生活中完全不自觉使用方言交流，频繁交流，最终夫妇口音日渐相同，符合定义。C、D两项都不是完全不自觉，不符合定义。故选B。

17. A 单定义判断肯定。投射作用的定义要点：个人将自己不喜欢或不被社会接受的冲动欲望、思想观念、性格特点转嫁给他人，认为他人也有这样的冲动和行为。A项，老张很固执，认为别人也很固执，固执这个性格特点并不被社会所接受，老张将这个转嫁给别人，认为别人也有这样的特点，符合定义。B项，小王经常担心家里没人被盗，并没有体现转移，不符合定义。C项，工作繁重，并不属于冲动欲望、思想观念、性格特点，不符合定义要点。D项，无论退50步还是100步都是自己的思想和行为，没有体现转移的特点。故选A。

18. A 单定义判断肯定。禀赋效应的定义要点：①个体拥有某项物品、奖励或者荣誉；②拥有之后的价值评价要比未拥有之前明显提高。A项，小李花了150万元买了一套精装修的房屋属于个体拥有某项物品、奖励或者荣誉，拥有后他觉得自己的房子至少值200万元，属于拥有之后的价值评价要比未拥有之前明显提高，符合定义。B项，小唐买了4只基金符合拥有某项物品、奖励或者荣誉，但是该项没有提到开始的价值评价，不符合拥有之后的价值评价要比未拥有之前明显提高，不符合定义。C项，小王的同学赵某的论文获奖，不是自己获奖，不符合个体拥有某项物品、奖励或荣誉，不符合定义。D项，公司奖励给小陈一块价值10万元的定制金表符合个体拥有某项物品、奖励或者荣誉，同事愿意出价15万元，只是同事的价值评价，没有提到小陈的价值评价，不符合定义。故选 A。

19. C　单定义判断肯定。双趋冲突的定义要点：①两种对个体都具有吸引力的需要目标同时出现；②由于条件限制，个体无法同时采取两种行动所表现出的动机冲突。A 项，"后有追兵，前遇大河"不是有吸引力的目标，不符合两种对个体都具有吸引力的需要目标同时出现。B 项，病情、身患癌症的病人也不是具有吸引力的目标。C 项，鱼与熊掌都是具有吸引力的目标，符合两种对个体都具有吸引力的需要目标同时出现，由于条件限制，个体无法同时采取两种行动所表现出的动机冲突。D 项，樱桃好吃是有吸引力的目标，但树难栽不是有吸引力的目标，不符合两种对个体都具有吸引力的需要目标同时出现。故选 C。

20. B　多定义判断肯定。直接类比的定义要点：①自然界的现象中或人类社会已有的发明成果；②相类似的事物；③通过比较启发出创造性设想。A 项，"真龙天子"并非自然界的现象中或人类社会已有的发明成果，不符合定义。B 项，沙丘符合自然界的现象中或人类社会已有的发明成果，模仿沙丘的形状改进飞机发动机的燃烧器符合相类似的事物，通过比较启发出创造性设想，符合定义。C 项，模拟人的动作，是把创造发明的对象人格化，不符合定义。D 项，用拳头表示努力加油，不属于发明成果，不符合定义。故选 B。

21. A　对应关系。警察在政府机关工作，是人物和工作地点的对应关系。A 项，教师在学校工作，是对应关系。B 项，学生接受教育，不存在人物与工作地点对应。C 项，护士和医生不存在人物与工作地点对应。D 项，司机和出租车不存在人物与工作地点对应。故选 A。

22. D　对应关系。货物可以被无人配送，是被动对应关系。A 项，手机可以视频聊天，但货物是被配送的。B 项，人工智能需要软件支持，没有被动关系。C 项，智慧物流是物流系统发展的阶段，快递是物流系统的一部分。D 项，货币可以被移动支付。故选 D。

23. B　对应关系。计算机可以用来办公，是工具和功能的对应关系。A 项，床可以用来睡觉，但是二者的位置错误。B 项，船舶可以用来运输。C 项，抽油烟机在厨房工作。D 项，电话可以用来通信，但二者位置错误。故选 B。

24. D　近义关系、动宾关系。磨洋工表示懒散拖沓的意思，且磨洋工为动宾短语。A 项，半瓶醋比喻对某种知识一知半解，但半瓶醋却不是动宾短语。B 项，传声筒比喻照着人家说话，自己毫无主见，并不是动宾短语。C 项，挤牙膏比喻说话不爽快，经别人一步一步追问才一点一点儿说出来，并不是一毛不拔。D 项，敲边鼓比喻从旁助攻，且为动宾短语，符合。故选 D。

25. D 近义关系。百折不挠形容意志坚强，屡受挫折而不屈服。坚忍不拔指在艰苦的环境中坚定不移，不可动摇。二者为近义词关系。A项，一鼓作气指趁劲头大的时候一下子把事情完成；一蹴而就指踏一步就成功，比喻事情轻而易举，很容易成功，二者并不为近义词关系。B项，熟视无睹指虽然经常看到，却跟没有看见一样，形容对某种事物漠不关心；有目共睹指人人都可以看到，极其明显，二者并不为近义词关系。C项，粉身碎骨指死亡（有强调的意味），灰飞烟灭比喻事物消失净尽，二者并不为近义词关系。D项，跋山涉水：翻越山岭，蹚水过河，形容旅途艰苦；翻山越岭：翻越不少山头，形容野外工作或旅途的辛苦。二者为近义词关系。故选D。

26. C 对应关系。孑孓是蚊子的幼虫，孑孓需要经过变态发育变为蚊子。A项，有的树苗是杨树的幼体，有的树苗不是杨树的幼体。B项，有的羊羔是绵羊的幼体，有的羊羔不是绵羊的幼体。C项，蝌蚪是青蛙的幼体，且蝌蚪发育成青蛙需要经过变态发育。D项，麦种是小麦的幼体，但不需要经过变态发育。故选C。

27. C 对应关系。箴言形容规谏劝诫的话。A项，名言是很出名的说法，一般指名人说的话，不符合。B项，宣言指扬言、宣扬，故意散布某种言论，不符合。C项，直言指诚挚地和直率地说，符合。D项，失言指失信，说了不该说的话，或指出言失当，不符合。故选C。

28. D 反义关系。旧与新、往与来都是反义关系。A项，朝与代并不是反义关系。B项，思与想并不是反义关系。C项，功与绩并不是反义关系。D项，古与今、繁与简都是反义关系。故选D。

29. B 对应关系。点唱机、歌曲、歌厅逻辑关系为：在歌厅利用点唱机点唱歌曲。A项，X光机可以用来拍胸片，但是并不是在病房中使用的。B项，在银行使用验钞机检验钞票，与题干逻辑关系一致。C项，在公司用签到机进行考勤，考勤并不是名词，与题干关系不一致。D项，影院中并不是用幻灯机播放影片。故选B。

30. C 种属关系。代入选项。A项，何首乌与山药都可以作为中药或食物，两者为并列关系，北斗七星属于星座，两者是种属关系，前后逻辑不一致。B项，何首乌中含有淀粉，恒星是星座的组成部分，两者都是组成关系，但前后顺序不一致。C项，何首乌属于中药，大熊座属于星座，都是种属关系，前后逻辑一致。D项，何首乌是一种植物，两者是种属关系，星座是天文学的研究对象，前后逻辑不一致。故选C。

31. C 削弱质疑型。结论：人口稀少、需求不旺是这座城市不建高楼大厦的主要原因。论据：欧洲某著名城市几乎没有一座高楼大厦，某游客在游览时了解到该城市仅有10万人。A项，想不想住和建不建高楼是不同的话题，不能削弱。B项，规划3年内建造一座高层地标性建筑，与结论讨论的这座城市不建高楼大厦的主要原因无关，不能削弱。C项，指出这座城市不建高楼大厦的主要原因是一般建筑物的高度不得超过当地教堂，而不是人口稀少、需求不旺，属于另有他因，可以削弱。D项，结论讨论的是这座城市，而不是该地区的其他城市，与话题不一致，不能削弱。故选C。

32. B 削弱质疑型。论点：有人主张，人们应当额外补充维生素C和维生素E。论据：自由基是导致人体衰老的罪魁祸首，它能攻入对细胞起保护作用的细胞膜并破坏细胞中的DNA，让细胞加速老化。而维生素C和维生素E等抗氧化剂能够抵抗自由基，保护细胞免受自由基侵袭。A项，指出维生素C和维生素E补充过量会使身体的免疫力下降，说明人体不需要额外补充维生素C和维生素E，具有削弱作用。B项，题干中没有提到紫外线，无关项。C项，维生素C和维生素E对自由基的抵抗能力十分有限，说明人们额外补充维生素C和维生素E没有什么作用，具有削弱作用。D项，论点中，人们额外补充维生素C和维生素E等抗氧化剂是为了能够抵抗自由基，而该项说的是细胞需要在自由基的帮助下形成自身的修复系统，削弱了论点。故选B。

33. B 分析推理。2名学生只对绘画感兴趣，3名学生只对唱歌感兴趣说明最少应当有5个人。1名学生是海南人，2名学生南方人，1名学生是长春人，而由于海南人也是南方人，所以2名南方人中包括了1名海南人，所以最多人数可能是8个。故选B。

34. D 加强支持型。论点：北方山区大部分先天性精神分裂症患者都出生在冬季。论据：很可能是那些临产的孕妇营养不良，因为在一年最寒冷的季节中，人们很难买到新鲜食品。题干讨论的是先天性精神分裂症者与季节的关系。A项，先天性患者只占精神分裂症患者很小比例，与题干讨论的话题不一致。B项，被调查对象的家庭经济条件良好，削弱了人们很难买到新鲜食品的原因，削弱了论据。C项，新鲜食品与腌制食品对大脑发育影响相同，削弱了论据。D项，引起精神分裂症相关的大脑区域的发育，大部分发生在出生前1个月，说明引起精神分裂症相关的大脑区域的发育就是在冬季，加强了论点。故选D。

35. B 翻译推理。驻村干部必须同时满足以下条件中的两项：①会讲当地方言；②有经济专业背景；③有两年以上基层工作经验。A项，首先小李满足条件③，条件①和②小李满足其一，因此小李可能参加挂职锻炼。B项，首先小李不满足条件③，其次小李若满足条件②则不满足条件①，若满足条件①则不满足条件②，即小李只满足一个条件，因此小李必然不能参加挂职锻炼。C项，首先小李满足条件①，其次小李满足条件②或者条件③，因此小李可能参加挂职锻炼。D项，小李不是经济专业的，而且他可能在基层工作过两年，不确定小李是否有经济专业背景，无法推出。故选B。

36. B 削弱论证。论点：下次和朋友聚餐也可以选择该 App 的上榜餐厅，其菜品一定不会让人失望。论据：小葵根据某美食点评 App 的高分榜推荐，光顾了三家，其菜肴都非常美味。A 项，该项说明该 App 中的餐厅得分是由三个方面综合评价得出，餐厅环境、用餐服务可能会拉高整体评分，所以下次去的上榜餐厅可能会存在菜肴口味并不好的情况，能够削弱。B 项，该项说明朋友聚会所选择的餐厅地点通常在热闹的商圈，与 App 的上榜餐厅的菜肴口味是否美味无关，为无关项，当选。C 项，该项说明 App 中排名靠前的餐厅存在弄虚作假的现象，说明下次去的上榜餐厅可能会存在菜肴口味并不好的情况，能够削弱。D 项，该项说明光顾过的三家餐厅刚好是符合小葵口味的餐厅，则下次去的上榜餐厅如果不是广西菜餐厅，就可能会存在菜肴并不符合口味的情况，能够削弱。故选 B。

37. B 翻译推理。题干信息可翻译为：①H 市的公共场所→每一块绿地都配备了垃圾桶；②垃圾桶→或者标有可回收垃圾，或者标有不可回收垃圾。Ⅰ，选言命题的选言肢可能一个成立，也可能两个都成立，不能推出，不必然为真（或关系包含三种情况：A、B、A 和 B，不能单独说某一个为真）。Ⅱ，H 市有一块绿地没有配备垃圾桶→该绿地不属于公共场所，是题干推理①的逆否命题，必然为真。Ⅲ，H 市有块绿地，配备了标有"不可回收垃圾"的垃圾桶，肯定了②的后件，不能推出必然性的结论。综上可知，只有Ⅱ项必然为真。故选 B。

38. C 直接推论型。题干信息可翻译为：①大学生热衷于考证，原因是便于就业，多一个证便多一个找到相对满意工作的机会，也说明了人才市场的某种需求的取向，已经给大学生注入了无声的动力；②大学生逢证必考，反映出来的仍然是大学生群体性就业的焦虑。A 项，根据①可知，证多工作机会就多，但不代表越容易找到好工作，该项无法推出。B 项，根据①可知，说的是人才市场的某种需求的取向，而不是市场需求大该项无法推出。C 项，根据②，该项可以推出。D 项，根据①可知，大学生考证主要是为了便于就业，而不是为了证明自己是考证达人，无法推出。故选 C。

39. A 真假推理。首先找反对关系，①和②为下反对关系，必有一真。已知三个论断中只有一个是真的，那么③一定为假，因此局长满意。局长满意→有人满意，因此①是真的，②是假的，则②的矛盾命题为所有人都满意。故选 A。

40. C 前提假设型。论点：窗外的自然风景不但不会令人分心，反而有助于提高学习成绩。论据：一项研究显示，与四壁白墙或只能看见其他建筑物的教室相比，那些能看见自然风景的教室可以帮助高中生提高 13% 的注意力，自我解压的能力也相应提高。论据说的是自然风景可以帮助高中生提高注意力和解压能力，论点说的是自然风景会提高注意力和学生成绩，论点强调的是提高学生成绩，论据强调的是自我解压能力的提高，需要在两者之间建立联系，即自我解压能力的提高有助于提高学习成绩。观察选项，发现只有 C 项符合。故选 C。

综合测试二

1. C　图形对称。从左到右第一行中第一个图形为轴对称图形，第二个图形为中心对称图形，第三个图形也是轴对称图形；第二行中第一个图形为轴对称图形，第二个图形为中心对称图形，第三个图形也是轴对称图形；第三行中前两个图形分别为轴对称图形和中心对称图形，故问号处也应该是轴对称图形。观察选项只有 C 项符合。迷惑项 B 项，既是轴对称图形又是中心对称图形，不符合。故选 C。

2. A　笔画数。题干中的图形均是两笔画图形，观察选项只有 A 项符合（含有 4 个奇点）。故选 A。

3. D　数量关系。外部图形的线段数量减内部图形的封闭空间数量的差值为 3。故选 D。

4. D　图形位置。按照从左到右、从上到下的顺序依次分别为内切、外切、内切、外切……故问号处应该为内切。其次，小球是按照顺时针方向来进行位移的。故选 D。

5. D　图形平移。首先观察左边的图形，其第一行和第三行的黑球从左到右每次向右平移一格，第二行和第四行的黑球每次向左平移一格。右边的图形第一行和第二行的黑球每次向左平移一格，第三行第四行的黑球每次向右平行一格。故选 D。

6. B　封闭空间的数量。图形没有明显的属性规律，则考虑数量规律。观察图形，从左到右，每个图形封闭空间的数量都是 3 个，所以问号处图形的封闭空间的数量也应该是 3 个。故选 B。

7. A　图形旋转。第一组图形中，第二幅图形是第一幅图形旋转 180°，第三幅图形是第二幅图形旋转 180°，故在第二组图形中，问号处的图形应该也是第二幅图形旋转 180°得到的。故选 A。

8. D　黑白叠加。从左到右，观察第一行，黑+白＝白，白+黑＝白，黑+黑＝黑，白+白＝黑；观察第二行，发现满足此规律，故问号处图形应该选择 D。故选 D。

9. A　封闭空间的数量。观察发现题干图形含有的封闭空间的数量分别为 0、1、

2、3、4，故接下来图形的封闭空间数量应该为5。只有A符合。故选A。

10. C　图形折叠。题干中图形✚与▲为相对面。A项，图形✚与◆为相对面，选项与题干不一致。B项，题干中图形✚与▲为相对面，图形✚与↑为相对面，选项与题干不一致。C项，选项与题干一致。D项，图形✚与◆为相对面，选项与题干不一致。故选C。

11. B　单定义判断肯定。威客模式的定义要点：①在互联网上；②通过解决科学、技术、工作、生活、学习中的问题；③从而让知识、经验、技能产生经济价值的模式。A项，免费回答，不符合从而让知识、经验、技能产生经济价值的模式。B项，某IT技术人员利用业余时间在网络上有偿远程帮助他人修电脑，符合在互联网上通过解决科学、技术、工作、生活、学习中的问题，从而让知识、经验、技能产生经济价值的模式。C项，在淘宝上开一家饰品店，不符合通过解决科学、技术、工作、生活、学习中的问题。D项，摄影师在其网站上发布摄影器材广告，不符合通过解决科学、技术、工作、生活、学习中的问题。故选B。

12. A　单定义判断肯定。强行搭售的定义要点：①经营者出售商品或者提供服务时；②违背对方的意愿，强行搭售其他商品。A项，小崔必须买下包含10首歌的整张专辑，才能听到自己想听的一首歌，则其余9首为强行搭售的商品，符合定义。B项，小张为了凑单，购买了一些不必要的物品，该行为属于自愿购买，不符合违背对方的意愿，强行搭售其他商品，不符合定义。C项，小琪找海外代购买香水，需要支付代购费、转运费和清关费，但代购费、转运费和清关费不是商品，不符合违背对方的意愿，强行搭售其他商品，不符合定义。D项，顾客随意挑选两双鞋，只需要支付更贵的那双鞋的钱，不符合违背对方的意愿，强行搭售其他商品，不符合定义。故选A。

13. A　单定义判断否定。辩解的定义要点：面对指责时承认自己的行为，并对行为进行解释和申辩，否认自己的行为是错误的。A项，花瓶打碎了，小红坚持说不是自己碰的，小红没有承认自己的行为，不属于辩解，不符合定义。B项，刹车出现问题，厂商称是供货商的原因，其承认了自己的产品出现问题，同时进行了解释，属于辩解，符合定义。C项，某食品被曝光含有违禁添加剂，店家称这种添加剂对人体无害，店家承认了自己添加违禁添加剂的行为，同时进行了解释，属于辩解，符合定义。D项，小强考试时被老师提醒不要东张西望，小强称自己是向邻桌借橡皮擦，小强承认了自己东张西望的行为，同时进行了辩解，属于辩解，符合定义。故选A。

14. D　单定义判断否定。趋避冲突的定义要点：个体对于同一目标同时具有趋近和逃避的心态，使个体陷入进退两难的心理困境。A项，小明对于担任班干部同时有趋近和逃避的心态，既想担任班干部锻炼能力，又怕影响学习。B项，小红对于吃甜食同时有趋近和逃避的心态，既想吃甜食，又怕体重增加。C项，小韩对打游戏同时有趋近和逃避的心态，既想打游戏放松心情，又害怕影响视力。D项，选择很多，非常纠结，并没有体现逃避的心态。故选D。

15. A 单定义判断肯定。侵犯行为简称侵犯，有时也可以称为攻击行为，它是指个体违反了社会主流规范的、有动机的、伤害他人的行为。A项，闯入办公室，击伤导师，体现违反社会主流规范的、有动机伤害他人的行为。B项，老师没有伤害他人的行为。C项，不小心撞伤，说明不是有动机的。D项，经过李某同意，说明没有违反社会主流规范。故选A。

16. D 单定义判断否定。集体福利的定义要点：企事业单位、公司、社会团体等组织，依据国家有关规定对集体资产进行分配，或提供集体享用的福利性设施和服务。A项中的为员工过生日、B项中的带薪假期、C项中的用班车接送员工上下班均属于集体福利。D项，某事业单位每年为职工发放一张购物卡，不符合国家有关规定，不属于集体福利。故选D。

17. B 单定义判断肯定。危机下沉的定义要点：①年轻人；②面对下一年龄段才会出现的问题时产生过度担忧。A项，两年后的退休生活说明老张已经不是年轻人了，不符合定义。B项，小李刚考进大学，符合年轻人，毕业后买房安家是下一个年龄段才会出现的问题，此时小李就开始担忧，符合定义。C项，找对象是小黄当前年龄段的问题，并不是下一个年龄段的问题，不符合定义。D项，小梁夫妇已经不可能年轻了，他们担心的也不是下一个年龄段出现的问题，而是目前出现的问题。故选B。

18. C 单定义判断肯定。中介后遗症的定义要点：①接受中介机构的服务；②个人信息被泄露到其他机构；③长时间遭到骚扰。A、B两项，都并没有接受中介机构的服务，不符合定义。C项，接受猎头公司服务属于接受中介机构服务，接到其他来路不明的电话向他推荐工作，说明信息被泄露到其他机构，接下来几个月经常这样，说明被长时间骚扰，符合定义。D项，并没有被泄露到其他机构，也没有受到长时间骚扰。故选C。

19. C 单定义判断肯定。列举分承的定义要点：①两组或两组以上的并列项目前后照应、彼此衔接；②先提起二三件或更多的事项；③按照前面提及的次序，对事项分别加以阐述。A项，先提起的是长江，后提起的是君，后面阐述的先是思君，后是长江，不符合先提起二三件或更多的事项，按照前面提及的次序对事项分别加以阐述。B项，后面没有阐述牵牛星，不符合按照前面提及的次序对事项分别加以阐述。C项，前一句说的是花，后一句说的是水，后面阐述中，先讲的是花，后讲的是水，符合按照前面提及的次序对事项分别加以阐述。D项，先讲了月，后讲了玉，后文中没有相关阐述,不符合按照前面提及的次序对事项分别加以阐述。故选 C。

20. D 多定义判断肯定。尊重需求的定义要点:表现为希望获得成就、名声、地位、晋升机会或获得他人对自己的认可与尊重。A、B、C 三项都不能体现希望获得成就、名声、地位、晋升机会或获得他人对自己的认可与尊重。D 项,被评为年度优秀员工,体现他人对自己的认可与尊重。故选 D。

21. B 修饰关系。简洁的语言,属于修饰关系。A 项,清奇的骨骼,属于修饰关系,与题干逻辑关系一致。B 项,丰富的想象,属于修饰关系,与题干逻辑关系一致。C 项,彷徨与徘徊是近义关系,与题干逻辑关系不一致。D 项,有的坦途是捷径,有的坦途不是捷径,两者是交叉关系,与题干逻辑关系不一致。比较 A、B 两项,语言与想象都是抽象的名词,而骨骼是具体的名词,B 项更合适。故选 B。

22. B 种属关系。锦鲤是吉祥物的一种,是种属关系。A 项,信仰不是一种文化。B 项,煤炭是能源中的一种。C 项,铊是稀土元素的一种,位置不一致。D 项,蜡烛可以提供光明。故选 B。

23. C 组成关系。客房是宾馆的组成部分,二者为组成关系。A 项,小麦属于庄稼,为种属关系。B 项,战争会导致出现难民,为因果关系。C 项,书籍是书店的组成部分,二者为组成关系。D 项,唐人街是华人在其他国家城市聚居的地区,并不是中国的组成部分。故选 C。

24. A 对应关系。题干中的有言在先,这里的"言"与"盐"是同音字。A 项,"无法无天",这里的"法"与"发"是同音字。B、C、D 项中均没有同音字。故选 A。

25. C 近义关系。铁杵磨针比喻只要有决心,肯下工夫,多难的事情也能做成功;生生不息形容工作勤奋,努力不懈。两个词是近义关系。C 项,绳锯木断指用绳当锯子,也能把木头锯断,比喻力量虽小,只要坚持下去,事情就能成功;水滴石穿指水滴不断地滴就可以滴穿石头,比喻坚持不懈,集细微的力量也能成就难能的功劳。两个词是近义关系,与题干逻辑关系一致。故选 C。

26. C 近义关系。如履薄冰,是指像走在薄冰上一样,比喻行事极为谨慎,存有戒心,与谨慎为近义词关系。A 项,集腋成裘指把许多狐腋缝在一起就可做成一件皮袄,比喻聚少成多,积小为大,与节俭并不是近义词关系。B 项,卧薪尝胆的意思是形容一个人忍辱负重,发愤图强,最终苦尽甘来,与坚持并不是近义词关系。C 项,一尘不染原指佛教徒修行时,排除物欲,保持心地洁净,指丝毫不受坏习惯、坏风气的影响,也用来形容清洁、干净,后多用以形容清净廉洁,品格高尚,与干净为近义词关系。D 项,经天纬地形容有治理天下的经世之才,与高度并不是近义词关系。故选 C。

27. B 对应关系。网上购物不需要现金。A 项，钢铁是高速铁路的原材料；B 项，网络歌曲不需要光盘，符合。C 项，公文是法定机关与组织在公务活动中按照特定的体式、经过一定的处理程序形成和使用的书面材料，又称公务文件；电子政务是指国家机关在政务活动中，全面应用现代信息技术、网络技术以及办公自动化技术等进行办公、管理和为社会提供公共服务的一种全新的管理模式；电子政务也需要公文。D 项，电脑游戏是软件的一种，为种属关系。故选 B。

28. D 功能对应关系。碘酒是红色的，可以用来消毒。A、B 两项中间没有体现颜色，与题干逻辑关系不一致。C 项，纸杯是白色的，但其主要功能是用来盛水而不是用来饮水。D 项，菠菜是绿色的，可以用来润肠。故选 D。

29. B 种属关系。偷换概念是逻辑谬误的一种，为种属关系。A 项，山谷风是出现于山地及其周边地区的，具有日周期的地方性风，成因主要为昼夜交替过程中山坡—山谷和山地—平原间的气温差；海陆风是出现于近海和海岸地区的，具有日周期的地方性风，成因为昼夜交替过程中海洋—陆地间的气温差，两者为并列关系。B 项，蔗糖溶解是物理变化的一种，两者为种属关系。C 项，三角形与四边形为并列关系。D 项，问卷调查为调查方法的一种，为种属关系，但前后位置颠倒。故选 B。

30. B 反义关系。A 项，阳刚与男孩没有直接联系，谦恭也并不是女孩所特有的，前后逻辑不一致。B 项，阳刚的反义词是阴柔，谦恭的反义词是倨傲，前后逻辑一致。C 项，果敢指当机立断、敢作敢为的意思，阳刚指刚强，两者没有直接联系；谦恭指谦虚恭敬的意思，谦逊指谦虚低调的意思，两者是近义词，前后逻辑不一致。D 项，阳刚的外表，是偏正关系，谦恭与内心没有直接联系。故选 B。

31. D 削弱质疑型。结论：如果游览者与山地大猩猩保持 10 米以上的距离，那么感染呼吸系统传染病的山地大猩猩数量将会大大降低。论据：这 4 个山地大猩猩家族与游览者的互动很紧密，它们经常与人近距离接触。结论说的是大猩猩感染呼吸系统传染病，论据说的是大猩猩与人互动紧密，话题不一致，指出缺陷需要说明两者之间的关系。A 项，没有提及大猩猩与人互动，无法指出论证缺陷。B 项，其他与人接触过的山地大猩猩数量不清楚，且是否和人类互动紧密也不清楚，无法指出论证缺陷。C 项，大猩猩发生呼吸系统传染病的症状与题干无关，无法指出论证缺陷。D 项，说明了大猩猩感染呼吸系统传染病和大猩猩与人互动紧密之间的关系，可以指出论证缺陷。故选 D。

32. B 削弱质疑型。论据：琥珀在长久的地质年代内，所保存的化学和同位素信息几乎不会改变。论点：可以用于揭示不同年代的全球大气成分。A 项，该项说的是

211

说的是大气成分。B项，其他年份没有形成琥珀，那么……全球大气成分。C项，琥珀数量的多少与题干无关，属于无……不当会造成损害，影响准确性，但如果储存得当就不会有影响，……选B。

……假推理。翻译题干得：①李或陈竞聘上；②小傅竞聘不上；③罗或王竞……且王竞聘不上；⑤陈且李竞聘不上。仔细观察，①与⑤构成矛盾关系，……④构成矛盾关系，在矛盾关系中，必有一真一假。题干中又说有两个人都猜对了，则②是假，所以小傅竞聘上了是真。故选C。

34. C　加强支持型。论点：家庭的藏书丰富有利于孩子的学业进步。论据：国外某研究团队通过对27个国家超过73 000人进行采访发现，成长在藏书500本左右的家庭里的孩子，会比没有藏书的类似家庭里的孩子平均多受3.2年的教育，而且这些孩子完成大学学业的可能性要比家中无藏书的孩子多出19%。这种效应的强度因国而异，在中国这个数字则为6.6年，差不多是平均数据的2倍。A项，艺术、体育等方面是否出色与论点中的学业进步无关。B项，爱去图书馆和家庭藏书无关。C项，长期浸染于藏书家庭氛围的孩子入学后往往对学习更有兴趣，说明了藏书对孩子学习是有积极影响的，具有加强作用。D项，该项只说明对孩子有影响，但是没有明确是何种影响，不明确项。故选C。

35. C　加强支持型。论点：如果国家增加专利技术宣传推广的补贴，那么将有力增强整个社会的创新能力。论据：如果专利技术的宣传推广有足够的资金支持，那么专利技术的拥有者将更加关注其专利技术的宣传推广工作。专利技术宣传推广得越充分，其转化为专利产品、创造价值的可能性也就越大，整个社会的创新能力也将得到进一步提高。A项，讨论的是专利技术转化为产品后所面临的问题，与题干讨论的增加补贴能否增加创新力无关，属于无关项。B项，在关注宣传推广和宣传推广越充分之间建立了联系，属于补充条件加强。C项，说明增加推广补贴是增加创新力的条件，可以加强。D项，其专利技术能转化为专利产品，专利技术拥有者就关注宣传推广工作，但是与关注宣传推广工作能否增加创新力无关。B、C两项比较，C项力度更强。故选C。

36. B　翻译推理。翻译题干得：①教师有积极性及时更新知识，授课态度才能更加端正，且教学方法才能更加科学→改变考核中教学评价占比过低的现状；②三个问题得到有效解决→激发起他们的学习兴趣。A项，激发起他们的学习兴趣→三个问题得到有效解决，肯后不能肯前，排除。B项，学生的学习兴趣激发起来了→教师考核中提高了教学评价的占比，这是对条件②的否后，可以否前，可以得出有效解决了积极性及时更新知识、授课态度能更加端正、教学方法能更加科学这三个问题，这是对条件①的肯前，肯前必肯后，可推出改变了考核中教学评价占比过低的现状以推出。C项，教师的教学态度端正→教师考核中教学占比仍然较低，这是对的否前，否前得不到确定结论。D项，解决了这三个问题→学生的学习兴趣能激来，这是对条件②的否前，否前得不到确定结论。故选B。

37. B 直接推论型。A项，题干没有说蝙蝠是最为古老的哺乳动物。B项，题干说对某种病毒的过度免疫反应又有可能引发严重疾病，蝙蝠的免疫系统恰恰能在与病毒共生的过程中达到一种平衡，说明蝙蝠的免疫系统能够抵御病毒，且不会引发剧烈的免疫反应。C项，题干只说蝙蝠的免疫系统可以与病毒共生，没有说进化出防御各种病毒的超级基因。D项，题干没有提到蝙蝠大规模传播致命病毒的原因。故选B。

38. B 翻译推理。先对题干进行翻译：①父亲：挪威→丹麦且冰岛；②母亲：冰岛→挪威且丹麦；③儿子：挪威→瑞典且芬兰。采用代入法验证，代入A项，该项没有去冰岛和挪威，则根据母亲的愿望应该去挪威和丹麦，不符合母亲的愿望。代入B项，去冰岛对①进行了否后，得到否前：不去挪威；同时，不去挪威又能根据③得到瑞典且芬兰，符合三个人的愿望。代入C项，该项没有去挪威和芬兰，根据儿子的愿意应该去瑞典和芬兰，不符合儿子的愿望。代入D项，该项没有去挪威和瑞典，根据儿子的愿意应该去瑞典和芬兰，不符合儿子的愿望。故选B。

39. A 前提假设型。论点：鹦鹉嘴龙最有可能居住在森林里。论据：考古学家通过对消失已久的鹦鹉嘴龙进行体色重建，发现其腹部颜色为浅色而背部颜色较深。这是一种保护色，作用是通过在身体上形成阴影，让动物自身在其他动物眼中失去立体效果，因此也被称为反荫蔽体色，这在现代动物中也较为常见。A项，建立了论据与论点的联系，指出生活在森林中的动物其体色模式大多为反荫蔽体色，那么鹦鹉嘴龙有反荫蔽体色，就很有可能生活在森林里，可以作为前提条件。B项，说恐龙大部分生活在森林和草原中，没有指出鹦鹉嘴龙是否生活在森林还是草原，属于不明确项。C项，指出考古推测发现的恐龙区域曾有大片森林，与鹦鹉嘴龙是否生活在森林无关。D项，强调鹦鹉嘴龙体色的作用，与其是否生活在森林中无关。故选A。

40. B 分析推理。整理题干信息，如下：

	6月	7月	8月	9月
张				×
王	×			×
李		×		×
赵	×	×	×	√

\ 专项突破

...9月休年假,那9月一定是赵休年假。则信息如下:

8月	9月
张或王或李	赵

...8月,该项错误。B项,如果李不在6月,那么李只能在8月...,王一定在7月,该项正确。C项,如果李安排在8月,那么张在6月...错误。D项,如果王安排在7月,那么李安排在6月或8月都可以,该项正确。故选B。